Pourquoi les sciences économiques nous conduisent « dans le mur » ?

Reconsidérer nos visions du monde, nos systèmes de valeurs et nos conceptions de la richesse

Cet ouvrage a été réalisé, pour le compte des Éditions L'Harmattan, sous la responsabilité de Pierre CROCE, Chargé de mission sur la politique de publication de l'Université Pierre-Mendès-France, Grenoble 2

upmf
Grenoble
Université Pierre Mendès-France
Sciences sociales & humaines

Illustration de couverture : © (2009) Murielle Ouarab Campillo : « BABYLONE », (15 œuvres). Peinture acrylique sur toile, 100 x 100 cm, Site internet : wwwmurielleouarab.com. Collection particulière, tous droits réservés à cette publication, reproduction interdite.

www.librairieharmattan.com
diffusion.harmattan@wanadoo.fr
harmattan1@wanadoo.fr

ISBN : 978-2-296-55263-0
EAN : 9782296552630

Jacques Perrin

Pourquoi les sciences économiques nous conduisent « dans le mur » ?

Reconsidérer nos visions du monde, nos systèmes de valeurs et nos conceptions de la richesse

« *La Librairie des Humanités* »

L'Harmattan, 2011

Du même auteur sur l'innovation technologique et le développement économique

Même éditeur :

– *Pilotage et Évaluation des Processus de Conception*, (dir.), L'Harmattan, Paris, 1999.

– *Valeurs et Développement durable, questionnement sur la valeur économique*, L'Harmattan, Paris, 2004.

Autres :

– *Les Transferts de Technologie*, La Découverte, Paris, 1983 (traduit en espagnol, grec, et arabe).

– *Comment naissent les Techniques. La Production sociale des Techniques*, Publisud, Paris, 1988.

– « Construire une Science des Techniques », (dir.) *L'interdisciplinaire*, Lyon, 1991.

– *Changement institutionnel et changement technologique, évaluation, droits de propriété intellectuelle, système national d'innovation*, (co-direction), Éditions du CNRS, Paris, 1995.

– *The role of design in the social shaping of technology*, Brusells, European Commission, DG XII, COST A4, 1996.

– *Concevoir l'innovation industrielle. Méthodologie de conception de l'innovation*, Éditions du CNRS, Paris, 2001.

– *Conception entre Science et Art*, (dir.), Presses Polytechniques et Universitaires Romandes, Lausanne, 2001.

– *Coopération et Connaissance dans les systèmes industriels*, (co-direction) Hermès/Lavoisier, Paris, 2002.

Remerciements

Je tiens à remercier Liliane Bensahel, enseignante à l'Université Pierre-Mendès-France de Grenoble, pour son travail de relecture du manuscrit, ses commentaires ainsi que ses encouragements pour explorer des thèmes de recherche trop longtemps délaissés. J'adresse également mes remerciements à Pierre Croce, Chargé de mission sur la politique de publication de l'Université Pierre-Mendès-France qui a assuré la mise en forme et les corrections de ce texte.

La Librairie des Humanités

Dirigée par Thierry MÉNISSIER, docteur de l'EHESS, Maître de Conférences de philosophie politique à l'Université Pierre-Mendès-France, Grenoble 2, et Pierre CROCE, Chargé de mission sur la politique de publication à l'Université Pierre-Mendès-France, Grenoble 2.

La Librairie des Humanités est une collection coéditée par les Éditions L'Harmattan et l'Université Pierre-Mendès-France de Grenoble. Destinée à recevoir, dans ses diverses séries, des textes couvrant tout le champ des sciences sociales et humaines, son caractère universitaire lui fait devoir et privilège de promouvoir des travaux de jeunes auteurs autant que de chercheurs chevronnés.

Dans la même collection

J. Ferrand, H. Petit (Dir.) – *L'Odyssée des Droits de l'homme* (2003)
Tome I – *Fondations et naissances des Droits de l'homme*
Tome II – *Mises en œuvre des Droits de l'homme*
Tome III – *Enjeux et perspectives des Droits de l'homme*
A. Blanc, A. Pessin (Dir.) – *L'Art du terrain. Mélanges offerts à Howard Becker,* (2003)
C. Amourous – *Que faire de l'hôpital ?* (2004)
Y. Chalas (Dir.) – *L'Imaginaire aménageur en mutation* (2004)
J.-L. Chabot, Ch. Tournu (Dir.) – *L'héritage religieux et spirituel de l'identité européenne* (2004)
E. Bogalska Martin – *Entre mémoire et oubli. Le destin croisé des héros et des victimes* (2004)
A. Ferguène (Ed.) – *Gouvernance locale et développement territorial* (2004)
C. Offredi (Dir.) – *La dynamique de l'évaluation face au développement durable* (2004)
L. Dowbor – *La mosaïque brisée ou l'économie au-delà des équations* (2004)
P. Chaix – *Le rugby professionnel en France* (2004)
Y. Polity *et al.* (Dir.) – *L'organisation des connaissances. Approches conceptuelles* (2005)
J.-L. Chabot, P. Didier, J. Ferrand (Eds) – *Le Code civil et les Droits de l'homme* (2005)
D. Rigaux – *Le Christ du dimanche. Histoire d'une image médiévale* (2005)
C. Martin *et al.* – *Pologne, la longue marche* (2005)
M. Lequan (Dir.) – *Métaphysique et philosophie transcendantale selon Kant* (2005)
L. Bensahel, P. Marchand (Eds) – *Les régions de Russie à l'épreuve des théories et pratiques économiques* (2005)
H. Leroux – *De la phénoménologie à la sociologie de la connaissance* (2006)
O. Forlin – *Les intellectuels français et l'Italie 1945-1955* (2006)
G. Orcel – *La rue « choisie »* (2006)
T. Ménissier (Dir.) – *L'idée d'empire dans la pensée politique, historique, juridique et philosophique* (2006)
S. Plana – *Le prosélytisme religieux à l'épreuve du droit privé* (2006)
M. Kauffmann – *Gouvernance économique mondiale et conflits armés* (2006)
C. Abattu, B. Lamotte (Dir.) – *Diversité et inégalités : quelles pratiques de formation ?* (2006)
G. Cauquil (Dir.) – *Évaluer les politiques sociales* (2006)
A. A. Taïrou – *Analyse et décisions financières* (2006)
S. Hernandez – *Le monde du conte, Contribution à une sociologie de l'oralité* (2006)
I. Vezeanu – *L'identité personnelle à travers le temps* (2006)
S. Gal *et al.* (Eds) – *Figures de la médiation sociale* (2006)

J.-L. Chabot – *Introduction aux sciences sociales* (2006)
H. Jacot, A. Fouquet (Eds) – *Le citoyen, l'élu, l'expert.* (2007)
J. Lapèze *et al.* – *Éléments d'analyse sur le développement territorial* (2007)
M. Bensaïd *et al.* – *Économie des organisations. Tendances actuelles* (2007)
A. Rochas – *La Handchar. Histoire d'une division de Waffen-SS bosniaque* (2007)
P. Tillard – *Le pain des temps maudits*, suivi de *Mauthausen* (témoignage) (2007)
Défense de la France – *Les Témoins qui se firent égorger* (2007)
V. Garcia – *L'Anarchisme aujourd'hui* (2007)
D. J. Grange – *Du Môle au Maquis des Glières. Vie et mort d'un jeune Résistant savoyard Paul Lespine* (2007)
C. Dutheil-Pessin, Y. Neyrat (Eds) – *Hommages à Alain Pessin « Un sociologue en liberté »* (2007)
P. Saltel – *Une odieuse passion. Analyse philosophique de la haine* (2007)
M.-C. Monnoyer, P. Ternaux (Eds) – *Mondialisation des services, innovation et dynamiques territoriales* (2007)
M. Le Berre, A. Spalanzani (Eds) – *Regards sur la recherche en Gestion* (2007)
J.-L. Guichet (Ed) – *Usages politiques de l'animalité* (2008)
M. Fontanel – *Sportif de haut niveau, manager en devenir* (2008)
V. Plauchu, A.A. Taïrou – *Méthodologie du diagnostic d'entreprise* (2008)
J.-W. Dereymez (Dir) – *Le refuge et le piège : les Juifs dans les Alpes, 1938-1945* (2008)
Ph. Hanus, G. Vergnon (Dir) – *Vercors, Résistance en résonances* (2008)
A. Gauchet – *Observance thérapeutique et VIH* (2008)
M. Fontanel – *Sportif de haut niveau, manager en devenir* (2008)
N. Didry – *Les enjeux de l'événement sportif* (2008)
D. Zaït, A. Spalanzani – *La recherche en management et en économie* (2009)
M. Kauffmann – *Méthodes statistiques appliquées aux relations internationales* (2009)
P. Chaix (Dir) – *Regards sur l'économie et le management du sport* (2009)
A. Mavridis – *Les Grecs à Grenoble, des pionniers à nos jours* (2009)
C. Offredi et F. Ravoux (Ed.) – *La notion d'utilité sociale au défi de son identité* (2009)
L. Bensahel-Perrin, J. Fontanel, B. Corvaisier-Drouart (Ed.) – *Les organisations non gouvernementales* (2009)
N.-E. Sadi – *Analyse financière d'entreprise*, (2009)
N.-E. Sadi – *Contrôle de gestion stratégique*, (2009)
V. Huys Clavel – *Image et discours au XIIe siècle, les chapiteaux de Sainte-Marie-Madeleine à Vézelay* (2009)
G. Sharp – *De la dictature à la démocratie, un cadre conceptuel pour la libération* (2009)
G. Sharp – *La force sans la violence* (2009)
G. Sharp – *L'anti coup d'Etat* (2009)
J. Ferrand (Ed.) – *Juristes en utopies* (2009)
V. Ferrone – *La politique des Lumières : le cas Filangieri* (2009)
J. Fontanel (Ed.) – *Économie politique de la sécurité internationale* (2010)
O. Forlin – *L'idée nationale en Italie (fin XVIIIe-début XXIe siècle)* (2010)
H. Hamon-Valanchon – *Femmes et cancer, récits de maladie* (2010)
R. Effantin – *Les comptes de groupe, Techniques de consolidation* (2010)
K. Ant – *L'adhésion de la Turquie à l'UE, une conditionnalité hors du commun* (2010)
A. Bagnasco, C. Courlet, G. Novarina, *Sociétés urbaines et nouvelle économie* (2010)
F. Mouterde et S. Trosa (Dir.), *Les nouvelles frontières de l'évaluation* (2010)
B. Lamotte, C. Massit (Coord.) – *Pour une sécurité professionnelle, nouveaux dialogues, nouveaux espaces* (2010)
A. Rosanvallon – *La gestion des Opérations d'Aide au Développement* (2011)
P. Chaix (Ed.) – *Les Grands stades, au cœur des enjeux économiques et sociaux* (2011)
B. Dreyfus – *Regard contemporain sur la défense sociale nouvelle de Marc Ancel*, (2011)
J. Ferrand – *Revue L'IrasCible*, « Penser la Réforme pénale » *N°1*, (2011)
F. El Moustaoui – *François Mitterrand et le Moyen-Orient* (2011)
F. Vital-Durand – *Art et langage : les frontispices allégoriques de la science à l'âge classique*, (2011)

Avant-propos

Le titre complet du présent ouvrage est : *Pourquoi les sciences économiques nous conduisent dans le mur des catastrophes écologiques et des explosions sociales ?*

L'interrogation s'adresse aux sciences économiques au pluriel car il existe plusieurs courants de la pensée économique, il existe plusieurs théories économiques qui ont pour nom : théorie classique, théorie marxiste, théorie néo-classique, théorie institutionnaliste, ... La théorie néo-classique est depuis le milieu du XXe siècle la théorie dominante au niveau mondial tant dans les instances économiques, politiques qu'universitaires.

Le titre de cet ouvrage voudrait attirer l'attention des économistes et des non-économistes sur l'état de la production des connaissances et sur les débats au sein des sciences économiques qui ne sont pas à la hauteur des enjeux environnementaux et socio-économiques que nos sociétés ont aujourd'hui, et encore plus dans les prochaines années, à affronter. Pour construire un avenir possible, des innovations devront être mises en œuvre tant au niveau sociopolitique qu'au niveau de la pensée économique.

De nombreuses voix se sont élevées depuis quelques années pour appeler de leurs vœux une autre manière de définir et de mesurer la richesse. L'ambiguïté du langage économique est d'utiliser des mots de tous les jours pour en donner un sens plus spécifique. Il en est ainsi des concepts économiques de richesse et de valeur. La richesse dans son acceptation générale, qui a de nombreux aspects et qui peut toucher de nombreux domaines de la vie, y compris la vie culturelle et artistique, ne doit pas être confondue avec le concept de richesse économique qui peut prendre une signification différente suivant les courants de la pensée économique. Il en est de même de la valeur économique qui est différente de la valeur dans son acceptation générale. On doit rappeler avec force que chaque théorie économique s'est créée à partir d'une manière particulière de définir ce qu'est la valeur économique. La valeur économique est le pilier fondateur de toute théorie économique.

À travers l'histoire de nos sociétés, on peut découvrir que les notions de richesse, dans son acceptation générale, ont évolué en fonction de l'évolution des systèmes de valeurs de ces sociétés, et plus encore en fonction de la « vision du monde » qui orientent et organisent les comportements des individus au sein de chaque société.

L'histoire de la pensée économique (voir 3e partie) permet de mettre en avant les relations qui se sont tissées entre une vision du monde qui prévalait dans une société, à un moment donné, et les notions de valeur et de richesse économiques qui ont structuré telle ou telle théorie économique. L'histoire de la pensée économique permet d'avancer l'hypothèse que toute théorie économique est historiquement et culturellement déterminée.

En définitive, il ne suffit pas de vouloir reconsidérer notre conception de la richesse économique, il nous faut plus fondamentalement reconsidérer la notion de valeur économique de la théorie économique actuellement dominante qui oriente, depuis plusieurs décennies, les analyses et les décisions qui sont prises par les acteurs économiques et politiques tant dans les pays industrialisés que dans la plupart des pays du Sud. Pour penser autrement la richesse, nous devons concevoir une alternative ou des alternatives à la valeur économique qui est au fondement de la théorie néoclassique et qui identifie valeur et prix. Tant qu'on restera dans cette conception de la valeur économique, on continuera d'évaluer la richesse d'un pays à partir de la valeur monétaire de son PIB et on continuera d'identifier l'augmentation de richesse avec « plus d'avoirs ».

L'ambition de cet ouvrage n'est pas de proposer une nouvelle théorie économique, mais de proposer des orientations de travail pour réfléchir aux principales caractéristiques que devraient avoir les notions de valeur et de richesse économiques pour répondre aux enjeux sociétaux et environnementaux de nos sociétés au début de ce XXIe siècle. Cet ouvrage devrait intéresser les économistes, mais il a été conçu pour être lisible par des non-économistes[1]. Il s'adresse à tous ceux qui s'interrogent sur les moyens à mettre en œuvre, aujourd'hui, pour permettre aux générations futures :

– d'habiter une planète Terre qui soit encore écologiquement accueillante ;

– de vivre au sein d'organisations sociales et politiques qui soient « force de vie », c'est-à-dire qui donnent envie de vivre ensemble tout en favorisant le plein développement des potentialités de chaque individu.

---

[1] Seule la troisième partie nécessite des connaissances en sciences économiques, la lecture de cette partie n'est pas indispensable pour comprendre les enjeux exposés dans cet ouvrage.

Introduction

> « *Le langage économique est incapable de définir la richesse ou la misère en termes autres que quantitatifs, de sorte que ni l'une ni l'autre ne sont reconnues par les pouvoirs dominants pour ce qu'elles devraient être : une vitalisation ou au contraire un affaiblissement de la* potentia *intérieure. Il en résulte que ce qui fait la force des personnes, leur capacité d'être, de vivre, d'agir, de même que leur sens de ce qui est bon et de ce qui est suffisant est nié à profit de chiffres indiquant dans quelle mesure elles sont ou non susceptibles de contribuer à la croissance d'une méga machine à produire le type de biens de consommation assurant aux entreprises le plus grand profit et garantissant au capital les conditions de son accumulation* »[2].
>
> « *La maladie de la valeur tue parce qu'elle prive de sens des êtres. Isolant les individus, elle leur dissimule la réalité ; un autre monde est possible* »[3].

« SOIT UN QUINTAL DE BLÉ, produit dans une grande exploitation céréalière hautement mécanisée où un homme cultive 150 hectares en utilisant tout ce que l'agro-industrie peut lui « offrir » de semences, d'engrais et de pesticides, éventuellement au-delà de ce que l'environnement peut ingurgiter.

Soit un autre quintal de blé, produit dans une petite exploitation avec un rendement de moitié moindre, utilisant peu de fertilisants.

Lequel de ces deux quintaux de blé, de même valeur marchande, contribue le plus à la création de richesse ?

---

[2] Majid Rahnema et Jean Robert, *La Puissance des pauvres*, Actes Sud, Paris/Arles, p. 51.

[3] Max Dorra, *Le Monde* du 3 mars 2010.

Pas l'ombre d'un doute : … c'est, de loin le premier ! En effet, ce quintal-là a donné lieu aux flux monétaires les plus importants. Or, ce sont eux, et eux seuls qui comptent dans notre système de comptabilité nationale. Peu importe que l'essentiel de la richesse produite soit approprié par l'agro-industrie. Peu importe que ce mode de production soit le reflet d'une agriculture se réduisant à quelque 150 000 exploitations en France. Peu importe les éventuelles atteintes à l'environnement… Au contraire, les coûts de dépollution viendront s'ajouter aux flux monétaires précédents, gonflant encore la "richesse" produite »[4].

Cet exemple illustre bien les interrogations qui ont surgi depuis plusieurs années sur la manière de mesurer la richesse produite par un pays à partir du calcul de son PIB (Produit Intérieur Brut). À la demande du Président de la République Française, Nicolas Sarkozy, une commission d'experts internationaux, comprenant deux Prix Nobel d'économie Joseph Stiglitz et Amartya Sen, a travaillé durant les années 2008 et 2009 sur « la mesure de la performance économique et du progrès social ». L'objectif fixé était de développer « une réflexion sur les moyens d'échapper à une approche trop quantitative, trop comptable de la mesure de nos performances collectives» et d'élaborer de nouveaux indicateurs de richesse.

Suite à la création de la Commission Stiglitz, quelques économistes ayant travaillé sur la question des nouveaux indicateurs de progrès « au-delà du PIB », et dans « une vision renouvelée de la richesse ou du développement humain durable », ont fondé le Forum pour d'Autres Indicateurs de Richesse (FAIR)[5]. Dans une déclaration, appelée Manifeste de FAIR, les membres de ce forum, prennent acte que « les déséquilibres environnementaux, sociaux et économiques sont aujourd'hui tels que considérer le « bien-être de tous » comme axe central d'un nouveau projet sociétal (et donc de la notion de progrès) ne relève plus tant d'un seul retour aux visions humanistes que d'une impérieuse nécessité au bénéfice de la survie de tous ». Et de souligner « nous pouvons dire cyniquement que, grâce aux impacts destructeurs et désormais incontestables du changement climatique, ou encore aux effets en chaîne de la crise financière, les avis convergent peu à peu vers l'idée que changer de système de référence n'est pas une alternative, mais la seule issue possible »[6]. Pour « sortir du mur », le manifeste de FAIR propose de s'inspirer des propos d'Albert Einstein : « Pour résoudre un problème, il faut changer l'état d'esprit qui l'a créé ».

---

[4] Célina Whitaker, Tous comptes faits, qu'est-ce que la richesse ?, *Transrural*, n°215, juin 2002.

[5] Une synthèse des travaux sur les nouveaux indicateurs de richesse peut être trouvée dans le livre de Jean Gadrey et Florence Jany-Catrice, *Les nouveaux indicateurs de richesse*, La Découverte, Paris, 2005.

[6] *Manifeste FAIR*, déc. 2008, disponible sur www.idies.org/index.php?category/FAIR.

Le développement durable est-il une illusion ?

Lutter contre les déséquilibres environnementaux, sociaux et économiques était déjà l'objectif du concept de « développement durable » qui a fait l'objet depuis les années 1980 de nombreuses conférences internationales dans le cadre des Nations Unies. Comme le souligne Pierre Calame, directeur de la « Fondation Léopold Mayer pour le progrès de l'homme », dans son ouvrage *De l'économie à l'œconomie : une réforme radicale de la pensée* (2009) : « Si le concept de développement durable a contribué à une large prise de conscience que notre modèle actuel de développement était non durable », nous sommes face à une contradiction « entre la nécessité de protéger la planète et un mode de fonctionnement de notre société qui ne trouve sa cohésion que dans la croissance indéfinie et nous nous berçons d'illusions qu'en accolant les deux mots « développement » et « durable » la contradiction sera résolue. Et dans son ouvrage, Pierre Calame nous propose de revenir « à l'œconomie c'est-à-dire à une vision économique plus large qui recouvre à la fois l'art de l'organisation[7] des échanges matériels et immatériels des êtres humains entre eux, des sociétés entre elles, et de l'humanité avec la biosphère ».

La croissance économique constitue, un des trois piliers qui fondent le concept de développement durable[8]. Des études de plus en plus nombreuses révèlent que l'idée d'une économie en croissance continue est incompatible avec les ressources disponibles et avec une maîtrise de l'évolution climatique. Concernant les réserves de minerais on sait que « si le monde consommait les ressources à un taux seulement moitié moins élevé que ne le font les États-Unis, par exemple, le cuivre, l'étain, l'argent, le chrome, le zinc et un certain nombre d'autres minéraux stratégiques, seront épuisés en moins de quatre décennies »[9]. Concernant le changement climatique, on sait que le protocole de Kyoto engageait les économies avancées à des réductions de leurs émissions de gaz à effet de serre équivalents à cinq pour cent par rapport au niveau de 1990, et cela pour 2010. En réalité les émissions ont, globalement augmenté de 40% depuis 1990. Le quatrième rapport du GIEC[10] soutient que pour limiter l'augmentation moyenne des températures

---

[7] Il est souvent question de gouvernance c'est-à-dire : « le système de régulation de tous ordres dont se dote une société pour atteindre ses objectifs, et, plus généralement pour garantir sa survie ».

[8] Les deux autres piliers sont la préservation de l'environnement et la diminution des inégalités entre les pays et au sein de chaque économie nationale.

[9] Rapport Turner (1977) cité par Tim Jackson, Prospérité sans croissance, *La transition vers une économie durable*, De Boeck, Bruxelles, 2010, p. 27.

[10] GIEC : (Groupe d'Experts Intergouvernementaux sur l'Évolution du climat).

mondiales de 2°C il faudrait limiter les réductions des émissions mondiales jusqu'à 85% par rapport à leur niveau de 1990 d'ici à 2050[11].

« Reconsidérer la richesse » n'est pas suffisant

Depuis quelques années, des économistes, des philosophes ont initié de nouveaux travaux de réflexion pour nous inviter à reconsidérer ce que nous appelons « richesse », pour redéfinir notre conception de la richesse. Dans un ouvrage *Les nouveaux indicateurs de richesse*, Jean Gadrey[12] et Florence Jany-Catrice, dressent un bilan des contestations sur le PIB comme principal critère de performance des nations et présentent de nouveaux indicateurs censés traduire de nouvelles manières d'appréhender la richesse des nations. Dominique Meda dans son ouvrage *Qu'est-ce que la richesse ?*[13] montre comment s'est construit historiquement « ce coup de force de l'économie » qui assimile la richesse à ce qui est produit et peut être vendu. Dans son travail sur *Reconsidérer la richesse*[14], Patrick Viveret conclut que « la manière dont les sociétés comptent et distribuent la richesse exprime toujours historiquement des choix de sociétés : les rendre lisibles et conscients est une exigence démocratique ». Dans un numéro de la revue *L'Homme et la Société*, intitulé « Pour une économie politique de la richesse »[15] plusieurs auteurs reprochent, à ces démarches visant à reconsidérer la richesse et/ou à proposer de nouveaux indicateurs de richesse, d'adopter une posture trop pragmatique et d'oublier de préciser sur quelle force (étatique-nationale, multinationale, supranationale, "citoyenne mondiale", associative-militante) de telles démarches peuvent s'appuyer pour produire des effets conséquents ».

De ces différents travaux de réflexion sur la richesse rappelés précédemment on retiendra que pour éviter de rentrer dans « le mur », il nous faut changer d'indicateurs de richesse, et d'une manière plus fondamentale il nous faut changer nos systèmes de référence, et plus encore il nous faut changer la manière de penser l'économie.

---

11 Tim Jackson, *op. cit.*, p. 29.

12 Jean Gadrey, Florence Jany-Catrice, *op. cit.*, La Découverte, Paris, 2005.

13 Dominique Meda, *Qu'est-ce que la richesse ?* Alto Aubier, Paris, 1999.

14 Patrick Viveret, « Reconsidérer la Richesse », Rapport au Secrétariat d'État à l'Économie solidaire, Paris, 2002.

15 Michel Kail, Pierre Lantz, Richard Sobel, (coord.) « Pour une économie politique de la richesse », *L'homme et la société*, n°156-157, L'Harmattan, Paris, 2005.

Repenser l'économie à partir de nouvelles compréhensions de la valeur économique

Pour changer notre manière de penser et plus précisément pour changer notre manière de concevoir l'économie, il nous faut remettre au centre de nos réflexions le concept de valeur économique. En effet il nous faut rappeler avec insistance que tous les principaux courants de la pensée économique se sont fondés au départ sur une certaine idée de ce qu'est la valeur économique. Pour Alain Barrère, auteur en trois tomes de l'*Histoire de la pensée économique et analyse contemporaine* (1974) « aucune théorie économique ne peut être véritablement générale sans théorie de la valeur »[16]. Ce rappel nous amène de nouveau à souligner qu'il n'existe pas une mais des sciences économiques même si aujourd'hui l'école néo-classique est le courant dominant et que les écoles hétérodoxes (au courant dominant) ont des difficultés à exister.

Contrairement à l'école néo-classique et aussi à d'autres courants de la pensée économique, nous posons comme axiome de départ qu'il n'existe pas de lois naturelles en sciences économiques et que toute construction économique, et notamment toute théorie économique est le résultat d'un processus de conception. Les sciences économiques relèvent plus d'une démarche technologique, de construction d'objets techniques (artefacts), c'est-à-dire des sciences de l'artificiel. On doit à Herbert Simon (1916-2001), Prix Nobel d'économie, d'avoir introduit le paradigme de l'artificialité au sein des sciences économiques. Dans son ouvrage, *The Sciences of the artificial* (1969), H. Simon oppose les sciences de la nature (*natural sciences*) dont l'objectif est de rendre compte de ce que les choses sont (*how things are*) aux sciences de l'artificiel (*artificial sciences*) qui s'intéressent à la façon dont les choses doivent être si on souhaite qu'elles atteignent certains objectifs (*how things ought to be in order to attain goals*). La première caractéristique qui permet de spécifier l'artificialité (*artificial or man-made world*), selon H. Simon, est la notion d'objectif et de finalité. La seconde caractéristique qui permet de spécifier l'artificialité est l'activité de conception : les phénomènes sont dits artificiels parce qu'ils sont conçus et construits par les hommes en fonction des objectifs à atteindre et en fonction de leurs environnements.

Par rapport aux nouveaux enjeux de survie auxquels doivent faire face nos sociétés, il nous faut concevoir et construire une nouvelle pensée économique. Il nous faut retravailler d'une manière urgente sur de nouvelles compréhensions de ce que doit être la valeur économique des biens et des services dans un monde qui doit apporter très rapidement des solutions

---

16 Tome II, p. 674.

pour diminuer les déséquilibres environnementaux, sociaux et économiques qui ont été créés au sein d'un mode de développement particulier. En effet, ces déséquilibres sont la conséquence du mode de développement initié par les pays industrialisés occidentaux et qui s'est construit depuis le début de l'industrialisation – tant au sein de la théorie classique que néo-classique – sur l'idée que la valeur économique des marchandises se réduit à la valeur d'échange, que la valeur économique des biens et des services produits est égale à leur prix.

Repréciser et repositionner les concepts de valeur et de richesses économiques

Pour retravailler sur de nouvelles compréhensions de ce que devrait être la valeur économique avec l'objectif de permettre à nos sociétés de construire un avenir possible, et en fonction des travaux de réflexion sur la richesse rappelés précédemment, nous pensons qu'il nous faut bien différencier :

– Ce que l'on nomme richesse dans son acceptation large et richesse du point de vue de l'économie ; trop souvent les deux notions sont confondues rendant ainsi plus difficile l'analyse et la compréhension de nos problèmes.

– Le concept de valeur (de système de valeurs des individus) utilisé dans le langage courant et le concept de valeur économique, même s'il existe une relation entre ces deux concepts qu'il nous faudra préciser.

– Le concept de valeur économique, avec à la fois sa dimension valeur d'usage et valeur d'échange (c'est-à-dire son prix) et le concept de valeur ajoutée (un autre concept des sciences économiques).

Ce travail de différenciation permettra de mieux préciser les relations entre valeur et richesse. Contrairement à Jean-Marie Harribey, un des auteurs de « *Pour une économie politique de la richesse* », on défendra ici l'idée que la valeur est au-delà de la richesse, notamment lorsqu'il s'agit de la richesse et de la valeur économiques. Dit d'une autre manière, on défendra l'idée que c'est la valeur qui fonde et qui détermine la nature de la richesse. C'est une perspective proche que semblent avoir adoptée Antoine de Ravignan et Sandra Maoti dans un éditorial de la revue *Alternatives Économiques*[17] consacré aux travaux de la commission Stiglitz. Après avoir souligné que le prix n'a pas toutes les vertus dont on le pare, et notamment qu'il ne reflète pas les besoins de tous, mais seulement la demande de ceux qui ont les moyens, qu'il n'intègre pas les externalités (pollutions, destructions de la biodiversité…), les deux journalistes concluent : « Les limites du PIB comme

[17] *Alternatives Économiques*, « Les chiffres de l'économie 2010 » ; HS82, 4e trim. 2009, p. 5.

indicateur de richesse, de bien-être ou de progrès sont, pour l'essentiel, les mêmes que celles du prix comme expression de la valeur ». Ces propos confirment notre démarche qu'il nous faut d'abord changer notre compréhension de ce qu'est la valeur économique pour nous permettre de pourvoir « reconsidérer ce qu'est la richesse ». Tant que les économistes feront le choix de limiter leurs réflexions sur la valeur économique au seul aspect de la formation des prix, tant que les sciences économiques ne proposeront pas d'autres alternatives que les prix pour apprécier la valeur économique des biens et des services, nos sociétés n'auront pas d'autres stratégies de développement que la croissance du PIB et s'enfonceront un peu plus dans les catastrophes écologiques et sociales annoncées.

Crise économique et valeur économique

La crise financière et économique que nos sociétés connaissent depuis 2008 et les propositions avancées pour résoudre cette crise, montrent que nous continuons toujours à raisonner avec le même logiciel économique, celui de la théorie néo-classique. Les incantations pour sortir de la crise font appel aux traditionnelles recettes : relancer la consommation, diminuer les dépenses publiques, retrouver le chemin de la croissance du PIB. Que sont devenus les beaux discours, les commissions d'experts internationaux sur les indicateurs alternatifs de richesse, sur une mesure moins quantitative de la performance économique ? Il est de plus en plus reconnu que les racines de la crise financière et économique vont bien au-delà d'un dysfonctionnement du secteur bancaire. Elles trouvent leur origine dans un effort concerté de libération du crédit afin de soutenir et de renforcer une croissance économique mondiale.

Le consensus des experts ou le « nouveau consensus de Washington »[18]

« Le consensus quant à la nécessité de redonner de la vigueur à la croissance économique est l'une des caractéristiques les plus frappantes de la crise financière mondiale de 2008. Qu'il s'agisse du Fonds Monétaire International (FMI), du Programme des Nations Unies pour l'Environnement (PNUE), de l'ensemble des partis du spectre politique, dans les économies de marché libéralisées comme coordonnées, chacun y est allé de son couplet en faveur des mécanismes de relance de la consommation et de retour de la croissance ».

[18] Ce titre est proposé par l'auteur du présent livre, il est un clin d'œil à ce qu'on appelle habituellement le consensus de Washington, qui est un corpus de mesures appliquées aux pays en difficulté face à leurs dettes par des institutions financières internationales telles que la Banque mondiale, le Fonds monétaire international, dont le siège est à Washington.

« De partout se sont élevées des voix pour remettre l'économie sur la voie de la croissance. Ces appels ne portaient pas uniquement sur l'augmentation du PIB. Ils visaient essentiellement à stimuler la croissance de la consommation : rétablir la confiance du consommateur et donner un coup de fouet aux dépenses de consommation ».

Source : Tim Jakson, *Prospérité sans croissance, La transition vers une économie durable*, De Boeck, Bruxelles, 2010. Tim Jakson est le Commissaire à l'économie de la Commission du développement durable du Royaume-Uni.

De notre point de vue, la crise financière et économique actuelle qui s'est déclenchée en 2008, n'est que le reflet d'une crise bien plus profonde, et le danger serait de résoudre la crise actuelle, de relancer la croissance mondiale, sans apporter de changements à notre vision du monde, c'est-à-dire à notre manière de concevoir les rapports que nous entretenons avec notre planète et notre manière de concevoir les rapports des hommes entre eux. Le danger serait de ne pas changer notre manière de penser à la fois la valeur et la richesse économiques qui sont historiquement et culturellement déterminées.

La crise financière et économique actuelle a néanmoins suscité des interrogations concernant le juste prix de certains actifs financiers[19] (les actions de sociétés, les produits dérivés, par exemple) qui ont connu subitement de fortes dépréciations. Il est étrange que ce type de questionnement survienne uniquement dans les phases de baisse des actifs et jamais lorsque les cours de ces actifs atteignent des performances inhabituelles. Il en est de même des prix des logements aux États-Unis : avec la crise des *subprimes*, les prix des maisons qui avaient été dopés par les facilités de crédit, ont été divisés par deux ou trois du jour au lendemain. Dans ces conditions, comment déterminer le juste prix d'un logement ? Cette interrogation est recevable également dans de nombreuses villes françaises qui ont connu un doublement, en moins de quinze ans, des prix d'achat et de location des logements, provoquant un réel transfert de pouvoir d'achat des locataires vers les propriétaires[20]. Au-delà de la crise actuelle et pour lutter contre la croissance des gaz à effet de serre, ont été conçus des taxes et des permis négociables ; le carbone émis dans l'atmosphère a désormais un prix et des

---

[19] Voir « Fair value des actifs financiers » *Lettre de l'IRE* (Initiative internationale pour repenser l'économie) de la Fondation Léopold Mayer.

[20] Les loyers ont progressé en moyenne de 40% depuis dix ans quand les prix à la consommation n'ont augmenté que de 16%. Depuis 2 000, lors d'une relocation, les loyers ont augmenté en moyenne de 6 à 7% chaque année (…) Entre 1996 et 2005, les bénéfices annuels des propriétaires personnes physiques ont grimpé de 7 milliards d'euros, soit une hausse de 60%. *Alternatives économiques*, n°268, avril 2008, p. 26.

réflexions ont été lancées pour savoir quel pourrait être le juste du prix du carbone. Pour essayer de répondre à ces interrogations sur le juste prix des actifs financiers, des logements, du carbone, deux solutions sont envisageables : soit on accepte que la valeur est égale au prix et que les prix du marché oscillent autour d'un prix naturel (qui serait le jute prix) soit on suppose que valeur économique et prix sont deux notions différentes et le juste prix dépendra de la notion de valeur économique qui sera retenue.

Nos sociétés sont atteintes de la « maladie de la valeur »

L'identification de la valeur au prix ne concerne pas seulement les actifs financiers, les marchandises, les logements, mais également le travail. Un des objectifs de la mondialisation telle qu'elle est mise en œuvre depuis quelques décennies est de mettre en concurrence le prix de la force de travail au niveau mondial. Cette conception de la valeur travail réduite à son prix se manifeste dans les entreprises, par des modes de management visant l'intensification du travail, par des méthodes d'évaluations individuelles, mais plus encore par des suppressions de postes et des délocalisations d'une partie ou de la totalité des activités de production. Une telle mise en concurrence de la force de travail à partir de son prix a des coûts humains importants : perte d'intérêt au travail, chômages, augmentation des arrêts de travail pour raison de dépression, et malheureusement augmentation des suicides liés à des conditions de travail de plus en plus insupportables.

« Ils ne mourraient pas tous, mais tous étaient frappés ». C'est par le rappel de cette phrase que Max Dorra[21], écrivain et professeur de médecine, décrit la propagation de « la maladie de la valeur », cette « moderne épidémie » qui frappe nos sociétés. « Nulle maladie n'a été si longtemps méconnue. Aucun traité de médecine, aucun manuel de psychiatrie n'en a jamais parlé ? Elle se présente en effet comme une forme de « normalité », celle que nous recommande l'idéologie régnante relayée par les médias ». Cette idéologie se cache derrière des discours sur la compétitivité, l'excellence, la communication, dont l'objectif affiché est la création de valeur ou la création de richesse par l'entreprise. Précisant son diagnostic sur la maladie de la valeur, Max Dora souligne que « dans un monde où les mots deviennent virus, certaines phrases peuvent tuer dans la mesure où leur contenu, le ton, l'attitude, la position symbolique de celui qui les profère leur permettent, parce qu'ils affectent, d'envahir la mémoire d'un individu ». Et lorsque cet individu en arrive à croire « que la source de sa force d'exister lui est désormais inaccessible, celui-ci peut en venir à se supprimer. On serait autorisé à parler de destruction d'âme déguisée en suicide.

[21] Max Dorra, « La maladie de la valeur, moderne épidémie », *Le Monde* du 3 mars 2010.

On est loin, ici des considérations hypocrites sur le stress au travail et les remèdes dérisoires que l'on prétend y apporter. La maladie de la valeur tue parce qu'elle prive de sens des êtres. Isolant les individus, elle leur dissimule la réalité : un autre monde est possible ».

C'est à la même conclusion qu'aboutissent les auteurs d'un dossier sur « Les impensés de l'économie » publié par la revue *Esprit*[22]. « La rationalité des prix qui postule que la valeur d'une marchandise est déterminée naturellement par le marché » constitue la principale illusion économique dont la crise financière est un effet spectaculaire. Et la force de cette illusion économique est de prétendre s'appuyer sur « un réel indiscutable » nous empêchant ainsi d'envisager qu'un autre monde est possible.

Quelques jalons pour « reconsidérer la valeur économique »

L'objectif de cet ouvrage n'est pas de proposer une nouvelle théorie économique, même si la réalisation d'un tel objectif est nécessaire pour construire un monde qui soit vivable pour tous les hommes d'aujourd'hui et plus encore pour les générations futures. Notre ambition est bien plus limitée, notre objectif est de proposer quelques jalons pour réfléchir à nouveau sur la valeur et la richesse économique dans un monde qui « va dans le mur » à cause d'une compréhension de la valeur économique complètement inadaptée aux nouvelles forces productives mises en œuvre par nos sociétés industrialisées.

Avant d'exposer quelques jalons, pour repenser l'économie, il est important de rappeler les conseils formulés, dans les années 1980, par le physicien et philosophe Fritjo Capra dans son ouvrage *Le temps du changement* : « La remise en question de l'économie n'est pas seulement une tâche intellectuelle, elle implique des changements profonds de notre système de valeurs. L'idée même de la richesse, élément central de l'économie, est inextricablement liée aux espérances, aux valeurs et aux modes de vie humains. Pour réussir à définir la richesse dans le cadre d'un contexte écologique, il nous faudra transcender les connotations actuelles de l'accumulation matérielle et lui accorder le sens plus large d'enrichissement humain »[23].

Dans une première partie, on essaiera d'expliciter les rapports qui se tissent entre nos systèmes de valeurs et notre conception de ce qu'est la richesse dans le langage courant. On découvrira que le mot richesse peut prendre des contenus très différents selon les cultures et, plus globalement, selon les civilisations. On découvrira aussi que le mot valeur, trop souvent

---

[22] Michaël Foessel, Olivier Mongin, « Nos aveuglements face au réel », *Esprit*, janvier 2010, p. 38.

[23] Fritjo Capra, *Le temps du changement*, Éditions du Rocher, Monaco, 1983, p. 214.

décrié par ses aspects moralisants, peut être compris comme ce qui permet de donner du sens à l'activité humaine, ce qui permet d'engendrer l'envie de vivre ensemble. On mobilisera les connaissances de sciences cognitives pour mieux comprendre le rôle de nos représentations mentales et notamment nos « visions du monde » dans la construction de nos systèmes de valeurs et dans nos manières de penser. On s'interrogera sur l'importance du Siècle des Lumières dans la « vision du monde » qui prévaut actuellement dans les pays occidentaux. En rappelant que nos sociétés industrialisées sont entrées depuis quelques décennies dans l'ère des technologies de l'information, cette partie I se terminera sur l'avertissement de Manuel Castells, professeur à l'université de Berkeley : « le lieu central du conflit social n'est plus l'opposition capital/travail mais celui des idées et de la construction de sens ».

Une deuxième partie précisera la notion de valeur économique avec ses deux aspects de valeur d'usage et de valeur d'échange. Trop souvent les théories économiques, et notamment la théorie néo-classique, théorie actuellement dominante, réduisent la valeur économique à la valeur d'échange, et donc au prix. On rappellera que la valeur permet à la fois de définir la nature de la richesse et de mesurer ou d'évaluer la richesse économique. On retiendra la proposition de Friedrich Engels pour qui « la valeur sert tout d'abord à décider si d'une manière générale un objet doit être produit, si l'utilité compense le coût de production ». On soulignera l'importance de bien comprendre la différence entre les concepts économiques de valeur et de valeur ajoutée, qui permet de fonder la différence entre les processus de développement économique d'une part et de croissance d'autre part. Ces deux processus sont trop souvent confondus y compris par les partisans de la « décroissance ». La valeur ajoutée, comme le PIB mesure un surplus financier qui est engendré par des activités productives (de biens et de services) ; c'est un moyen et non la finalité du développement économique, qu'il s'agisse d'une entreprise ou d'un pays. Cette partie II se conclura par la proposition d'une nouvelle manière de concevoir ce qu'est la richesse économique, et par la définition d'un cadre conceptuel pour penser le développement d'une manière « constructiviste ».

La troisième partie analysera les notions de valeur et de richesse économiques au sein de quelques grands courants de la pensée économique : mercantiliste, physiocrate, classique, néo-classique, institutionnaliste. L'histoire de la pensée économique permettra de vérifier que chaque courant ou chaque théorie économique s'est construit autour d'une conception spécifique de la valeur et de la richesse économique. Elle permet aussi de montrer que la valeur économique et la richesse sont historiquement déterminées par le contexte politique, culturel et plus généralement par la vision du monde qui ont prévalu lors de la création de telle ou telle théorie économique.

Dans une quatrième partie, on utilisera les réflexions sur la valeur et la richesse économiques développées précédemment pour se donner les moyens de penser d'autres modèles de développement. Le développement durable constitue une première prise de conscience, au niveau international, des impasses et des catastrophes auxquelles nous mène le modèle de développement suivi par les pays industrialisés mais ces nouvelles orientations pour le développement sont insuffisantes pour répondre aux défis présents et futurs. Pour repenser d'autres modèles de développement, il nous faudra mettre en œuvre d'autres manières de concevoir la valeur et la richesse économiques, il nous faudra trouver de nouveaux moyens de création de surplus économiques nécessaires pour financer les phases de « transition » du modèle actuel de développement à des formes alternatives. Mais plus fondamentalement, il nous faudra cesser de nous considérer comme « maître et possesseur de la nature » et de ses différentes ressources et par ce biais se comporter comme des maîtres du monde. Il nous faut penser et construire d'autres relations au monde, d'autres visions du monde que celles héritées du siècle dit « Siècle des Lumières ».

PARTIE I

RELATIONS ENTRE NOS SYSTÈMES DE VALEURS ET NOS CONCEPTIONS DE LA RICHESSE

AVANT DE S'INTÉRESSER aux rapports entre valeur et richesse économique, il peut être utile d'essayer, dans un premier temps, de comprendre les rapports qui se tissent entre nos systèmes de valeurs et nos conceptions de la richesse dans son acceptation générale. Les concepts économiques ne sont pas étrangers aux mots du langage courant puisqu'ils y puisent une partie de leur signification.

Des concepts économiques dans des mots de tous les jours

La réflexion économique s'appuie sur des fondements conceptuels tels que valeur, richesse, valeur ajoutée, ménage, production intérieure brute… La science économique emploie peu de mots compliqués, ses termes sont des mots de tous les jours. Mais « la plupart du temps, l'économiste s'empare d'un mot "bien de chez nous" et il en décale le sens. Les mésaventures du mot "ménage" sont à ce point caractéristiques »[24].

---

[24] Jean-Marie Albertini, Ahmed Silem, *Comprendre les théories économiques*, tome 1, Le Seuil, Coll. « Points » Série Économique, Paris, 1991, p. 11.

Les mésaventures du langage économique : l'exemple du mot ménage

« Pour le commun des mortels, le mot ménage évoque la famille, la vie en ménage à deux personnes. Pour l'économiste, « ménage » signifie, aujourd'hui, un secteur institutionnel de la Comptabilité Nationale. Sous ce titre, « il regroupera toutes les unités économiques dont la fonction principale est la consommation, éventuellement la production, si celle-ci est organisée dans le cadre d'une entreprise individuelle ». Un célibataire, une entreprise agricole, les personnes vivant dans une même communauté, religieuse ou non (dans des ménages dits collectifs), les soldats d'un régiment appartiennent à la même grande catégorie. C'est du moins le sens de la Comptabilité nationale française. Ce sens, bien entendu, a varié et peut encore varier suivant l'objectif poursuivi. C'est en cela que le langage économique n'est pas compliqué, mais décalé ».

Source : Jean-Marie Albertini, Ahmed Silem, *op. cit.* p. 11.

C'est une mésaventure proche de celle du mot ménage qu'ont connue les termes de valeur et de richesse dans la réflexion économique. Tout le monde a une certaine idée du contenu de termes tels que ceux de valeur et de richesse. Ces mots de valeur et de richesse sont employés dans bien d'autres domaines que la sphère économique et avec un contenu bien plus large. Les formes de la richesse sont heureusement multiples ainsi que les systèmes de valeurs qui guident nos choix et orientent nos actions. C'est pour cette raison que dans cet ouvrage nous parlerons de valeur économique et de richesse économique chaque fois que nous aborderons ces mots dans le cadre d'une réflexion économique.

Dans cette partie I, on tentera de préciser le contenu des locutions de richesse, de valeur et de systèmes de valeurs, utilisées dans le langage courant. Pour mieux comprendre les manières dont nous construisons et utilisons nos systèmes de valeurs, on fera appel aux sciences cognitives qui permettent de mieux expliciter le rôle des représentations mentales et notamment des images dans nos manières de penser (chapitre 1). Cet apport des sciences cognitives permettra d'introduire la notion de « vision du monde » dans la construction de nos systèmes de valeur (chapitre 2). Un dernier chapitre essaiera d'expliquer pourquoi dans nos sociétés marquées par la domination des technologies de l'information et de la communication, la valeur, c'est-à-dire la construction du sens, ce qui donne sens à la vie est devenu le lieu central du conflit social.

Chapitre 1

Richesse et système de valeurs : des notions à préciser

La culture est la possibilité même de créer, de renouveler et de partager des valeurs, le souffle qui accroît la vitalité de l'humanité[25]

La richesse aux multiples visages

Un riche est une personne qui jouit de la richesse. Utilisé sans précision, ce terme désigne dans nos sociétés dites « développées » la richesse économique. Mais prise dans son acceptation plus générale, la notion de personne riche est pleine d'implications en termes philosophiques, politiques, économiques. Comme le remarque l'article « richesse » de l'encyclopédie *Wikipédia* : « La définition de la richesse est très variable selon les lieux, les époques, les références de celui qui emploie le terme et l'objectif de l'emploi du terme »[26].

Dans le langage courant, le mot richesse est la plupart du temps associé à la détention d'argent, de biens matériels, mais on rencontre aussi des expressions telles que :

– Être riche en esprit ;

– Être riche intellectuellement ;

---

[25] Jacques Nanéma, in Danielle et Olivier Föllmi, *Origines, 365 pensées de sages africains*, Éditions La Martinière, Paris, 2005, p. 211.

[26] Encyclopédie *Wikipédia.*

– Être riche en amour ;
– Être riche de bonheur ;
– Être riche de talents ;
– Être riche d'espoir.

On rencontre aussi des expressions telles que :

– La richesse d'une œuvre d'art ;

– La richesse – d'une culture ou « la diversité des cultures est une richesse inestimable » ;

– La richesse de l'expérience ;

– La richesse du cœur ; « la vraie richesse est celle du cœur ».

Selon le Dictionnaire *Larousse*, la richesse se dit :

– De l'état de quelqu'un, d'un groupe qui possède une grande fortune, des biens importants : « un parvenu qui étale sa richesse » ;

– Du caractère des objets précieux, recherchés, luxueux : « Richesse d'un mobilier » ;

– Du caractère de ce qui renferme ou peut produire quelque chose en abondance : « La richesse du sous-sol d'une région » ;

– Du caractère de ce qui présente abondance et variété dans le domaine de la pensée et de l'art : « Un écrivain prisé pour la richesse de son vocabulaire ».

Même si aujourd'hui, dans nos sociétés dites « développées », la richesse économique vue comme accumulation d'argent ou de biens s'impose trop souvent comme référence principale de ce qu'est la richesse, il est important de remettre en avant la diversité des points de vue sur ce qu'est richesse. Dans cette perspective, les notions de richesse dans des sociétés souvent considérées comme économiquement « sous-développées » seraient fort utiles à remettre en avant pour nous permettre de retrouver d'autres aspects de la richesse que nos sociétés modernes ont perdus ou enfouis dans leur inconscient collectif.

De ces brefs rappels sur la diversité des aspects que peut revêtir la notion de richesse, notamment dans des cultures différentes, on peut percevoir qu'il n'existe pas une notion de richesse qui serait *a priori* commune à tous les hommes. Par contre, il apparaît que l'utilisation de ce vocable est toujours plus ou moins consciemment reliée à des valeurs ou plutôt à des systèmes de valeurs. Mais qu'est-ce qu'un système de valeurs ?

La richesse selon la Sagesse Africaine

La richesse n'est point ce que j'ai. Elle n'est point ce que tu as.
Elle est ce qui nous unit dans la souffrance, dans la joie.
Elle est fille de notre union, dans la douleur et le plaisir enfantés.
Ni toi ni moi. Et toi et moi.
Notre œuvre commune, émerveillement permanent
Son nom est Sagesse[27].

La richesse selon Lao-Tseu

Je parais démuni de tout
Je parais ignorant,
Je parais abandonné, sans but, sans logis.
La multitude s'affaire
À accroître ses biens
Moi seul ne possède rien...
Mes haillons cachent
La plus grande des richesses
... Je suis l'enfant de la Mère universelle[28].

La richesse selon Socrate

« Un trésor de belles maximes est préférable à un amas de richesse »

Valeurs et systèmes de valeurs

Comme pour la notion de richesse, la valeur à multiples aspects. Dans l'introduction à son ouvrage sur « *La Valeur* » *économique*, Henri Denis, historien de la pensée économique rappelle que « le langage commun applique le terme de valeur aux objets les plus différents : on parle de la valeur d'une montre, comme la valeur d'une oeuvre d'art ou de la valeur d'un homme. Il est pourtant certain que l'on ne désigne pas la même réalité dans tous les cas ; Et parfois, d'ailleurs, on prend soin d'adjoindre au mot valeur un adjectif qui en précise le sens : on dit alors qu'une personne a beaucoup de valeur morale, qu'un tableau possède une grande valeur artistique, tandis que la montre possède autre chose qu'une valeur économique »[29].

Même si en économie le sens du mot valeur est décalé par rapport à son usage courant, même si la valeur économique recouvre une réalité spécifique, qu'on sera amené à préciser par la suite, on peut supposer que le contenu de ce concept économique n'est pas complètement étranger à

---

[27] Irénée Guilane Dioh, in D. et O. Föllmi, *Origines,... op. cit.*.

[28] Tao-tö-king, *Livre de la voie et de la vertu*, Jean de Bonnot, Paris, 1997.

[29] Henri Denis, *La valeur*, Les Éditions sociales, Paris 1950, p. 11.

l'ensemble des valeurs qui guident toute action humaine. En effet, pour le politologue Pierre Bréchon, qui a participé à une enquête sur les systèmes de valeurs dans différents pays européens, les valeurs sont des idéaux, des préférences, des orientations d'action qui émanent des individus et qui ont trait à leur vie personnelle, à leur vie en famille, à leur travail, à leur vie en société. Il souligne que « les gens agissent en fonction de valeurs qui font sens pour eux »[30]. Mais il faut rappeler qu'il existe une pluralité des valeurs qui guident nos actions, et en permanence, il nous faut ajuster, délibérer entre leurs exigences parfois contradictoires[31].

Patrick Viveret, auteur de l'ouvrage *Reconsidérer la Richesse*, propose une conception « existentielle » de la valeur et pour cela il nous invite à retrouver le sens originel du mot valeur. « Valor, dans toutes les langues latines c'est la force de vie. La plupart du temps, les dictionnaires l'oublient. Pourtant, quand on dit "valide", on comprend bien qu'on n'est pas en face d'une force mécanique, mais d'une force énergétique, psychique et spirituelle. C'est pourquoi la destruction de valeur se repère facilement au sentiment de perte de substance de vie. La forme extrême de destruction de valeur est le désespoir, qui peut conduire au suicide. De la même façon, la destruction de ressources écologiques fondamentales pour le vivant, telles que l'air et l'eau, sont des destructions de valeurs »[32].

Morale et force de vie dans les sociétés africaines

Toute la morale est fondée sur cette conception :
Ce qui est bon, c'est ce qui accroît la force vitale.
Ce qui est mauvais, c'est ce qui la diminue.
Il y a des actes qu'il ne faut pas commettre parce qu'ils la diminuent, créent le désordre, détruisent tant l'ordre social qu'humain[33].

La valeur d'un individu réside essentiellement dans sa capacité d'action
Lui permettant de rester en harmonie avec les autres.
Il est plus jugé et valorisé sur son rôle dans le soutien
Et la cohésion de la communauté[34].

---

30 Pierre Bréchon, *Les valeurs des Français, Évolution de 1980 à 2000*, Coll. U, Armand Collin, Paris, 2000.

31 Éléonore Duchesne, « Éthique », *Sciences Humaines*, HS n°34, « Questions de notre temps », sept. 2001.

32 Patrick Viveret, « Le problème n'est pas la pénurie mais l'abondance », *Nouvelles clés*, n°64, déc. 2009, p. 18.

33 Alassane Ndaw, in D. et O. Föllmi, *Origines, … op. cit.*

34 Raymond Johson, in D. et O. Föllmi, *Origines, … op. cit.*

Nos sociétés modernes sont « malades du manque de sens »

La proposition de Patrick Viveret d'adopter une conception existentielle de la valeur, c'est-à-dire ce qui donne force de vivre, rejoint des travaux de thérapeutes s'interrogeant pour savoir si nos pathologies naissent de causes extérieures ou si elles sont le symptôme d'un malaise plus profond. C'est le cas notamment de Thierry Janssen, chirurgien devenu psychothérapeute qui dans son ouvrage *La maladie a-t-elle un sens ?*, s'est inspiré des pratiques thérapeutiques d'un neuropsychiatre autrichien, Viktor Frankl, déporté vers le camp d'Auschwitz. Pour Thierry Janssen, « Viktor Frankl invite à dépasser les principes de Freud, basés sur la « volonté de plaisir », ou encore ceux de Nietzsche, organisés autour de « la volonté de puissance », pour explorer une dimension qu'il considère comme plus spécifique à notre humanité, une ambition qui paraît propre aux êtres humains : leur « volonté de sens »[35]. Pour le chirurgien psyscho-thérapeute Thierry Janssen, « trouver et donner un sens aux expériences de l'existence est donc un besoin fondamental pour l'être humain ». Mais comme il le fait remarquer, ce besoin fondamental est absent des cinq niveaux hiérarchiques de besoins repérés par Abraham Maslow et qui servent encore souvent de références.

Depuis toujours, selon ce médecin, les humains ont tenté d'apporter une réponse au chaos provoqué par la maladie, et dans toutes civilisations, les théories évoquées pour expliquer la maladie permettent de réorganiser le chao, de rassurer les malades, elles génèrent un espoir, donnent un sens. « Peu importe la croyance, pourvu que l'on puisse y croire. Biologiquement, on sait que nos croyances sont indispensables pour survivre car, en générant des pensées positives et des émotions agréables, participent à la mise en route des mécanismes réparateurs du corps et à l'activation de bonnes défenses immunitaires ». Rappelant les propos de Vaclav Havel, pour qui avoir l'espoir ne signifie pas que les choses vont se produire bien ; cela signifie que nous pensons que les choses auront un sens, Janssen précise : « Sans espoir il est impossible de continuer à vivre. Sans un sens, nous ne pouvons plus avancer ».

Dynamique d'évolution des valeurs

Les valeurs sont portées par les individus, mais l'individu n'en est le producteur. Les valeurs sont en quelque sorte des « représentations qui s'imposent aux individus et qui sont produites par la société »[36]. Même si

---

[35] Thierry Janssen, *La maladie a-t-elle un sens ?*, Fayard, Paris, 2008, p. 207.

[36] Jean-François Tchernia, « Les valeurs du travail », in « Les valeurs dans la société française », *Économie et Humanisme*, Lyon, 2002.

elles sont acquises au cours de l'adolescence et de la jeunesse, les valeurs proviennent d'une négociation entre l'individu et son environnement social. Petit à petit, chacun construit un système de valeurs. Il est important de souligner que « les individus ont des moyens de résistance, ils peuvent accepter ou refuser les valeurs que des institutions, des groupes sociaux ou des maîtres à penser proposent »[37]. Les individus changent plutôt lentement leur système de valeurs. Selon les expériences qu'ils ont vécues, les individus recomposent leur système de valeurs à la marge.

La dynamique d'évolution des valeurs au niveau d'une société est difficile à expliciter. Pierre Bréchon et François Tchernia[38] ont essayé de repérer les principaux processus explicatifs de l'évolution des valeurs. Ils ont distingué trois : les cycles naturels, les mouvements structurels et les événements historiques. L'explication par les cycles naturels est induite en partie par l'effet d'âge et en partie par l'effet génération. Dans l'explication par les mouvements structurels, les valeurs évoluent en fonction de grands mouvements enregistrés dans les structures sociales et économiques (allongement de la vie, élévation du niveau d'instruction, amélioration du niveau de vie, montée des femmes dans la vie active, exode rural, etc.). L'explication par les événements historiques peut prendre deux formes selon que l'événement historique marque avant tout une génération, ou au contraire agit sur toutes les générations.

La vie sociale exige une entente minimale sur des orientations communes. Mais force est de constater que dans la plupart des cas cette entente minimale est plus ou moins implicite et rarement formalisée. Dans les sociétés qui changent rapidement, les systèmes de valeurs devraient être mis en débats pour permettre une certaine cohésion sociale. Il serait légitime d'espérer que, dans les pays qui se réclament de la démocratie et qui prône sa diffusion à l'ensemble du monde, les débats sur les valeurs et leur traduction en objectifs concrets de richesse occupent une place centrale dans l'animation de la vie publique.

L'apport des sciences cognitives

Les valeurs sont multiples et on parle généralement de systèmes de valeurs de tel individu ou de tel groupe social. Il est important de savoir que dans nos réflexions et dans nos débats sur nos systèmes de valeurs nous mobilisons, comme dans tout processus de pensée, des concepts, mais aussi et

[37] Pierre Bréchon, « Les valeurs en politique » in « Les valeurs dans la société française », *Économie et Humanisme*, Lyon, 2002.

[38] Pierre Bréchon, Jean-François Tchernia, « L'évolution des valeurs des Français », *Futuribles*, n°235, mai 2000.

surtout des représentations et des images mentales qui orientent et structurent nos raisonnements.

Certains travaux récents en sciences cognitives[39] et en neurosciences soulignent le rôle fondamental des images mentales dans la manière dont nous construisons nos processus de pensée, mais aussi dans la manière dont nous agissons, dont nous nous comportons et plus généralement dans la manière dont nous essayons de comprendre et de rendre compte de notre place dans l'univers. Dans un dossier de la revue *Sciences Humaines* consacré aux représentations mentales, Jean-François Dortier, rédacteur en chef de cette revue, rappelait qu'une controverse importante oppose les chercheurs en sciences cognitives pour savoir sous quelle forme les représentations mentales prennent elles dans le cerveau : celles d'images ou celles d'un assemblage de symboles ? Pense-t-on par images ou par des mots ou des concepts ? Les philosophes ont longtemps affirmé que c'est le langage qui fait la pensée : sans mot pas de concept et pas d'idée claire.

La pensée comme manipulation de concepts resta longtemps la thèse dominante jusqu'aux années 1980. Pour les défenseurs de ce courant, nos connaissances seraient stockées sous forme de symboles, de concepts, liés entre eux par des règles logiques. Dans son livre *The language of thought* (1975), le philosophe Jerry Fodor présente un modèle de la pensée qui s'inspire largement de l'analogie avec le fonctionnement de l'ordinateur. La pensée serait au cerveau ce que le logiciel informatique est à la machine : les opérations de l'esprit seraient des opérations logico-mathématiques (computations) sur des symboles. Et penser, c'est manipuler des symboles. Le modèle de l'esprit de Fodor a servi et sert encore de références pour de nombreux auteurs.

Dans un article intitulé « Pense-t-on en mot ou en image ? », de la revue *Sciences Humaines*, le psychologue Achille Weinberg[40] rappelle que de nombreuses expériences de la vie quotidienne mais aussi de la vie scientifique invitent à penser qu'une grande partie de notre monde mental

---

[39] Les sciences cognitives ont pour objectif de rendre compte de la manière dont nous connaissons. Leur objet est la cognition et d'une manière plus générale nos processus de pensée. En langage scientifique, on ne parle pas de « pensée » mais de « cognition ». Les sciences cognitives couvrent des domaines très variés tels que la perception, la mémoire, l'apprentissage, le langage, le raisonnement, la conscience… Les sciences cognitives mobilisent plusieurs disciplines : la psychologie cognitive, l'anthropologie, la philosophie de l'esprit, la linguistique, l'intelligence artificielle, et les neurosciences. Les neurosciences rassemblent, sous cette étiquette, l'ensemble des disciplines (neurophysiologie, neuropsychiatrie, neurobiologie, etc.) qui prennent comme objet d'étude le système nerveux central, son anatomie, sa physiologie et son fonctionnement dans des activités mentales particulières (le langage, la mémoire, la vision par exemple).

[40] Achille Weinberg, « Pense-t-on en mot ou en image ? », *Les Grands dossiers des Sciences Humaines*, n°10, mars, avril-mai 2008, pp. 28-30.

passe par les images plutôt que par les mots. Pour renforcer son hypothèse, il avance l'idée qu'il existerait une pensée sans langage. Dans le champ des neurosciences, des exemples de pensée sans langage sont fournis par le témoignage des aphasiques. L'aphasique est un patient atteint d'une lésion cérébrale et qui a perdu, momentanément ou durablement l'usage du langage. Certains aphasiques temporaires ont pu raconter comment ils pensaient sans langage.

Sthephen Kosslyn, chercheur en neurosciences, à Harvard et pionnier de l'imagerie cérébrale, a mis au point plusieurs expériences destinées à montrer que la plupart de nos pensées et représentations prennent la forme de petites images intérieures. Ces expériences et d'autres menées grâce aux techniques d'imagerie cérébrale fonctionnelle révèlent que lorsqu'on pose une question à un sujet sur un objet qu'il doit imaginer, les zones des aires cérébrales visuelles s'activent. Par exemple, si on lui demande de visualiser une maison sur une île, le sujet active les mêmes zones cérébrales que celles qui sont impliquées dans la vision directe[41].

C'est sans doute à Antonio Damasio, Directeur du Département de neurologie de l'Université de l'Iowa et auteur de l'ouvrage *L'erreur de Descartes, la raison des émotions,* que l'on doit aujourd'hui les avancées les plus intéressantes sur le fonctionnement de la pensée et dans la remise en cause du modèle cartésien de l'esprit en tant qu'entité totalement différente du corps humain. Damasio a centré ses travaux de recherche sur des patients atteints de lésions cérébrales spécifiques suite à des accidents et présentant des déficits dans le raisonnement et la prise de décision. Damasio reconnaît que la pensée fait appel à des mots et des symboles arbitraires, mais il nous faut savoir que « la plupart des mots que nous utilisons dans notre for intérieur, avant de parler ou d'écrire une phrase, revêtent la forme d'images visuelles ou auditives dans notre conscience. S'ils ne prenaient pas cette forme d'images, même transitoirement, nous ne pourrions savoir ce qu'ils représentent »[42]. Pour Damasio, nous raisonnons à partir d'images, et «des images sont probablement les matériaux principaux à l'origine des processus de pensée, quelle que soit la modalité sensorielle au sein de laquelle elles sont engendrées, et qu'elles concernent des choses ou des processus impliquant des choses ; ou bien qu'elles concernent des mots ou d'autres symboles d'un langage donné, se rapportant à des choses ou des processus »[43].

Pense-t-on en mot ou en image ? Cette controverse qui oppose depuis les années 1980, des philosophes, des scientifiques et notamment

---

41 Jean-François Dortier, « L'univers des représentations ou l'imaginaire de la grenouille, Dossier les représentations mentales », *Sciences Humaines*, n°128, juin 2002, p. 26.

42 Antonio R. Damasio, *L'erreur de Descartes, la raison des émotions*, Odile Jacob, Paris, 2006, p. 144.

43 *Ibid.*, p. 146.

des psychologues cognitivistes n'est pas terminée. « Il y a d'un côté les partisans d'une interprétation fortement imagiste qui estiment que la pensée humaine, ce sont des images et les images sont la pensée. Sur l'autre bord, il y a les chercheurs qui considèrent que les images ne jouent aucun rôle actif dans le fonctionnement de la pensée. Il est probable qu'aujourd'hui, plus personne n'aurait de position absolue dans un sens ou dans l'autre »[44]. Une chose qui semble admise par les différentes parties est que notre univers mental est fait de représentations, et que les mots et les images sont des représentations mentales.

Nul ne peut voir le monde tel qu'il est, mais chacun se le représente

Nul ne peut voir le monde tel qu'il est, mais chacun se le représente. Les représentations mentales constituent une dimension intermédiaire dans l'analyse du rapport entre le sujet et son objet de connaissance. Si nos cinq sens semblent être l'interface la plus directe entre l'homme et son environnement ; ils ne sauraient constituer un mode d'accès direct à la réalité. Le biologiste et chercheur en sciences cognitives, Francisco Varela illustre cette idée à travers l'exemple de la vue. Alors que l'explication traditionnelle propose une description séquentielle allant de la rétine vers le cerveau, Varela[45] nous invite à suivre l'activité neuronale allant de la rétine à la zone corticale du lobe occipital pour constater que pour une fibre rétinienne débouchant dans cette partie du cortex, cent autres arrivent à ce même point, en provenance de toutes les zones du cerveau. Il apparaît, de plus, que dans le réseau nerveux reliant la rétine au cerveau, les impulsions se propagent dans les deux sens. Cet exemple sur la façon dont les sens appréhendent la réalité témoigne de l'impossibilité des seules perceptions à produire de la connaissance. Si l'enfant qui vient de naître ne voit pas, ce n'est pas parce que ses yeux ne fonctionnent pas, c'est tout simplement parce que son cerveau n'a pas encore acquis l'expérience nécessaire à la construction de l'ensemble des connexions qui correspondent à la vue.

---

[44] Michel Denis, Images mentales et pensée in Jean François Dortier, *Le cerveau et la pensée, la révolution des sciences cognitives*, Éditions Sciences Humaines, Paris, 1999, p. 192.

[45] Francisco Varela, « Le cercle créatif », in P. Watzlawick, *L'invention de la réalité*, Le Seuil, Paris, 1988.

Les scientifiques raisonnent aussi à partir d'images mentales

Les sciences cognitives et en particulier les neurosciences ont permis de révéler le rôle important des représentations mentales et des images dans la production des connaissances, y compris dans la production des connaissances scientifiques. Dans son article *Pense-t-on en mot ou en image*, A. Weinberg[46] nous rappelle que d'éminents scientifiques tels qu'Albert Einstein, par exemple, pensait en images. « Ses découvertes reposaient sur des expériences de pensée très visuelles. Il s'imagine assis sur un rayon lumineux, projeté ainsi à la même vitesse que la lumière, et se demande s'il pourrait se voir dans un miroir placé devant lui ». Pour confirmer cette approche, Einstein a écrit : « les mots ou le langage, écrit ou parlé, ne semblent jouer aucun rôle dans mon mécanisme de pensée (...) Les éléments de pensée sont, dans mon cas, de type visuel »[47]. Et il rajoutait que les mots conventionnels destinés à exposer sa pensée venaient après « laborieusement ». Déjà en son temps, Schumpeter avait souligné dans son *Histoire de l'analyse économique*, que toute élaboration scientifique commence par une vision, qui constitue : « l'acte de connaissance antérieur à l'analyse et qui fournit la matière première à l'effort d'analyse »[48].

---

[46] Achille Weinberg, « Pense-t-on en mot ou en image ? », *Les Grands dossiers des Sciences Humaines*, n°10, mars, avril, mai 2008, pp. 28-30.

[47] Cité par A. Weinberg, *op. cit.*, p. 31.

[48] Cité par J.-M. Albertini, A. Silem, *Comprendre les théories économiques*, tome 1, Le Seuil, Coll. « Point », Paris, p. 330.

Chapitre 2

Systèmes de valeurs et vision du monde

DANS NOS RÉFLEXIONS et discours sur nos systèmes de valeurs, nous mobilisons comme dans toute production de connaissances, des représentations et des images mentales. Pour mieux comprendre comment se construisent et évoluent nos propres systèmes de valeurs mais aussi ceux de personnes appartenant à d'autres groupes sociaux ou à d'autres cultures il nous faut savoir que nos valeurs se construisent à partir d'interactions, de confrontations avec nos représentations ou nos visions de ce qu'est un individu, un groupe social, une société, de ce qu'est la place de l'homme dans son environnement naturel et plus généralement dans le cosmos. Nos valeurs ne forment pas système seulement entre elles mais aussi avec nos représentations, nos croyances, nos manières de voir et plus globalement nos visions sur ce qu'est l'homme et la société, c'est-à-dire nos visions du monde.

Qu'est-ce qu'une « vision du monde » ?

La locution *vision du monde* est aujourd'hui couramment utilisée dans la presse, dans les sciences humaines… ; mais sait-on que c'est « au linguiste allemand, Wilhelm von Humboldt (1767-1835), que nous devons le concept de *Weltansicht* traduit en français par *vision du monde* ? Ce concept fondamental de la théorie linguistique humboldtienne désigne une perception du monde organisée par une langue particulière[49].

[49] Anne-Marie Chabrolle-Cerritini, *La vision du monde de Wilhelm von Humboldt, histoire d'un concept linguistique*, ENS Éditions, Paris, 2007.

Le *Dictionnaire des Sciences Humaines*[50], rappelle que ce concept de vision du monde appartient à la tradition philosophique allemande (Emma-nuel Kant, Whilhelm Dilthey, Max Scheler, Martin Heidegger, ...) : « La *vision du monde* définit une attitude générale face à la vie. Elle intègre à la fois une représentation globale de la réalité (monde physique et social) et un type d'engagement existentiel (...) Reconstituer les grands types de vision du monde qu'a connu la conscience historique correspondait, selon W. Dilthey, à l'une des tâches principales de la science sociale ». Notons que cette définition de ce qu'est une *vision du monde* retient deux principales caractéristiques pour définir ce qu'est une vision du monde ; (1) – une représentation globale de la réalité (monde physique et social), (2) – un type d'engagement existentiel, c'est-à-dire un projet d'action.

« Le Siècle des Lumières » : une vision dualiste et mécaniste du monde, de la société et de l'individu

Avant 1500, la vision du monde prévalant en Europe, ainsi que dans la plupart des civilisations, était de type organique. Les gens ne se concevaient pas comme étant séparés de leur environnement naturel, ils expérimentaient leur rapport à la nature en termes d'interdépendance tant du point de vue des aspects matériels que spirituels ; les besoins individuels étaient subordonnés à ceux de la communauté. Notons que la vision organique du monde au Moyen-Âge impliquait un système de valeurs respectueux des ressources naturelles et de l'environnement dans lequel les hommes habitaient.

Entre 1500 et 1700, se produisit un bouleversement spectaculaire dans la manière dont les gens se représentaient l'univers. La nouvelle perception du cosmos et des relations des hommes à ce cosmos a fourni à notre civilisation occidentale les éléments caractéristiques de notre manière de penser et de se comporter par rapport à la nature, mais aussi de se comporter par rapport à notre propre corps et aux autres hommes.

L'œuvre de l'astronome polonais Copernic (1473-1543), en rompant avec la conception d'un univers dans lequel la terre occupait un rôle privilégié, a marqué un tournant dans l'histoire de la pensée et du progrès scientifique. Avant Copernic, l'homme avait de l'univers et de sa place dans l'univers une vision magique : les choses paraissaient se tenir entre elles par l'effet d'une cause mystérieuse dont la nature échappait à l'entendement. Mais avec Copernic, à partir de l'observation du mouvement des astres et de leurs rapports entre eux, une nouvelle vision s'est imposée : une vision

[50] Jean-François Dortier (dir.), *Dictionnaire des sciences humaines*, Éditions Sciences Humaines, Paris, 2004, p. 847.

mécaniste de l'univers perçu alors comme un vaste mouvement d'horlogerie, avec ses rouages et engrenages.

Par son premier précepte du *Discours de la méthode* (1637), dans lequel il affirme que toutes les choses que nous concevons clairement et distinctement sont vraies, Descartes (1596-1650) fonde l'essence de la nature humaine dans l'acte de penser. Sa démarche de connaissance est bâtie sur la division fondamentale entre deux entités indépendantes et séparées, celle de l'esprit ou *res cogitans* (la chose qui pense) et celle de la matière ou *res extensa* (la chose étendue). Cette démarche de connaissance initiée par Descartes qui suppose une certaine représentation mentale de l'homme, fut celle du Siècle des Lumières[51] (XVIIIe siècle). L'homme des Lumières est doté d'une Raison qui lui donne une place spécifique dans la création, certains caractériseront ce Siècle des Lumières comme celui du culte de la raison. L'homme des Lumières est un être à part des autres créations, il est un observateur objectif de la réalité.

La conception cartésienne de la nature humaine est affirmée avec force dans sa célèbre formule « je pense donc je suis ». *Le cogito* de Descartes, établit que l'esprit était plus « certain » que la matière et que tous deux étaient séparés et fondamentalement différents. Il pouvait donc affirmer qu'il n'y avait rien d'inclus dans le concept du corps qui appartienne à l'esprit ; et rien dans celui de l'esprit qui appartienne au corps. La division cartésienne entre esprit et corps a eu un impact profond sur la pensée occidentale. Elle nous a appris à être conscients de nous-mêmes en tant qu'ego isolés existant à l'intérieur de notre corps ; elle nous a amené à estimer plus le travail intellectuel que le travail manuel... »[52]. Pour le philosophe indien Satish Kumar, la phrase de Descartes « Je pense donc je suis » résume toutes les orientations prises par la science, la philosophie, la politique et la vie sociale en Occident depuis le XVIIIe siècle. Le dualisme cartésien est « l'une des pièces maîtresses d'un mode de pensée qui divise l'esprit et la matière, sépare le corps de l'esprit, et considère le monde comme une série d'objets à analyser, compartimenter, à classifier et à contrôler (...) La vision dualiste du monde donne aux hommes l'illusion d'exister indépendamment d'autrui »[53].

---

[51] Le Siècle des Lumières commence en 1670 et dure jusqu'en 1820. Ce fut un courant philosophique qui affirma la valeur universelle de la raison en réaction contre l'absolutisme politique et la tradition religieuse. De grands événements se sont déroulés durant ce siècle qui ont concerné les domaines du politique (révolution française par exemple), mais aussi de la science, des techniques, de la littérature, les arts. Le mouvement des Lumières a été, en grande partie, un prolongement des découvertes de Copernic au XVIe siècle, puis surtout des théories de Galilée et du *Discours sur la Méthode* de Descartes.

[52] Fritjof Capra, *Le temps du changement*, Éditions du Rocher, Monaco, Paris, 1990, p. 52.

[53] Satish Kumar, *Tu es donc Je suis, une déclaration de dépendance*, Belfond, Paris, 2010, p. 334.

Pour Descartes, l'univers matériel était une machine et rien qu'une machine. Le modèle mécaniste de la connaissance, car issu de la mécanique, est à l'origine du deuxième précepte du *Discours de la Méthode* (il faut diviser les difficultés en autant de parcelles qu'il est nécessaire pour les comprendre séparément). Ce modèle de la connaissance qui est encore aujourd'hui le modèle dominant pour comprendre le monde, cache en fait un certain nombre de présupposés qui sont rarement explicités et dont l'un des principaux est le réductionnisme. Celui-ci est basé sur la croyance que toute situation, aussi complexe soit-elle, peut être comprise en la réduisant en parties plus simples, plus faciles à comprendre. Les molécules seraient réduites à des combinaisons d'atomes, la société serait comprise grâce à la psychologie des individus, la pensée par la physiologie du cerveau, etc.

C'est Isaac Newton (1642-1727) qui concrétisa le rêve cartésien et paracheva la révolution scientifique. Il « développa une formulation mathématique complète de la vison mécanique de la nature et accomplit ainsi une grande synthèse des œuvres de Copernic, Kepler, Bacon, Galilée et Descartes. La physique newtonienne, l'apogée de la science du XVIIe siècle, fournit une théorie mathématique conséquente du monde qui demeura le fondement solide de la pensée scientifique jusqu'au XXe siècle »[54].

Dans ses travaux, Descartes assimilait le corps de l'homme et celui des animaux à une machine vivante. Pour ce scientifique philosophe, le corps est une machine, quelque chose comme une horloge, une montre, un automate hydraulique et la physiologie est un chapitre de la mécanique. La conviction que tous les aspects des organismes vivants peuvent être compris en fonction de leurs plus petits constituants, des mécanismes à travers lesquels ces derniers interagissent, est encore très prégnante dans la pensée biologique contemporaine. Force est de reconnaître que l'approche mécaniste des organismes vivants a connu de nombreux succès en biologie, avec notamment la reconnaissance que tous les animaux et toutes les plantes sont composés de cellules (la biologie cellulaire) et plus récemment dans le décryptage du code génétique. Néanmoins, des biologistes éminents, dont Paul Weiss, sont de plus en plus nombreux pour reconnaître que cette approche présente de sérieuses limites. « Nous pouvons affirmer catégoriquement sur la base d'investigations strictement scientifiques, que le renversement absolu de notre ancienne dissection analytique de l'univers consistant à réunir les constituants, ne peut fournir aucune explication du comportement fut-ce du système vivant le plus élémentaire »[55].

---

54 Fritjo Capra, *op. cit.*, p. 55.

55 Paul Weiss cité par Fritjof Capra, *Le temps du changement*, *op.cit.*, p. 90.

Les philosophies et spiritualités orientales : une vision organique du monde

Depuis quelques décennies, la civilisation occidentale découvre qu'il y a d'autres *visions du monde* possibles que la vision mécaniste et notamment des visions plus organiques proposées par les philosophies et spiritualités orientales. Cet attrait se manifeste en Occident par la diffusion de techniques corporelles, telles que le yoga, le taïchi, le chi kong, le kung-fu, les médecines traditionnelles chinoises, l'ayurveda… et par le nombre grandissant de personnes attirées par les philosophies et spiritualités bouddhistes, taoïstes, zen… Rappelons que dans une vision « organique », l'accent est mis sur les relations, les interdépendances des composants constituant un ensemble, formant un tout ; dans ce type d'appréhension du monde, les composants, les parties, les sous-ensembles ne sont compris que par leur insertion dans un grand ensemble. « Bien que les diverses écoles de la spiritualité orientale diffèrent en de nombreux points, elles soulignent toutes l'unité fondamentale de l'univers, trait principal de leur enseignement. Le but poursuivi par les adeptes, qu'ils soient hindouistes, bouddhistes ou taoïstes, est de devenir conscients de l'unité et de la corrélation de toutes choses et de dépasser la notion d'individu isolé et de s'identifier à la réalité fondamentale »[56]. Pour les philosophies et spiritualités orientales, « tous les objets et événements perçus par les sens s'avèrent interdépendants et ne sont que différents aspects ou manifestations d'une même réalité fondamentale (…) Dans la conception orientale, la division de la nature en objets distincts n'est pas fondamentale, et ces objets ont un caractère perpétuellement changeant et fluide. Le cosmos apparaît comme une réalité indivisible, éternellement mouvante, vivante, organique, spirituelle et matérielle à la fois »[57].

Pour les différents courants de pensée de la philosophie et de la spiritualité orientale, l'individu est dans la plupart des cas, considéré comme un microcosme, image du macrocosme (l'univers). Les principes régissant les différents microcosmes que sont nos corps, sont les mêmes que ceux animant le macrocosme. Il y a dans la philosophie du tao, et plus généralement dans les philosophies indiennes et chinoises « une autre conception de l'homme. Celui-ci n'est jamais présenté comme l'addition d'un corps et d'une âme. L'homme y est perçu comme une unité traversée de multiples énergies. Il est une sorte d'aimant qui polarise les énergies du ciel et celle de la terre. Tout l'art de vivre consiste à savoir canaliser les énergies du ciel et celles de la terre et à les faire circuler en soi. Un des concepts centraux du

---

[56] Fritjof Capra, *Le tao de la physique*, Éditions Sand, 1985, p. 24.

[57] *Ibid.*

taoïsme est celui de longévité qui découle d'une harmonieuse circulation du Qi, souffle ou énergie, dans toutes les dimensions de notre vie »[58].

Vision organique du monde et production de connaissances scientifiques en Chine

« La pensée chinoise n'a jamais développé de vision mécaniste du monde, et c'est la perspective organiciste, selon laquelle chaque phénomène est lié à tous les autres suivant un ordre hiérarchique, qui a universellement prévalu chez les penseurs chinois. Cela n'empêcha pas la naissance de grandes inventions scientifiques comme le sismographe. À certains égards, cette philosophie de la nature peut même y avoir contribué : ainsi, il n'était pas si étrange ou surprenant que l'aimant puisse indiquer le pôle, si l'on était déjà convaincu qu'un modèle organique gouvernait le cosmos. Si, comme c'est effectivement le cas, les Chinois se préoccupèrent de la déclinaison magnétique avant même que les Européens ne connaissent la polarité, c'est sans doute parce qu'ils furent indifférents à l'idée tout occidentale selon laquelle il était nécessaire, pour qu'un effet se produise, qu'un objet distinct ait un impact sur un autre ; en d'autres termes, ils privilégiaient *a priori* les théories du champ, et cette prédilection permet d'expliquer également qu'ils soient parvenus si tôt à une conception juste de la cause des marées ».

Source : Joseph Needham, *La science chinoise et l'Occident,* Seuil, points sciences, Paris 1969. Joseph Needham, historien anglais dirigea durant les années 1950 la publication de *Science et civilisation in China* en sept volumes.

L'homme-microcosme : le modèle médical oriental

« Le modèle médical oriental s'est élaboré depuis 200 ans av. J.-C. environ en un système d'idées qui nous est parvenu relativement fidèle à sa forme primitive, malgré les vicissitudes de sa fortune, malgré aussi les rivalités d'écoles à l'intérieur du corps médical. La philosophie taoïste conçoit le système cosmique comme un équilibre dynamique et considère que l'homme est un microcosme de l'univers (l'un et l'autre étant essentiellement composés des mêmes matériaux). La conception traditionnelle du corps, en Asie orientale, est surtout fonctionnelle et l'on s'intéresse plus aux relations existant entre les parties du corps qu'au détail de son autonomie. (...) Le modèle fondamental du corps humain n'est pas mécanique, mais part d'éléments qui réagissent les uns sur les autres. Malgré des descriptions anatomiques imprécises, les classiques asiatiques ont étudié en détail les relations de chaque organe principal appréhendé en tant qu'élément d'un système complexe. L'accent est mis sur la pensée du tout plus que sur des relations linéaires, qu'il s'agisse des fonctionnements internes au corps ou des relations avec le macrocosme. Le système d'énergie Ki, moyen de communication entre les parties du corps est aussi à l'œuvre sous de nombreuses formes dans le macrocosme, hors de l'enveloppe corporelle. La représentation de l'homme-

[58] Bernard Besret, « L'évangile du Tao », *Sources*, décembre 2009.

microscome est donc renforcée par la pensée qu'il existe un continuel échange de Ki entre le corps et son environnement. Lorsque le Ki ne circule pas naturellement – parce qu'il est excessivement ou insuffisamment absorbé par le système – des déséquilibres surviennent et, partant, des maladies ».

Source : M.M. Lock, « L'homme machine et l'homme-microscome : l'approche occidentale et l'approche japonaise des soins médicaux », *Les Annales*, Vol. 35, n°5, pp. 1116-1127.

Une autre vision du monde en émergence dans les sciences

La vision « organique » du monde de la pensée orientale est donc très différente de la vision « mécanicienne » du monde qui a façonné la pensée des occidentaux durant le XVIIIe et XIXe siècles et elle est par contre plus en cohérence avec le changement de paradigme que les sciences et notamment la physique a connu au XXe siècle avec la théorie de la relativité et la physique quantique. C'est un tel constat qui a amené, depuis près d'un siècle, plusieurs scientifiques et notamment des physiciens tels que Werner Heisenberg, Robert Oppenheimer, Niels Bohr à s'intéresser à la philosophie orientale et au bouddhisme. Ces savants ont souligné les similitudes frappantes existant entre les concepts de la physique moderne et ceux de la philosophie orientale. C'est à la découverte de ces similitudes que nous invite à découvrir le physicien autrichien Fritjo Capra dans son livre *Le Tao de la physique,* qui a inspiré de nombreux propos exposés dans le présent texte.

Jusqu'aux travaux d'Albert Einstein, la physique se fondait sur la conception du monde élaborée notamment par Descartes, Newton et Bacon. Aujourd'hui la physique moderne qui s'intéresse aux particules subatomiques telles que les protons, et les neutrons dans le noyau atomique, et les électrons et autres particules qui circulent autour, découvre qu'on ne peut pas comprendre ces particules atomiques comme des entités physiques distinctes et isolées. Si ces particules ne sont plus des entités indépendantes, mais des interconnexions, il devient alors évident que les atomes, par voie de conséquence, ne sont pas indépendants, ni d'ailleurs les solides, les liquides et les gaz formés par ces atomes. Ainsi tout est inter-relié et ne constitue qu'un seul ensemble global. La vision que nous propose aujourd'hui la science, en particulier la physique mais aussi l'astrophysique, à partir de l'observation de la réalité aux niveaux de l'infiniment petit et de l'infiniment grand, est celle d'un univers non plus hiérarchisé, d'un fonctionnement linéaire, mais d'un univers dont tous les éléments sont reliés entre eux et interdépendants. On ne parle plus de matière mais d'énergie, d'informations, d'interrelations.

Poursuivant ses réflexions, dans son livre *Les temps du changement*, Fritjo Capra est conduit a faire un rapprochement étonnant entre notre esprit et la description de la matière par la physique moderne : « La description de l'esprit comme un modèle d'organisation ou un ensemble de relations dynamiques est liée à la description de la matière en physique moderne. L'esprit et la matière ne semblent plus appartenir à deux catégories fondamentalement séparées comme le croyait Descartes, mais peuvent être considérées comme représentant plus simplement des aspects différents du même processus universel »[59].

Pour le chercheur en neurologie Antonio Damasio, de l'Université de l'Iowa et auteur de l'ouvrage *L'erreur de Descartes, la raison des émotions*, le corps et le cerveau forment « une unité organique indissociable », car « le cerveau reçoit des messages non seulement de tout le corps, mais aussi à certains niveaux des quelques-unes de ses propres régions, lesquelles reçoivent des messages du corps ». C'est l'ensemble de notre organisme « unité organique corps-cerveau » qui interagit en tant que tout avec l'environnement, l'interaction n'étant le fait ni du corps seul, ni du cerveau seul[60].

Plus généralement, percevoir l'environnement ne se résume pas à ce que le cerveau reçoive directement des signaux d'un stimulus donné. C'est l'ensemble de l'organisme (cerveau et corps) qui se modifie pour que l'interaction avec l'environnement puisse prendre place dans les meilleures conditions possibles. L'organisme agit continuellement sur son environnement (dans l'évolution des êtres vivants, les actions et l'exploration ont effectivement pris place avant la perception) pour que soit assurée sa survie et que soit maintenu son équilibre fonctionnel. Il doit nécessairement percevoir l'environnement (par l'odorat, le goût, le toucher, l'audition, la vue) de façon à que des actions appropriées puissent être réalisées en réponse à ce qui est perçu. « Percevoir est tout autant une question d'action sur l'environnement que de réception de signaux en provenance de ce dernier »[61].

À partir de ses travaux en neurologie, qui lui ont permis de formaliser l'unité corps-cerveau, Damasio a redécouvert la pertinence de la pensée de Spinoza (1632-1677) qui s'était fortement opposé en son temps au dualisme cartésien et il lui a consacré un ouvrage « *Spinoza avait raison, joie*

---

[59] Fritjo Capra, *Les temps du changement*, p. 273.

[60] « Lorsque nous regardons un paysage, un ensemble de réglages se mettent en place au niveau du cristallin, de l'iris, des muscles des globes oculaires. Parallèlement, les messages relatifs au paysage sont traités à l'intérieur du cerveau, et notamment toutes sortes de connaissances se rapportant au paysage sont appelées sur la scène mentale par le truchement des représentations potentielles localisées dans diverses aires cérébrales. Nos viscères vont réagir aux images que nous regardons et aux images que notre mémoire est en train d'engendrer, en rapport avec ce que nous voyons. Nous constituons ainsi un souvenir du paysage que nous regardons ; ce souvenir consistera en la trace neurale d'un certain nombre de changements, certains ayant pris place dans le cerveau, d'autres ayant pris place dans le corps proprement dit. »

[61] Antonio R. Damasio, *op. cit*, p. 284.

et tristesse, le cerveau des émotions ». Il est remarquable de constater que dans son ouvrage, *L'Éthique*, Spinoza développe une vision organique de « la substance », et plus généralement du monde.

Malgré l'émergence d'une nouvelle vision notamment dans la science physique, force est de constater que la vision du monde des scientifiques aujourd'hui est restée majoritairement mécanicienne comme le constate Fritjo Capra. D'une manière plus globale, la pensée occidentale reste structurée par la première révolution copernicienne. Cette vision du monde et de l'homme a de nombreuses conséquences sur la manière de comprendre et de gérer politiquement le monde, et sur le système de valeurs mis en avant par le monde occidental.

Pas de représentations mentales sans intentionnalités, sans projet d'action

Pendant longtemps, les théories de la connaissance se sont partagées en deux courants : « les réalistes », pour qui la connaissance se forme directement au contact du monde extérieur, et les « subjectivistes », pour qui la connaissance suppose une re-création du monde environnant. Pour l'approche subjectiviste ou constructiviste, le monde est tel qu'on le reconstruit. Cette manière de percevoir le réel, s'appuie notamment sur le constat que nos sens sont limités et qu'ils nous donnent accès qu'à une partie du réel.

Pour Jean-François Dortier[62], il existerait une troisième approche de la connaissance, qui tente de dépasser le dilemme réalisme/subjectivisme, c'est celle de la phénoménologie, théorie qui a été initiée par le philosophe allemand Edmund Husserl (1859-1938). À partir d'une réflexion sur les nombres, « Husserl va construire une interprétation de la connaissance qui se démarque à la fois d'un réalisme centré sur la réalité du monde extérieur et d'un psychologisme centré sur les seules données du monde intérieur. L'approche phénoménologique écarte ces deux perspectives et prend comme point de départ la relation qui s'établit entre moi et le monde. (…) C'est par notre corps, nous dit Maurice Merleau-Ponty (1908-1961), l'auteur de la *Phénoménologie de la perception*, que nous percevons le monde. Ce corps vit, agit, ressent, voit. Il est en relation avec le monde. Il n'est pas un observateur objectif, il n'est pas non plus une intériorité absolue. Cette pomme, placée devant moi, possède une signification par la relation que je noue avec elle : elle devient un fruit comestible, un objet que je peux

[62] Jean-François Dortier, *Le cerveau et la pensée – La révolution des sciences cognitives*, Éditions Sciences Humaines, Paris, 1999.

admirer ou peindre, un produit de consommation, le symbole du péché originel. Ces propriétés ne sont pas des attributs internes de la chose.

Les représentations mentales et notamment nos visions du monde ne sont pas que des images de la réalité. Elles véhiculent aussi de véritables petits modes d'emploi du monde ; elles sont des guides pour l'action ; elles construisent nos goûts et nos dégoûts à l'égard de notre environnement. Nos représentations se construisent dans l'agir, dans l'action. Et en conséquence de cela, nos représentations qui nous servent à penser le monde sont orientées par nos intentionnalités[63], nos désirs, nos projets[64]. Nous retrouvons ici la deuxième caractéristique de ce qu'est une *vision du monde*.

On doit à Francisco Varela, biologiste et chercheur en sciences cognitives, d'avoir démontré à partir de diverses expériences[65] que la perception et l'action, c'est-à-dire que les processus sensoriels qui nous permettent de percevoir d'une part et les processus moteurs de notre corps d'autre part sont fondamentalement inséparables dans tout acte de connaître. Varela a proposé « le terme d'action incarnée ou énaction afin de mettre en relief deux points : tout d'abord, la cognition dépend des types d'expérience qui découlent du fait d'avoir un corps doté de diverses capacités sensori-motrices ; en second lieu, ces capacités sensori-motrices individuelles s'inscrivent elles-mêmes dans un contexte biologique, psychologique et culturel plus large »[66].

---

63 La notion d'intentionnalité issue de la phénoménologie (Edmund Husserl, Maurice Merleau-Ponty) signifie que les idées et les représentations qui nous servent à penser le monde sont orientées par nos désirs et nos projets.

64 « Notre vision de la grenouille, par exemple, est reliée d'une façon singulière à notre statut d'être humain. Pour un enfant, la grenouille sera un objet de curiosité, pour un savant un objet d'étude, pour un gourmet un objet de délices… Bref, il n'existe pas de représentations des choses sans intention, sans projet. Il en va ainsi de la plupart des représentations». Il en est de même pour l'exemple de la pomme cité précédemment.

65 Pour illustrer cette relation entre perception et action, Varela donne notamment l'exemple de chercheurs qui ont élevé ensemble deux groupes de chatons. Dès leur naissance, les chats sont placés dans l'obscurité. Ils ne sont soumis à la lumière que dans les conditions d'expérience suivantes : un groupe est attelé à un chariot contenant les autres chatons. Les deux groupes de chatons partagent donc la même expérience visuelle, mais le second groupe (celui installé dans le chariot) est entièrement passif. Les animaux ont été relâchés après quelques semaines. Les chatons du premier groupe se sont comportés normalement tandis que les autres se sont comportés comme s'ils étaient aveugles : ils se cognaient sur les objets qu'ils rencontraient. Pour Varela, « cette expérience montre bien que la vision ne consiste pas à reconnaître une réalité extérieure, à en extraire des propriétés indépendantes de nous. Voir, c'est d'abord guider visuellement notre action. Il n'y a pas de perception sans action (sans intention d'agir) sur le réel. Voilà ce que j'entends en disant que la cognition est une action incarnée ».

66 Francisco Varela, « Comment articuler la pensée avec l'action », in J.-F. Dortier, *Le cerveau et la pensée, la révolution des sciences cognitives*, Éditions Sciences Humaines, 1999, p. 328.

Les effets structurants de nos représentations culturelles

Il faut toujours se souvenir que lorsqu'on parle de représentation mentale, il s'agit toujours de la représentation de quelque chose mais aussi pour quelqu'un qui en est le véhicule. « Les représentations n'existent pas en dehors des systèmes cognitifs qui les portent ». Et ces systèmes cognitifs ont une dimension sociale importante : pour penser la société et pour se penser au sein d'une société donnée, les hommes se forgent des représentations communes ou des représentations sociales.

Si on admet que nous pensons à la fois à partir d'images et de mots, on doit aussi reconnaître que les assemblages, les computations de concepts que nous faisons pour construire des discours et raisonnements dits « rationnels », s'appuient sur ou s'inscrivent dans des mots et des images, qui sont engrangés dans notre mémoire et qui sont le résultat de notre histoire individuelle et plus encore des représentations des groupes sociaux auxquels nous appartenons. Sans renier les capacités de chaque individu de raisonner et de se former un jugement de manière autonome, il nous faut reconnaître que nos systèmes de pensée, nos systèmes cognitifs sont en partie « formatés » par les représentations, mais aussi par les outils symboliques des groupes sociaux auxquels nous appartenons.

D'une manière plus globale, si on reconnaît, à la suite de l'approche phénoménologique que nous percevons le monde à partir de notre corps, c'est-à-dire à partir des types de relations corporelles que nous établissons avec le monde on peut mieux comprendre comment des cultures différentes peuvent engendrer des *visions du monde* différentes et donc des systèmes de valeur différents. Nos systèmes cognitifs en général et nos systèmes de valeur sont donc « formatés » non seulement par nos appartenances sociales, mais aussi et plus encore par notre appartenance culturelle.

Ce que nous apprend l'anthropologie : le rôle de l'imaginaire et du symbolique

L'apport des sciences cognitives pour comprendre la place et le rôle d'une vision du monde dans nos méthodes de penser notamment de construction de nos systèmes de valeurs et de représentation de la notion de richesse, rejoint, en utilisant des concepts un peu différents, les approches de certains anthropologues et notamment celle de Maurice Godelier dans son ouvrage *Au fondement des sociétés humaines, ce que nous apprend l'anthropologie.* S'inspirant notamment des travaux de Claude Lévi-Stauss et de Clifford Geertz, l'auteur nous invite à bien différencier « les notions d'imaginaires et de symboliques, domaines intimement liées et complémentaires, mais qu'il ne faut en aucun cas confondre ». Pour Maurice Godelier, l'imaginaire ne relève pas du rêve ou d'un arrière-plan illusoire, c'est de la pensée et son contenu est très proche de la notion de *vision du monde* proposée par les philosophes allemands. L'Imaginaire « c'est l'ensemble des représentations que les humains se sont faites et se font de la nature et de l'origine de l'univers qui les entoure, des êtres qui le peuplent ou sont supposés le peupler, et des humains eux-mêmes pensés dans leur différence et/ou leur représentation. L'Imaginaire c'est d'abord un monde idéel, fait d'idées, d'images et de représentations de toutes sortes qui ont leur source dans la pensée »[67]. Comme toute représentation est en même temps le produit d'une interprétation de ce qu'elle représente – en d'autres mots nul ne peut voir le monde tel qu'il est, mais chacun se le représente – « l'Imaginaire, c'est l'ensemble des interprétations (religieuses, scientifique, littéraires) que l'humanité a inventées pour s'expliquer l'ordre ou le désordre qui règne dans l'univers ou dans la société », et pour en tirer des leçons quant à la manière dont les humains doivent se comporter entre eux et vis-à-vis du monde qui les entoure. Le domaine de l'Imaginaire est donc bien un monde réel, mais composé de réalités mentales (images, idées, jugements, raisonnements, intentions) que nous appellerons des réalités idéelles »[68]. La notion d'Imaginaire proposée par l'anthropologue Maurice Godelier est donc très proche de celle de *vision du monde*, elle nous semble conceptuellement plus riche et sa fonction sociale mieux prise en compte, mais on préfèrera garder le terme de *vision du monde* qui est communément mieux acceptée et qui n'a pas à supporter les inconvénients et les réactions de répulsion de tout ce qui peut avoir trait aux effets de notre imagination et de notre inconscient. L'Imaginaire, ou la notion de vision du monde, sont des réalités mentales qui ont des impacts décisifs sur la guerre, la paix, tout autant que sur la sexualité, les familles et bien sûr sur l'économie[69].

Par contre, pour mieux comprendre la rationalité de nos actions, notamment en ce qui concerne l'économique, il semble nécessaire que soient pris en compte avec sérieux les aspects symboliques de nos instruments et de nos pratiques. « Le domaine du Symbolique. C'est l'ensemble des moyens et processus par lesquels des réalités idéelles s'incarnent à la fois dans des réalités matérielles et des pratiques qui leur confèrent un mode d'existence concrète, visible, sociale. C'est en s'inscrivant dans des pratiques et des objets qui le symbolisent que l'Imaginaire peut agir non seulement

---

[67] Maurice Godelier, *Au fondement des sociétés humaines, ce que nous apprend l'anthropologie*, Albin Michel, Paris, 2007, p. 34.

[68] *Ibid.*, p. 34.

[69] Dans son ouvrage, Maurice Godelier est amené à préciser ce que devrait l'objectif principal des sciences sociales : « Mettre à jour ce qui n'est pas dit, faire apparaître les raisons d'agir ou de ne pas agir laissées dans l'ombre, réunir et analyser ensuite tous ces faits pour en découvrir les raisons, c'est-à-dire les enjeux pour les acteurs eux-mêmes dans la production de leur existence sociale ».

sur les rapports sociaux déjà existants entre les individus et les groupes, mais être aussi à l'origine de nouveaux rapports entre eux qui modifient ou remplacent ceux qui existaient auparavant. L'Imaginaire n'est pas le symbolique, mais il ne peut acquérir d'existence manifeste et d'efficacité sociale sans s'incarner dans des signes et des pratiques symboliques de toutes sortes qui donnent naissance à des institutions qui les organisent, mais aussi à des espaces, à des édifices, où elles s'exercent »[70]. Contrairement à Claude Levi-Strauss, qui affirmait le primat du Symbolique sur l'Imaginaire, Maurice Godelier pense que « c'est l'Imaginaire partagé qui, dans le court comme dans le long terme maintient en vie les symboles ».

La primauté du « politico-religieux » dans la production d'une société

Plus encore que son apport sur la différenciation entre l'Imaginaire et le symbolique dans la construction sociale, l'intérêt du travail de Maurice Godelier est d'avoir mis l'accent sur la place décisive du sacré et de la dimension politique-religieuse de l'Imaginaire dans le fonctionnement des sociétés. Pour Maurice Godelier, les hommes n'ont pas eu à inventer la vie en société, ils sont par nature (par le fait de l'évolution de la nature) une espèce sociale et « les hommes à la différence des autres espèces sociales, ne vivent pas seulement en société ; ils produisent la société pour vivre »[71]. Et dans cette production de la société, il y a du sacré y compris dans nos sociétés modernes, autant le savoir.

Une religion c'est à la fois des croyances, des normes de pensée et de conduite, mais aussi des statuts sociaux distincts. En effet, une religion confère à certains individus ou à certains groupes sociaux, des statuts particuliers, « du fait du rôle qu'ils jouent dans les rapports des humains avec les dieux ou les forces divines qui sont censés agir sur la marche de l'univers et le destin des humains». Prenant plusieurs exemples de sociétés traditionnelles, Maurice Godelier souligne que la fusion des fonctions religieuse et politique est apparue au cours de l'histoire, et dans de nombreuses sociétés cette fonction politico-religieuse est « une activité bien plus importante pour tous les membres d'une société que les activités plus modestes que les activités productrices (l'agriculture, la pêche, la chasse) des conditions matérielles de l'existence sociale des humains. Le travail avec les dieux des chefs et des prêtres ne devait-il pas apporter pour tous prospérité et protection contre le malheur (…) Les gens du commun se vivaient comme endettés de façon irréversible vis-à-vis de ceux qui leur

[70] M. Godelier, *op.cit.*, p. 35.

[71] *Ibid.*, p. 34 et p. 221.

procuraient les bienfaits des dieux et les gouvernaient. Dette pour leur existence, leur subsistance, la survie de leurs enfants. Dette telle que, ce qu'ils donnaient en retour, leur travail, leurs biens, leur vie même, à ceux qui les gouvernaient, ne pouvaient jamais être l'équivalent de ce qu'ils avaient reçu ». Et Maurice Godelier de souligner le « paradoxe des rapports sociaux inégaux entre des groupes humains, des ordres ou des classes, où ce sont les dominants qui paraissent donner plus que ce que leur donnent ceux qu'ils dominent »[72].

D'une étude sur la société des Baruya de Nouvelle-Guinée, Maurice Godelier est amené à conclure « que ni les rapports de parenté, ni les rapports économiques n'avaient eu dans le passé et n'avaient pas plus à l'époque où nous les avions observé, la capacité de rassembler tous les lignages et tous les individus Baruya en un « Tout » qui les unirait et qui contribuerait donc à les reproduire ». Et de constater que cette double conclusion « ne s'accordait guère avec les vues de Confucius ou d'Aristote pour qui la famille et la parenté sont les fondements de la Cité ou de l'État. Mais elle n'aurait pas plu non plus à Marx, convaincu que les rapports qui éclairent le fonctionnement d'une société sont le mode de production et de redistribution des biens matériels et de services qui s'instaure entre les groupes qui composent une société, ni même aux économistes néolibéraux qui, finalement, pensent comme Marx que les rapports économiques façonnent l'architecture d'une société, à condition toutes fois qu'ils soient issus de la vraie économie, l'économie de marché qui, en se développant, doit assurer le développement de la démocratie, le respect des Droits de l'homme »[73].

L'auteur de l'ouvrage, *Au fondement des sociétés humaines*, constate que la séparation du politique et du religieux est un fait récent dans l'histoire de l'humanité. En Europe, il aura fallu attendre les critiques des philosophes des Lumières, puis la Révolution française pour que prenne force l'idée de dissocier le politique du religieux, pour que « l'une des valeurs centrales, l'un des principes fondamentaux des sociétés occidentales soit la séparation du politique et du religieux, la sécularisation de l'État, la liberté pour chacun de pratiquer une religion » ; Mais est-on si sûr que, dans nos sociétés modernes, la fusion du politique et du religieux ne soit pas re-apparue sous d'autres formes ?

---

[72] M. Godelier, *op. cit.*, p. 220.

[73] *Ibid.*, p. 196.

L'argent, une nouvelle forme d'incarnation symbolique du sacré

Ainsi que tente de nous le montrer Maurice Godelier, il y a dans nos sociétés modernes comme dans toute société, du sacré et une fusion du politique et du religieux. Dans nos sociétés modernes le sacré – ce qui ne peut pas être remis en question – s'est incarné symboliquement dans certains objets et notamment l'argent, la propriété privée, mais aussi le progrès, la technologie. Et certaines classes sociales ou groupes sociaux assument la charge de faire perdurer les croyances, les rites, de faire appliques les normes de pensée et de conduite liées à ces nouvelles formes d'incarnation du sacré. Dans nos sociétés modernes, il n'y a plus la fusion du politique avec une religion officielle, mais par contre on peut observer une fusion du politique avec certains groupes sociaux qui sont au service de nouvelles formes du sacré parmi lesquelles l'argent, l'accumulation de richesses matérielles occupent une place privilégiée.

Les banquiers font l'œuvre de Dieu

La banque d'affaires américaine *Goldman Sachs*, a réalisé en 2009 des bénéfices extraordinaires, les dividendes versés aux actionnaires ont été doublés dépassant largement les attentes de *Wall Street*, et les bonus versés à ses employés ont été augmentés de façon significative en raison de « leur superbe travail ». Dans une interview au *Sunday Times* du 10 novembre 2009, son Président et directeur général, Lyode Blankfein, a déclaré « je suis un banquier qui fait l'œuvre de Dieu ». Pour faire l'œuvre de Dieu, ce banquier a reçu $ 43 millions de dollars (ce chiffre qui inclut la valeur des stock-options, mais n'inclut pas le bonus). Pour comparaison, l'américain avec le salaire minimum gagne 15 000 dollars par an ; il lui faudra travailler 1055 ans pour gagner ce que Monsieur Blankfein a gagné en 2008.

La commission d'enquête américaine sur la crise financière a entendu le 14 janvier 2010 les patrons des quatre plus grandes banques américaines, dont le patron de *Goldman Sachs*. Ce dernier a voulu expliquer que « cette crise financière est comme un ouragan qui se produit tous les cent ans ». L'image était mal choisie : « Ne parlez pas d'actes de Dieu. La crise est le résultat d'actions commises par des hommes et des femmes » lui a sèchement rappelé le Président de la commission.

Ceci n'a pas empêché le *Financial Times* de choisir Lloyd Blankfein comme « personne de l'année 2009 » pour avoir fait traverser à la très controversée banque d'affaires américaine la crise financière avec un certain succès.

Si l'on accepte les conclusions des travaux de Maurice Godelier concernant le fondement des sociétés humaines, toute société se produit ou se reproduit à partir d'une certaine notion du sacré et par une intégration de cette dimension par le politique. Dans les débats démocratiques sur les valeurs, auxquels il a été fait allusion précédemment, il semble important que soient mises en discussion la ou les valeurs qui ne peuvent pas être remises en cause par tel ou tel groupe social. Mais d'une manière plus importante, il faut que dans de tels débats que les différents groupes sociaux acceptent de porter un regard critique sur les objets ou les pratiques qui peuvent, d'une manière plus ou moins consciente, incarner symboliquement des valeurs fondamentales et impossibles à remettre en question.

Chapitre 3

Des visions du monde au-delà des systèmes de valeurs

Depuis quelques années, les débats sur les valeurs refont surface. Les partis politiques sont de plus en plus amenés lors d'échéances électorales à préciser les valeurs qui les différencient les uns des autres. Au niveau de certains pays, la montée des différentes formes d'exclusion questionne la notion de l'identité nationale et des débats ont été lancés pour essayer de repréciser les valeurs qui devraient fonder l'appartenance à une nation. Les entreprises ne sont pas en reste pour communiquer sur leurs valeurs. La responsabilité sociale et environnementale des grandes entreprises fait l'objet de rapports annuels spécifiques au même titre que leur rapport financier[74].

Sommes-nous tous des schizophrènes ?

Mais force est de constater que ces discours et écrits sur les valeurs sont dans la plupart des cas, complètement déconnectés de nos réflexions sur ce qu'est la richesse et plus encore de nos comportements par rapport à ce que nous croyons être la richesse et notamment sur ce que nous croyons être la richesse économique. Ce découplage entre les valeurs que nous souhaitons mettre en avant et nos comportements par rapport à ce que

[74] En France, la loi RSE (Responsabilité Sociale des Entreprises) votée en 2001 oblige les entreprises cotées à la bourse de Paris de produire chaque année un rapport développement durable. Ce rapport doit fournir des informations sociales sur les effectifs, la non-discrimination hommes-femmes, la politique d'accueil des personnes handicapées, etc., mais aussi des données environnementales, telles que les consommations d'énergie et d'eau ou les émissions de CO_2. Cette loi ne prévoyant pas de sanction, est loin d'être respectée par toutes les entreprises.

nous croyons être la richesse (ou qui symbolise ce qu'est pour nous la richesse) a bien été mis en avant par Bernard Ginisty, philosophe et écrivain et qui fut directeur du journal *Témoignage Chrétien* et co-fondateur d'ATTAC. En réhabilitant la définition de l'éthique proposée par Aristote, c'est-à-dire de l'éthique « comme conscience des finalités derrière nos actes » Bernard Ginisty constate, notamment à propos de l'argent que « notre société nous accule à être tous, plus ou moins schizophrènes, c'est-à-dire que nous juxtaposons des comportements qui se contredisent les uns les autres ».

Éthique et richesse

« Qu'est-ce que l'éthique ? Ce mot est aujourd'hui malheureusement galvaudé. La plupart du temps, lorsqu'une entreprise ou un organisme financier parlent d'éthique, dans leur communication, c'est la feuille de vigne pour faire joli. Pour comprendre l'éthique et la réhabiliter comme il faut, je propose de revenir au sens qu'Aristote lui donnait. L'éthique n'est pas la science souveraine du Bien et du Mal, mais la conscience des finalités, derrière nos actes. Je pense qu'un acte n'est pas éthique lorsqu'il ne veut pas rendre compte de ses conséquences. Au contraire, un acte est éthique lorsque sa finalité est le bien de la planète et le « vivre ensemble ». L'éthique est intimement liée à la quête de cohérence : nos activités, notamment dans le monde de l'entreprise et du travail, sont-elles en harmonie avec les grandes valeurs de la culture et de l'humanité ? Malheureusement, je crains que notre société nous accule à être tous, plus ou moins schizophrènes, c'est-à-dire que nous juxtaposons des comportements qui se contredisent les uns les autres.

Le rapport que nous avons à l'argent est une illustration de cette schizophrénie, de cette déchirure intérieure. L'argent est tantôt Dieu ou Diable et il est parfois Dieu et Diable. (...) L'une des conditions, me semble-t-il, pour sortir de cette schizophrénie est de changer radicalement notre façon de penser et calculer la richesse. Il s'agit aussi de retrouver le sens de l'éthique. L'une des pistes pour cela est de réintégrer l'économie dans la vie quotidienne des hommes et des femmes ».

Source : Bernard Ginisty, « Reconsidérer la Richesse », Revue *Alliance*, n°20, p. 22.

C'est dans la vie de tous les jours que nous ressentons cette schizophrénie entre nos systèmes de valeurs et la conception de la richesse économique qui nous est assénée par les médias et les publicités. Dans nos sociétés, il est de bon sens d'affirmer que la vie d'un homme n'a pas de prix. Qui n'a pas dit un jour : « la santé, ça n'a pas de prix » ? Il en est de même de l'amitié, de la paix, etc. Mais dans le même temps, le même bon sens, soutenu par le discours économique dominant, est persuadé que ces belles pensées n'ont pas cours chez les économistes ; dans la vie économique « a de la valeur ce qui a un prix »[75].

[75] J. Générеux, «Les vraies lois de l'économie» (2), *Alternatives économiques*, n°185, 2000.

Si on retient[76] que la valeur c'est ce qui donne du sens, c'est ce qui permet d'engendrer « la force de vie » c'est-à-dire d'engendrer l'envie de vivre au niveau individuel et plus encore au niveau collectif, il est urgent de repenser nos manières de concevoir la richesse en fonction des nos systèmes de valeurs et plus fondamentalement encore en fonction de nos *visions du monde* qui formatent, le plus souvent d'une manière inconsciente, nos jugements de valeur.

Il est important de noter que la définition que nous avons retenue de ce qu'est la valeur, comme ce qui permet d'engendrer la force de vie, présuppose déjà une certaine *vision du monde* et de la finalité des individus, des groupes sociaux dans cette *vision du monde*[77]. Il nous faut savoir que nos *visions du monde* formatent nos valeurs et nos jugements de valeur, mais aussi conditionnent notre compréhension de ce qu'est la valeur. Il nous faut aussi savoir que nos visions du monde, nos réflexions sur la valeur, c'est-à-dire sur ce qui donne du sens à nos activités, ont lieu aujourd'hui au sein d'un type particulier de société – qui se voudrait aussi un type de civilisation – et que l'on nomme la société d'information et trop souvent à tort la société de la connaissance.

Les technologies de l'information : de nouveaux moyens pour le formatage du citoyen

Depuis quelques décennies, l'explosion des nouvelles techniques de l'information et de la communication (NTIC) a transformé nos modes de vie, et nos manières de voir le monde. Elles ont un très fort impact économique : elles ont été et sont encore la source d'importants gains de productivité ; elles ont transformé le fonctionnement des entreprises, des États et plus généralement de toutes formes d'organisation. Pour certains, ces transformations qui correspondraient à la troisième révolution industrielle, seraient le signe que nos sociétés industrielles seraient entrées dans une nouvelle ère, celle de la société de l'information ou encore la société de la connaissance.

La société de l'information a fait l'objet de nombreuses politiques de mise en œuvre et d'accompagnement au niveau des États et au niveau international. Par exemple, la Commission européenne a lancé, en décembre 1999, l'initiative *e*-Europe, en vue d'apporter les avantages de la Société

---

[76] Voir chapitre 1.

[77] Dans son ouvrage *Valeur, égalité, justice, politique : de Marx à Aristote et d'Aristote à Marx*, Paris, Le Seuil, 1978, Cornelius Castoriadis distingue l'ordre des valeurs et celui d'une proto-valeur à partir de laquelle une société s'institue elle-même. L'idée de vision du monde est très proche du concept de proto-valeur.

de l'information pour tous les Européens ; Cette initiative a débouché sur le Conseil européen de Lisbonne (2000) qui visait à faire de l'Europe la société de la connaissance la plus compétitive du monde et sur la création au sein de la commission européenne d'une Direction Générale (DG) Société de l'information.

La Société de l'information présente de nombreux aspects positifs tant au niveau de l'organisation et du management des systèmes de production qu'au niveau des nouveaux services qui sont proposés aux consommateurs sur internet, sur les téléphones portables, sur les systèmes multimédias… Mais par rapport au thème des valeurs, des visions du monde qui nous intéressent ici, il nous faut souligner les puissantes activités de « formatage » des consommateurs et plus généralement des citoyens qui accompagnent actuellement la diffusion des technologies de l'information et de la communication. Dans notre société de l'information, les enjeux d'une réflexion sur les valeurs et la valeur économique sont encore plus fondamentaux que dans les stades antérieurs du développement de nos sociétés dites modernes.

Dans la société d'information : la construction du sens est le lieu central du conflit social

Le rôle de la publicité pour orienter les besoins et les attentes des individus n'est pas nouveau. John Kenneth Galbraith avait déjà, dans les années 1960, montré que les entreprises s'appliquaient moins à répondre aux besoins des consommateurs qu'à modeler leurs désirs par la publicité et de souligner que le contrôle de l'appareil de production comptait moins que la maîtrise de la demande de consommation[78]. Mais en matière de NTIC il nous faut savoir que très souvent l'offre précédant et induisant la demande, le rôle de la publicité est devenu encore plus important avec la diffusion de ce type de technologie. D'une manière plus fondamentale encore, il nous faut souligner que l'économie de l'information a transformé la manière d'enrôler le consommateur et en partie le citoyen que nous sommes.

Dans l'économie industrielle, centrée sur la production en série et la vente de biens, le souci prioritaire des entrepreneurs était de conquérir des

[78] Cette tendance n'a fait que s'accentuer. En l'an 2000, la dépense publicitaire française franchit pour la première fois le cap symbolique de 1% du PIB. En sachant que les dépenses de R&D en France représentent un peu plus de 2% du PIB et que les entreprises financent moins de 50% de ces dépenses, on peut donc constater que les entreprises françaises dépensent plus en publicité (si on intègre dans le poste publicité les dépenses de marketing) qu'en R&D. Le mythe de l'innovation comme première priorité de nos sociétés avancées s'effondre : on innove d'abord pour capter plus de consommateurs, on innove pour plus consommer de produits et de services.

parts de marché. Ce qui compte désormais dans l'économie de l'information et dans l'économie des réseaux, ce sont les « parts de clients » plutôt que les parts de marché. Il s'agit non plus de vendre le même produit au plus grand nombre de clients, mais de vendre à un même client le plus grand nombre de produits et de services c'est-à-dire le plus grand nombre de fonctions, en jouant sur la longue durée. Il s'agit de mettre en œuvre une démarche de *Customer Relationship Management* (CRM). Les spécialistes en marketing utilisent l'expression « *Lifetime Value* » (LTV) pour qualifier cette démarche qui vise à établir une relation à long terme avec chaque client individuel au lieu de multiplier les transactions avec un grand nombre de consommateurs[79].

Insérer les individus dans des réseaux a toujours été l'objectif recherché par la publicité, bien avant le développement des NTIC. En effet, la publicité recherche moins à vanter les mérites d'un produit qu'à rassembler des individus selon des sentiments d'appartenance. Mais avec les nouveaux programmes informatiques, les nouvelles technologies de l'information permettent d'établir des réseaux d'interconnexion de plus en plus denses et de nouvelles relations entre prestataires et usagers. Grâce à un mécanisme de rétroaction permanent, les entreprises peuvent anticiper, orienter et satisfaire les besoins des consommateurs indéfiniment et avec une grande flexibilité. « Dans la nouvelle économie en réseau, l'accès à des données privées d'ordre existentiel, telles que le style de vie ou les pratiques de consommation de tel ou tel individu, devient une marchandise convoitée et une forme d'actif immatériel fort recherchée »[80]. C'est pour cela qu'une équipe de spécialistes d'intelligence artificielle de l'Université Columbia de New York a mis au point un système permettant de profiler un possesseur de téléphone portable sans rien lui demander, en se basant exclusivement sur ses déplacements quotidiens. « Après une période d'observation continue des mouvements d'un téléphone, grâce à un système de géo-localisation, le moteur d'intelligence artificielle saura si son propriétaire est un homme, une femme, jeune ou âgé, riche ou pauvre, dépensier ou avare, diplômé ou nom, nomade ou sédentaire, employé stable ou précaire ». Ces universitaires ont créé une entreprise baptisée *Sense Networks*, « les premiers clients de *Sense Networks* seront sans doute les agences de publicité et les professionnels du commerce en ligne qui rêvent depuis toujours de profiler les

---

[79] « Par exemple, un concessionnaire de Cadillac, estime la *Life Time Value* (LTV) potentielle de chaque nouveau client qui pénètre dans son magasin à plus de 320 000 dollars. Ce chiffre exprime le nombre d'automobiles que ce client est censé acheter au cours de sa vie ainsi que la valeur des services qu'il devra probablement consommer » (Rifkin, 2000, *op. cit.*).

[80] Jérémy Rifkin, *L'âge de l'accès, la révolution de la nouvelle économie*, La Découverte, Paris, 2000.

utilisateurs de portables pour leur envoyer des messages publicitaires ultra ciblés »[81].

La Télévision qui est une technologie très efficace pour enfermer les consommateurs dans des réseaux et la culture est aussi instrumentalisée pour formater des consommateurs de plus en plus fidèles. Dans *Les Dirigeants face au changement*, un livre paru en mai 2004 qui donne la parole à une vingtaine de responsables de grandes entreprises, Patrick Le Lay, PDG de TF1, estimait qu'« il y a beaucoup de façon de parler de la télévision. Mais dans une perspective business, soyons réalistes : à la base, le métier de TF1, c'est d'aider Coca-Cola, par exemple, à vendre son produit ». Et de préciser « Pour qu'un message publicitaire soit perçu, il faut que le cerveau du téléspectateur soit disponible. Nos émissions ont pour vocation de le rendre disponible, c'est-à-dire de le divertir, de le détendre pour le préparer entre deux messages. Ce que nous vendons à Coca-Cola, c'est du temps de cerveau humain disponible. Rien n'est plus difficile que d'obtenir cette disponibilité »[82].

Le rôle de la publicité et plus généralement des technologies de l'information et de la communication, n'est pas seulement de capter de nouveaux consommateurs, mais c'est aussi de proposer ou d'imposer une nouvelle vision du monde. Dans son édition de mai 2001, *Le Monde Diplomatique* a attiré l'attention, dans un dossier intitulé « *La Pieuvre Publicitaire* », sur le rôle de la publicité dans la fabrique de nos désirs. « La publicité promet toujours la même chose : le bien-être, le confort, l'efficacité, le bonheur et la réussite. Elle fait miroiter une promesse de satisfaction. Elle vend du rêve, propose des raccourcis symboliques pour une rapide ascension sociale. Elle fabrique des désirs et présente un monde en vacances perpétuelles, détendu, souriant et insouciant, peuplé de personnages heureux et possédant enfin le produit miracle qui les rendra beaux, propres, libres, sains, désirés, modernes… La publicité vend de tout à tous indistinctement, comme si la société de masse était une société sans classe, sans pays sous-développés, sans guerres (…). Structurellement réductrice, la publicité offre une vision condensée, schématique, simple de la vie. Elle recourt volontiers à des stéréotypes pour nous dicter nos désirs et nous faire accepter notre propre asservissement »[83].

Dans les trois volumes de son ouvrage *L'Ère de l'information*, Manuel Castells, Professeur à Berkeley, a analysé les transformations de la société de l'information, de la société en réseau. Il a résumé ses idées principales sur les enjeux de la « société en réseau » dans une interview publiée dans la

---

[81] Yves Eudes, *Le Monde* du 11 mai 2010, p. 3.

[82] *Télérama*, n°2852, septembre 2004.

[83] Ignacio Ramonet, « La fabrique des désirs », *Le Monde Diplomatique*, mai 2001.

revue *Sciences Humaines* : « La société en réseau est fondée sur le contrôle, la manipulation, et l'utilisation de l'information et de la connaissance. Le contrôle le plus puissant concerne l'attribution de sens à partir de la production de codes culturels dominants. Les réseaux sont neutres, ils mettent en œuvre très efficacement leurs programmes, rien de personnel. Donc si la valeur dominante est l'accroissement de la valeur financière marchande (ce qui est le cas actuellement), ce sera la valeur dominante en dernière instance. Si dans la tête des gens, préserver la nature, respecter les droits humains, deviennent des valeurs essentielles, non négociables, des processus de programmation des réseaux en ce sens se mettront en marche, en passant par les institutions politiques et la thématique des médias. Donc plus que jamais, c'est la bataille des idées qui compte »[84]. Une des conclusions importantes que l'on peut retirer de ce travail approfondi sur la société de l'information est que dans ce type de société, « le lieu central du conflit social n'est plus l'opposition capital/travail mais celui des idées et de la construction du sens ».

La valeur au-delà de la richesse

Soulignons que le point de vue que nous avons adopté précédemment pour définir la valeur n'est pas une approche réductrice, elle n'implique aucunement que nous devons tous avoir le même système de valeurs, la même vision du monde. Le modèle de société de consommation « consommer plus pour être heureux » (et notamment consommer de plus en plus de technologies d'information) que voudrait nous imposer les tenants (de) la nouvelle économie de l'information n'est pas heureusement le seul possible. En effet, en fonction de nos cultures différentes, en fonction de nos histoires collectives et individuelles, il y a multiples manières d'engendrer « la force de vie » qui habite chaque homme, il y a multiples manières de la mettre en œuvre dans un groupe social, dans une société donnée.

Aujourd'hui, pour que les débats sur les valeurs ne se traduisent pas en discours creux, en langue de bois, il nous faut confronter les systèmes de valeurs que nous affichons ou que nous souhaitons promouvoir avec nos choix et nos attitudes par rapport aux objets qui symbolisent ce que nous croyons être la richesse. Mais plus fondamentalement, pour éviter les discours creux, il nous faut sortir d'une conception de la valeur comme catalogues de principes moraux à une conception existentielle de la valeur, c'est-à-dire une conception de la valeur qui donne sens à la vie dans sa dimension individuelle et collective.

---

[84] Manuel Castell, « L'ère des réseaux », *Sciences Humaines*, HS n°29, 2000.

Il y a, plusieurs manières de parler de la richesse d'une œuvre d'art. Ainsi pour le peintre d'origine russe, Vassily Kandinsky (1855-1944) : « L'art en général n'est pas une création sans finalité des choses, de choses qui s'épandent dans le vide, mais c'est une force et un pouvoir emplis de finalités et il doit servir le développement et l'affinement de l'âme humaine »[85]. On peut s'étonner, s'émerveiller devant l'efficacité, les performances des techniques modernes de production. Mais peut-on parler de la richesse des techniques lorsque ces techniques sont la source de pollutions, d'asservissement de travailleurs, d'épuisement de ressources non renouvelables ?

Peut-on parler de la richesse du développement agricole d'une région si les méthodes de culture utilisées détruisent toutes les formes de vie à l'intérieur des sols et tuent tous les insectes y compris les abeilles si utiles à la pollinisation des arbres fruitiers ?

Pour sortir des situations de schizophrénies entre nos conceptions de la richesse et nos systèmes de valeurs, dans lesquelles la société et les groupes sociaux auxquels nous appartenons nous enferment, il nous faut revoir nos conceptions de ce qu'est la richesse en général à la lumière de nos systèmes de valeurs. En effet dans une logique cognitive ce sont nos systèmes de valeurs et plus globalement nos *visions du monde* qui fondent nos choix pour décider que telle caractéristique ou tel aspect d'un bien, d'une personne, d'un groupe constituent une richesse. Dit d'une autre manière : les visions du monde, les systèmes de valeur sont au-delà de la richesse. Il n'y a pas de raison, *a priori*, que cela soit différent dans la sphère économique.

---

[85] Vassily Kandinsky, *Du Spirituel dans l'art et dans la peinture en particulier*, Denoël, « Folio essais », Paris, 1989.

PARTIE II

VALEUR ET RICHESSE ÉCONOMIQUES

Après avoir essayé de montrer, dans une première partie, que nos conceptions de la richesse dans son acceptation générale s'élaborent à partir de nos systèmes de valeurs et plus généralement de nos *visions du monde*, il nous faut maintenant centrer la réflexion sur la valeur économique et la richesse économique. On rappellera que les sciences économiques créent des concepts en utilisant des mots de tous les jours, mais en décalant le sens, ce qui ne facilite pas toujours une compréhension exacte des concepts utilisés dans les raisonnements économiques.

Cette deuxième partie montrera l'importance de repartir d'une compréhension de ce qu'est la valeur économique pour repréciser le contenu d'autres concepts économiques tels que le prix, la valeur ajoutée, la croissance, le développement… On comprendra ainsi mieux la phrase de François Perroux : « La théorie de la valeur représente l'effort de penser l'ensemble de la réalité économique en poussant l'explication aussi loin et aussi profond que possible ».

Dans un premier chapitre, on précisera les enjeux et les principaux aspects de la valeur économique. L'accent sera mis sur la nécessité de bien différencier valeur économique et prix. On tentera de répondre à la question fondamentale : à quoi sert la valeur économique ? Une définition conceptuelle de la valeur économique sera proposée. Un deuxième chapitre est consacré au rappel de la différence entre la valeur économique et la valeur ajoutée, deux concepts économiques malheureusement trop souvent confondus. Cette différence conceptuelle permettra de préciser deux processus économiques différents : la croissance et le développement économiques, qui sont aussi trop souvent confondus y compris par de nombreux économistes (chapitre 3). À partir de la différenciation entre croissance et développement, un dernier chapitre proposera une alternative aux conceptions naturalistes du développement, conceptions actuellement dominantes, en jetant les bases d'une approche constructiviste des politiques de développement.

Chapitre 1

Qu'est-ce que la valeur économique ?

Depuis plusieurs décennies, il semble qu'un certain consensus se soit imposé chez les économistes : la valeur ne constitue plus le principe fondateur, la notion fondamentale des sciences économiques. Comment expliquer cette situation alors que les principaux courants de la pensée économique (classique, marxiste, néo-classique, institutionnaliste) ont tous été fondés à partir d'une théorie spécifique de la valeur ?

Depuis de nombreuses décennies, les ouvrages sur la valeur ou traitant de la valeur économique, se comptent sur les doigts de la main. Un des plus récents est celui de François Fourquet, *Richesse et puissance, Une généalogie de la valeur (XVI-XVIIe siècles)* publié en 2002. Dans cet ouvrage, l'auteur défend l'hypothèse que la valeur, au cœur de l'économie, doit dépasser l'étude du comportement d'un *homo œconomicus* plus ou moins fictif, pour intégrer une approche plus large, prenant en compte la volonté de puissance des États à l'échelle du monde où ils s'affrontent pour conquérir l'hégémonie. Il faut sans doute remonter en 1943, avec l'ouvrage intitulé *La Valeur* de François Perroux, pour trouver un traité d'économie sur la valeur, qui essaie de faire une synthèse critique des différentes théories de la valeur, tout en élaborant des questionnements et des pistes de recherche. À la différence de Fourquet, Perroux a centré son analyse sur les théories classiques, marxistes, néoclassiques et institutionnalistes (c'est-à-dire sur la période du milieu du XVIIIe au milieu du XXe siècle). On aurait pu aussi citer l'ouvrage de Gérard Debreu ayant pour titre *Théorie de la valeur* (1956) et dont la version anglaise est le plus citée parmi les ouvrages traitant de ce thème. Mais comme le fait remarquer Bernard Guerrien, dans son *Dictionnaire d'Analyse Économique*, à propos de cet ouvrage de Debreu : « En dehors d'une vague allusion dans l'introduction, le mot "valeur" n'y apparaît jamais ! Prix et valeur sont complètement confondus ».

Dans ce chapitre on présentera quelques-unes des principales grilles d'analyse de la valeur économique proposées par François Perroux et François Fourquet. Ces grilles d'analyse nous serviront, dans une troisième partie, à exposer les notions de richesse et de valeur économique dans différents courants de la pensée économique et surtout à montrer les relations qui se tissent entre une certaine conception de la valeur économique et une certaine compréhension de ce qu'est la richesse économique.

Deux conceptions différentes de la valeur économique : nature et mesure de la richesse

Il revient à François Fourquet, dans son ouvrage sur la généalogie de la valeur, d'avoir attiré l'attention sur deux aspects ou deux problèmes très différents de la valeur économique. La valeur économique peut être comprise comme la notion permettant de définir la nature de la richesse économique et/ou elle peut être considérée comme la mesure de cette richesse. « On peut avoir une conception de l'origine de la richesse sans s'interroger sur sa mesure, en se contentant d'une vague approximation. Inversement, on peut comme les comptables nationaux, la mesurer d'une manière très "positiviste" » (avec la monnaie courante) sans énoncer de théorie sur son origine et sa nature »[86]. La première conception de la valeur, celle de la nature de la richesse, sera celle que nous privilégierons ; elle est en cohérence avec la conclusion de la première partie du présent ouvrage dans laquelle il est affirmé que la valeur est au-delà de la richesse : c'est la valeur qui donne sens à la richesse. Mais nous n'abandonnerons pas l'aspect de la valeur comme moyen de mesurer ou d'apprécier (d'évaluer) la richesse économique. La nature de la richesse, correspond aux questions : en quoi elle consiste, de quoi elle est faite. «Les premiers économistes imaginaient plusieurs formes : l'or et l'argent, les fruits de la terre, les denrées matérielles, les biens consommables ». Pour mieux comprendre la nature de la richesse, François Fourquet nous invite à nous poser plusieurs questions concernant les origines de la richesse :

– Qu'est-ce qui produit les richesses : la terre, le travail, un autre facteur ?

– Quelles sont les activités qui produisent la richesse : l'agriculture, l'industrie, le commerce intérieur, le commerce extérieur ?

Concernant le deuxième aspect de la valeur comme mesure de la richesse, Fourquet constate que « de la valeur = mesure de la richesse, les économistes en sont venus à prendre la valeur pour la richesse elle-même, à

---

86 François Fourquet, *Richesse et puissance. Une généalogie de la valeur (XVI-XVIIIe siècles)*, La Découverte, Paris, 2002, p. 136.

abandonner la notion de richesse et, *a fortiori* celle de puissance dont elle n'était que la traduction dans le discours économique. Ce glissement sera achevé par Ricardo et par Marx »[87]. Plus précisément, on découvrira dans la troisième partie que l'école classique a confondu la richesse avec la valeur d'usage et que l'école néo-classique a confondu la richesse avec la valeur d'échange. Une des conséquences de ce glissement est que la valeur en tant que notion permettant de définir la nature de la richesse a malheureusement été très rapidement abandonnée par les économistes.

Théories substantielles et théories nominales de la valeur

Se référant au débat philosophique médiéval entre réalistes et nominalistes[88] (posture philosophique proche du constructivisme), Fourquet repère deux approches théoriques différentes de la valeur : les théories substantielles de la valeur et les théories nominales de la valeur.

Dans les théories substantielles de la valeur, la valeur serait une qualité des produits. C'est, par exemple, la posture prise par Paul Jorion dans son travail sur « Le rapport entre valeur et prix », dans lequel il précise que la valeur est une qualité, une substance incorporée au produit, le prix serait « l'expression phénoménale d'une essence plus permanente appelée valeur ». Pour mieux comprendre le couple prix/valeur il propose de le comparer au couple chaleur/température, « le concept de température offrant la contrepartie objective, car quantitative, de la qualité qu'est la chaleur »[89].

Aux théories substantielles de la valeur, Fourquet oppose les théories nominales de la valeur. Pour une théorie nominale (ou constructiviste) : « la valeur est le nom donné à la mesure commune de ces réalités physiques qu'on appelle biens, services, marchandises, denrées, *commodities, conveniences*, ou collectivement richesse. La valeur des choses est leur mesure du point

---

[87] *Ibid.*, p. 138.

[88] « Le nominalisme est essentiellement une attitude anti-idéaliste, s'opposant à la conception selon laquelle des entités universelles existeraient réellement au-delà de leur nature conceptuelle et linguistique. Il s'agit d'une posture anti-substantialiste qui inspire, en partie, l'approche contemporaine de la philosophie du langage. (…) Les nominalistes affirment que nos classifications ne correspondent pas à des caractéristiques réelles des choses, mais à la manière dont nous les pensons ou dont nous en parlons ». (*Grand dictionnaire de la philosophie*, Larousse, CNRS/Éditions, Paris, 2003. À bien des égards, le constructivisme est une forme héritée du nominalisme médiéval. Rappelons que le constructivisme désigne une posture philosophique par laquelle toute réalité n'est connaissable qu'à travers des catégories préalables. Notre monde serait toujours préconstruit par des filtres, des systèmes de représentation ou de façon d'agir qui configurent notre inscription en son sein et nos interactions avec lui.

[89] Paul Jorion, « Le rapport entre la valeur et le prix », *Canadian review of sociology and anthropology*, 1999.

de vue de la richesse, comme la longueur, la surface, le volume est leur mesure du point de vue de l'espace, la durée, leur mesure du point de vue du temps »[90]. Comme on pourra le constater plus loin, il est important de souligner que les théories nominales de la valeur tout en voulant construire une mesure de la richesse, ne se désintéresse aucunement de ce qu'est la nature de la richesse.

Valeur économique et prix

La valeur économique et le prix sont deux notions bien différentes, mais trop souvent confondues. Par exemple, pour un homme perdu dans un désert une bouteille d'eau peut avoir plus de valeur économique qu'un diamant dont le prix est un million de fois plus cher qu'un litre d'eau.

Dans son introduction à *La Valeur*, Perroux rappelle avec beaucoup de force, les enjeux théoriques et méthodologiques de toute réflexion visant à mieux comprendre la différence entre valeur économique et prix: « Le prix, réalité très visible et à laquelle nul n'échappe, n'apparaît pas comme la réalité économique la plus profonde, ni comme la plus générale ». Prenant plusieurs exemples de systèmes économiques différents, Perroux souligne qu'au sein d'une économie fermée ou d'une économie de planification intégrale, il n'y a certainement pas de prix dans le même sens que dans une économie capitaliste. Néanmoins, ces systèmes économiques, même ceux qui fonctionnent sans prix, « ne fonctionnent pas sans appréciations sur l'importance relative des biens et des services (...) Même s'ils ne se traduisent pas dans des réactions de l'offre et de la demande, dans la formation et la transformation d'un prix, les jugements de valeur sur l'importance relative des biens (relative en deux sens : par rapport aux besoins et par rapport aux autres biens) ne peuvent pas être éliminés ». Et Perroux de conclure « l'analyse découvre au-delà du marché et des prix des jugements de valeur. Ces phénomènes de valeur se retrouvent dans tout système économique réalisé dans l'histoire et construit par l'esprit. La valeur est donc un concept plus extensif que le prix. Si une théorie des prix ne peut être par construction qu'une théorie explicative de l'économie de marché, la théorie de la valeur peut être une théorie explicative de toute économie. Et choisir de poser les problèmes en termes de valeur, c'est choisir de rechercher le sens et les lois de toute économie quelle qu'elle soit (...) La théorie de la valeur représente l'effort de penser l'ensemble de la réalité économique en poussant l'explication aussi loin et aussi profond que possible »[91].

---

[90] F. Fourquet *op. cit.*, p. 138.
[91] F. Perroux, *La Valeur*, PUF, Paris, 1943, p. 8.

Il existe un lien entre valeur économique (avec son double aspect de valeur par l'usage et par l'échange) et prix. Une des grandes questions de l'économie politique est de savoir quelle est la nature exacte de ce lien et, notamment, s'il y a lieu de distinguer entre ces deux concepts. « De façon un peu schématique, on peut dire que deux réponses diamétralement opposées ont été apportées à cette question : les partisans de la valeur travail, pour lesquels il y a à établir une nette distinction entre valeur et prix ; et celle des théoriciens (néo-classiques) de l'équilibre général, pour lesquels ces deux notions sont confondues »[92].

Valeur d'usage et valeur d'échange

Dans son travail sur *La Valeur*, François Perroux (1943) propose d'aborder les différents aspects de la valeur économique à partir de deux séries de classifications, « l'une selon le mode de détermination de la valeur (valeur objective, valeur subjective), l'autre selon le mode de réalisation de l'effet produit ou possible (valeur par l'emploi ou l'usage, valeur par l'échange). La valeur d'un bien par l'usage et par l'échange est plus communément connue sous les expressions de valeur d'usage et de valeur d'échange ».

Rappelons que dans son ouvrage de référence *La Richesse des Nations* (1776), Adam Smith, écrit, quand il parle pour la première fois de la valeur : « Il s'agit maintenant d'examiner quelles sont les règles que les hommes observent naturellement, en échangeant les marchandises l'une contre l'autre, ou contre de l'argent. Ces règles déterminent ce qu'on peut appeler la valeur relative, ou échangeable des marchandises ». Reprenant une tradition déjà ancienne (Aristote), il fait observer que le mot valeur a deux significations différentes : « quelquefois il signifie l'utilité d'un objet particulier, et quelquefois il signifie la faculté que donne la possession de cet objet d'acheter d'autres marchandises. On peut appeler l'une valeur d'usage, et l'autre valeur en échange ». Par la suite, Smith se propose d'éclairer les principes qui déterminent la valeur échangeable des marchandises et il va chercher à établir « quelle est la véritable mesure de cette valeur échangeable, ou en quoi consiste le prix réel des marchandises ».

Il nous faut donc noter qu'après avoir mis en avant le double aspect de la valeur : valeur d'usage et valeur d'échange, A. Smith s'intéresse principalement à la valeur d'échange. Une des difficultés les plus importantes que les théories de la valeur en économie ont rencontrées est d'intégrer dans leur démarche les deux aspects de la valeur (valeur d'usage et valeur d'échange).

---

[92] Bernard Guerrien, *Dictionnaire d'analyse économique*, La Découverte, Paris, 1996.

Valeur objective et valeur subjective

Perroux nous rappelle que « L'habitude s'est répandue d'entendre par valeur d'usage la valeur subjective d'usage et par valeur d'échange la valeur objective d'échange, c'est-à-dire le rapport d'échange d'un bien sur un marché». Mais cette façon de présenter ces deux aspects d'usage et d'échange de la valeur « est une simplification apparente et risque d'entraîner dans divers domaines (monnaie) des confusions regrettables ». Pour l'auteur de *La Valeur*, « chaque bien économique a une valeur d'échange objective et subjective. Chaque bien a une valeur d'usage subjective et objective ». On retrouve ici l'importance accordée par Perroux aux jugements de valeur dans l'appréciation de la valeur économique d'un bien ou d'un service quelque soit le système économique dans lequel cette appréciation de la valeur se fait.

Pour montrer le point de vue objectif et le point de vue subjectif de la valeur d'usage, Perroux nous propose de prendre l'exemple du bois de chauffage. Deux stères de bois de chauffage provenant d'une même espèce d'arbres, pour un état donné des techniques, ont même pouvoir calorifique, donc une valeur objective égale par l'emploi (une même valeur d'usage objective) pour une même technique donnée. Le pauvre qui n'a rien d'autre comme provision de chauffage y attache subjectivement une plus grande importance (valeur d'usage subjective) que le millionnaire.

Pour montrer le point de vue objectif et le point de vue subjectif de la valeur d'échange, il donne l'exemple du loyer de deux villas identiques : « Deux villas donnent chacune exactement le même revenu en loyers nets, par exemple 12 000 francs (valeur objective par l'échange). L'un des propriétaires n'a que ce revenu pour vivre. L'autre a, outre sa villa, deux maisons de rapport. La valeur subjective par l'échange de la villa est très différente pour chacun d'eux » ; François Perroux souligne que quand on parle de valeur objective d'échange « on vise une objectivité qui résulte des relations sociales : les rapports des sujets économiques sur le marché »[93].

Les trois phases d'évolution des théories de la valeur

La valeur économique a donc un double aspect : la valeur d'usage et la valeur d'échange. Les différentes théories de la valeur ont eu des difficultés à intégrer ces deux aspects ainsi que le soulignent les trois phases d'évolution de la théorie de la valeur repérées par François Perroux ; certaines mettant l'accent sur la valeur d'échange avec les théories de la valeur coût, d'autres mettant apparemment l'accent sur la valeur d'usage comme la théorie de l'utilité marginale. Reprenant les travaux d'économistes tels que

[93] F. Perroux, *op. cit.*, p. 16.

Böhm-Bawerk, François Perroux repère trois grandes phases d'évolution de la théorie de la valeur :

- Les théories objectives de la valeur coût ;
- La théorie subjective de l'utilité marginale ;
- Les théories objectives de la valeur sociale.

Au cours d'une première phase, la valeur (confondue ou ramenée à la seule valeur d'échange) est expliquée par des facteurs objectifs. « Elle est ramenée au coût. Le coût lui-même est considéré soit comme une somme de valeurs : la somme des biens producteurs qui concourent à l'obtention des produits, soit comme une quantité de travail : la quantité de travail fournie pour l'obtention d'un produit. On a déjà reconnu la position de l'école classique qui retient la conception complexe du coût et celle de l'école marxiste qui, à la suite de Marx, retient la conception de la valeur travail ». Soulignons que les théories objectives de la valeur coût se situent d'emblée au niveau de la production (ou de l'offre). Elles partent de la production et y restent puisqu'elles supposent ou imposent la « loi des débouchés » qui permet d'affirmer qu'il y aura toujours une demande pour l'ensemble des biens produits que les marchés seront toujours équilibrés. Si un produit est surabondant, c'est parce que d'autres viennent à manquer, car chaque produit est un débouché pour les autres[94].

À l'approche objective de la valeur coût a succédé une approche plus subjective de la valeur élaborée par le courant néo-classique : la théorie de l'utilité marginale. Cette approche marginaliste s'est appuyée sur une longue tradition de la valeur d'usage (ou utilité) : « La valeur des choses est fondée sur leur utilité » (de Condillac, 1776). Face à cette approche de la valeur, Adam Smith avait soulevé le paradoxe de l'eau et du diamant : l'eau qui est indispensable à la vie, a une moins grande valeur marchande que le diamant, dont les usages sont limités. Ce qui amena Condillac à introduire les aspects de rareté : plus un bien est rare, plus il est précieux, c'est pourquoi le diamant est si cher. « Si la valeur des choses est fondée sur leur utilité, leur plus ou moins de valeur est donc fondée, leur utilité restant la même, sur leur rareté ou sur leur abondance ou plutôt sur l'opinion que nous avons de leur rareté ou de leur abondance. (…) une chose n'a pas une valeur parce qu'elle coûte, mais elle coûte parce qu'elle a de la valeur ». Dans la théorie de l'utilité marginale, « l'utilité sur laquelle se porte la lumière de l'analyse n'est pas une utilité abstraite, mais celle d'une partie ou

---

[94] « Nous n'achetons pas, dans la réalité, les objets de notre consommation avec le numéraire. (…) Il faut qu'auparavant nous ayons acheté ce numéraire lui-même par la vente de nos produits. (…) C'est la production seule qui ouvre des débouchés aux produits » (J.-B. Say, 1828).

unité d'un bien divisible. C'est l'utilité limite, finale ou marginale »[95] ; L'approche marginaliste permet de combiner et de formaliser les aspects d'utilité et de rareté : l'utilité économique d'un bien est définie comme étant la satisfaction d'un besoin engendrée par ce bien acquis avec des ressources limitées. La valeur d'un bien est liée à la satisfaction que procure la dernière unité détenue.

Dans son étude sur l'évolution des théories de la valeur, François Perroux note que « en même temps que l'école marginaliste développe ses analyses, l'école mathématique relègue la valeur ou en supprime même le nom ou le concept. Tous les problèmes économiques sont posés en termes d'équilibre (...) La science, avec les économistes mathématiciens, se construit autour de la notion fondamentale d'équilibre et non de la notion fondamentale de valeur. La théorie de la valeur subit une éclipse »[96]. Par un tour de magie, à l'équilibre l'utilité marginale d'un bien est égale à son prix. Partie sur une notion subjective de la valeur, la théorie néo-classique aboutit à une posture objective de la valeur : la valeur d'un bien est égale à son prix.

Dans l'évolution des théories de la valeur, François Perroux note l'émergence, en gros après la guerre de 1914-1918, d'une troisième phase dans laquelle la valeur est de nouveau expliquée par des facteurs objectifs, ce sont les théories objectives de la valeur sociale proposées par des économistes institutionnalistes tels que John Rogers Commons, John Maurice Clark. Ces approches institutionnalistes « soulignent l'action de l'État ou celle de groupes ou celle des institutions sur la formation et la transformation des valeurs. La valeur des biens est une valeur sociale ». Les appréciations subjectives et les réactions propres des sujets économiques n'ont dans la formation globale de la valeur qu'une importance seconde. « Le sujet économique calcule, mais bien davantage le groupe ou l'État calcule pour lui. Le sujet économique choisit, mais le milieu institutionnel et social oriente et même détermine ses choix propres »[97].

Une synthèse possible ?

Quelques auteurs ont essayé de dépasser l'opposition entre la prise en compte du seul point de vue de la production ou du seul aspect de la valeur d'échange et la prise en compte du seul point de vue de la demande ou du seul aspect de la valeur d'usage qui caractérise les théories de la valeur coût d'une part et la théorie de l'utilité marginale d'autre part. C'est le cas, par exemple, de Jean-Baptiste Say dans son *Traité d'Économie Politique* (1818),

95 F. Perroux, *op. cit.*, p. 25.

96 *Ibid.*, p. 30.

97 *Ibid.*, p. 28.

pour qui la valeur de chaque chose est le résultat de l'évolution contradictoire entre celui qui en a besoin et celui qui l'a produite. Ses deux fondements sont donc (1) – l'utilité qui détermine la demande qui en est faite, (2) – les frais de production qui donnent l'étendue de cette demande, car on cesse de demander ce qui coûte. Dans son ouvrage *Esquisse d'une critique de l'économie politique* (1844), Friedrich Engels, rappelle que, depuis le début du XIXe siècle, le débat sur la valeur d'échange et la valeur abstraite ou réelle s'est assoupi sans que la question fût tranchée. Après avoir souligné les contradictions des économistes qui veulent séparer la valeur abstraite et la valeur d'échange, cet auteur propose de définir la valeur comme « le rapport du coût de production à l'utilité », soulignant que « la valeur sert tout d'abord à décider si d'une manière générale un objet doit être produit, si l'utilité compense le coût de production ».

Une autre définition intégrant les deux points de vue de l'offre et de la demande a été proposée par Marshall dans son œuvre *The Principles of economics* (1890)[98] la valeur dépend des « deux lames d'un ciseau », d'un côté la demande reflète la satisfaction qu'un bien procure au consommateur ; de l'autre, l'offre révèle les préférences du producteur (notamment ses coûts de production). « Il serait tout aussi déraisonnable de discuter sur le point de savoir si c'est la lame supérieure ou la lame inférieure d'une paire de ciseaux qui coupe un morceau de papier que de se demander si la valeur est déterminée par l'utilité ou par le coût de production. Il est vrai que lorsqu'une lame est maintenue immobile et que l'on coupe avec en faisant mouvoir l'autre, nous pouvons dire avec une brièveté peu correcte que c'est la seconde lame qui coupe ; mais l'assertion n'est pas rigoureusement exacte et elle est admissible que comme une affirmation simplement courante et non comme un exposé rigoureusement scientifique de ce qui se produit en réalité ».

Enfin, rappelons que dans ses *Principes d'Économie Politique* (1931), Charles Gide hésite entre la valeur travail et la valeur utilité, et il finit par se résoudre à ce que la valeur soit « fondée sur une double base, ou plus exactement qu'elle est un état d'équilibre entre ces deux facteurs antagonistes : d'un côté la jouissance que les choses nous procurent quand nous les possédons, de l'autre la peine nécessaire pour les acquérir quand nous ne les possédons pas, ou pour les remplacer si nous venons à les vendre ». Ainsi pour C. Gide : « il est inévitable que la valeur ait deux visages, bifrons comme Janus, l'un tourné du côté de l'acheteur, l'autre du côté du vendeur (...) qu'elle ait deux pôles, l'un positif, l'autre négatif : entre les deux jaillit l'étincelle, et c'est la valeur ».

---

[98] *Cf.*, Livre 5, chapitre 3.

Proposition pour une définition de la valeur économique

Ayant fait le choix d'une approche constructiviste et artificialiste de l'économie[99], on refusera toute théorie substantielle de la valeur. On propose de partir de la définition de la valeur selon Fourquet : « la valeur est le nom donné à la mesure commune de ces réalités physiques qu'on appelle biens, services, marchandises, denrées, ou collectivement richesses ». Cette définition de la valeur peut être complétée en prenant en compte les apports de Perroux :

– Il nous faut intégrer dans la définition les deux aspects de la valeur : valeur d'usage et valeur d'échange et plus généralement les points de vue de la demande et de l'offre (production).

– Dans tout système économique, y compris dans une économie de marché, les jugements de valeur sur l'importance relative des biens (relative en deux sens : par rapport aux besoins et par rapport aux autres biens) ne peuvent pas être éliminés tant du point de vue de la valeur d'usage que de la valeur d'échange. Pour prendre en compte l'importance des jugements de valeur, c'est-à-dire la dimension subjective de la valeur d'usage et de la valeur d'échange, on choisira, pour définir le concept de valeur, d'utiliser le terme « apprécier » à la place du mot « mesurer ».

La valeur économique est le nom donné à la manière, à la méthode d'apprécier à la fois la valeur d'usage et la valeur d'échange, et plus généralement les points de vue de la demande et de l'offre (la production), de ces réalités physiques qu'on appelle biens, services, marchandises, ou qu'on appelle, plus généralement, richesse (ou développement économique).

En paraphrasant les propos d'Engels : « la valeur sert tout d'abord à décider si d'une manière générale un bien ou un service doit être produit ou acheté, et si son utilité compense les coûts de production et /ou son prix d'achat ».

Engels proposait de définir la valeur comme le rapport du coût de production à l'utilité. En inversant ce rapport on retrouve le rapport : « utilité/coût de production » ou le rapport : « qualité (en tant que l'ensemble des propriétés attendues d'un bien)/prix d'achat » qui est la ou une des méthodes utilisées spontanément par des acheteurs ayant à faire un choix entre plusieurs produits ayant des prix et des qualités différentes (voir plus loin l'enquête du CREDOC). C'est aussi ce que proposent certains vendeurs à leurs clients, pour attirer de nouveaux clients dans une nouvelle démarche de marketing (voir *infra*).

---

[99] *Cf.* Introduction du chapitre 4 de la partie 2 du présent ouvrage.

Des expériences de marketing pour comprendre la différence entre valeur économique et juste prix

« *Just pay us what you think it's worth* » (Payez ce que vous pensez que cela vaut), c'est le slogan publicitaire qu'a lancé un restaurant londonien, le *Little Bay*, au début de l'année 2009, pour trouver une solution à la chute de fréquentation de son établissement que provoquait la crise économique. Dans ce restaurant « l'addition » n'est plus présentée à ses clients, le prix du repas est laissé à l'appréciation du consommateur en fonction de la qualité de la nourriture et du service. Cette initiative très payante sur le plan publicitaire, a inspiré d'autres entreprises.

– D'autres restaurants à Londres, au Québec et en France, « ont choisi à leur tour d'attirer une clientèle plus regardante à la dépense, en leur proposant de fixer le montant de l'addition. L'hôtellerie teste aussi ce concept marketing, en particulier l'hôtel Ibis à Singapour » (*Le Monde*, 5 mai 2009).

– Le site internet Brand Alley, pour écouler un stock de vêtements griffés de 100 000 € a lancé du 6 au 10 mai 2009 sa formule « Payez ce que vous voulez, votre prix sera le notre ». L'objectif visé était de gagner 5 000 nouveaux clients à un coût bien inférieur au 20 € habituellement dépensé pour recruter un nouveau client.

– L'éditeur britannique Faber, a proposé en avril 2009 aux lecteurs de télécharger le dernier ouvrage de l'historien Ben Wilson, au prix de leur choix, durant six semaines avant sa sortie en librairie.

Qui mieux que le client pourrait établir le juste prix, c'est-à-dire la *juste valeur d'échange* d'un repas, d'un vêtement, d'un livre en fonction de l'appréciation du rapport qualité/prix de ce repas, c'est-à-dire de sa valeur économique ? Le juste prix d'un produit est le résultat d'une démarche d'appréciation de la valeur économique, qui prend en compte d'une manière plus ou moins explicite, à la fois les aspects de la demande (les qualités attendues du produit) et les aspects de l'offre (coûts de production).

La valeur n'est pas une qualité en soi qu'aurait un bien ou un service, c'est le résultat d'une relation, d'une interaction entre un agent économique (individuel ou collectif) et un bien, un service qu'il souhaite acquérir ou qu'il a acquis. On retrouve ici une des caractéristiques de la phénoménologie de la perception : un phénomène, un objet (un bien un service), possède une signification par la relation que je noue avec lui[100].

---

[100] *Cf.* Chapitre 3 de la partie I. Une pomme, placée devant moi, possède une signification par la relation que je noue avec elle : elle devient un fruit comestible, un objet que je peux admirer ou peindre, un produit de consommation, le symbole du péché originel. Ces propriétés ne sont pas des attributs internes de la chose.

La valeur économique dans la pratique à partir d'une enquête du CREDOC

Une enquête[101] du CREDOC (Centre de recherche pour l'étude et l'observation des conditions de vie) réalisée en 2008, confirme que le prix et donc la valeur d'échange d'un bien n'est qu'un des aspects pris en compte par les consommateurs et que ces derniers intègrent des jugements de valeur (par rapport aux qualités attendues de ce bien) pour décider si le prix d'un bien est juste, c'est-à-dire s'il correspond à sa valeur économique estimée.

Avant d'interroger les consommateurs sur ce qu'est un prix juste, les enquêteurs ont souhaité connaître leurs représentations sur les mécanismes qui conduisent à la formation d'un prix. Six mécanismes étaient proposés.

Tableau 1

« Selon vous, de manière générale, le prix est déterminé… » (en %)

(*Source* : CREDOC, « Enquête prix juste », septembre 2008)

	Beaucoup	Un peu	Pas du tout	NSP	Total
Par l'équilibre entre l'offre et la demande	41,8	39,7	16,1	2,4	100
Par le montant maximum que la majorité des clients est prête à payer	29,8	43,0	25,3	2,0	100
Par la quantité de travail nécessaire à la fabrication du produit	34,5	41,1	22,9	1,5	100
Par l'État	37,0	31,9	29,3	1,9	100
Par l'intensité de la concurrence entre les entreprises	57,8	34,6	6,7	1,0	100
Par le total des coûts de fabrication, de commercialisation, etc. plus les revenus des producteurs et des distributeurs	56,9	36,3	5,7	1,1	100

De ce tableau, il ressort que la détermination des prix des produits est, pour les consommateurs interrogés, un processus complexe qui mobilise tous les mécanismes proposés à la détermination des prix : aucun de ces mécanismes n'est rejeté à plus de 30% des personnes interrogées.

– 93% des personnes confirment la prégnance de la théorie de la valeur coût, c'est-à-dire l'idée que les prix sont fixés en prenant en compte l'ensemble des coûts de fabrication et de commercialisation, plus une

[101] Enquête téléphonique auprès d'un échantillon de 1 014 individus de 18 ans et plus constitué sur la base de la méthode des quotas, réalisée entre le 19 et le 29 septembre 2008.

marge qui correspond aux revenus des producteurs et des distributeurs, 57% considèrent que ce mécanisme joue « beaucoup ».

– 92% estiment que l'intensité de la concurrence influe sur la détermination du prix (dont 58% « beaucoup »).

– 81% considèrent que le jeu de l'offre et de la demande contribue à la fixation des prix (dont 42% « beaucoup »). Ce mécanisme est une reconnaissance que la théorie de la valeur utilité est aussi en œuvre dans la détermination des prix.

– 76% adhèrent d'une manière implicite à la théorie de la valeur travail, selon laquelle les prix reflètent la quantité de travail incorporé (dont 35% « beaucoup »).

Pour connaître l'opinion des consommateurs sur ce qu'est un prix juste, les personnes enquêtées devaient répondre à la question « Selon vous, comment se définit le prix juste auquel vous trouveriez normal qu'un produit soit vendu » et cinq items étaient proposés.

Tableau 2

C'est le prix le plus bas possible	4,8
Un prix qui assure un gain raisonnable au vendeur	11,9
C'est le prix généralement constaté pour ce type de produit	4,3
C'est le prix qui assure une rémunération satisfaisante aux salariés et permet d'assurer la protection de l'environnement	40,3
C'est le prix qui assure le meilleur rapport qualité/prix	37,8
NSP	0,8
Total	**100,0**

L'item « c'est le prix généralement constaté pour ce type de produit » avait vocation à traduire la notion de prix de référence[102], ou aussi celui de « prix naturel » (autour duquel les prix oscillent à la hausse ou à la baisse) qui dans la littérature économique sont au cœur de la définition du prix juste. Il s'agit de l'item qui arrive en queue du classement, avec seulement 4,8%. L'item « c'est le prix qui assure le meilleur rapport qualité/prix, recueille 37,8% des personnes interrogées. Nous avons ici confirmation que le rapport qualité/prix est une des manières d'apprécier la valeur économique d'un produit.

[102] Pour les produits faisant l'objet d'achats relativement réguliers, il est généralement admis que le prix de référence est le prix payé dans le passé, tel que mémorisé par le consommateur. Pour les produits faisant l'objet d'achats sporadiques, pour lesquels l'acheteur ne peut se fonder sur sa propre expérience, le prix de référence peut être le prix d'un produit proche ou bien le prix du même produit dans un autre magasin, ou encore le prix qui est payé par d'autres acheteurs du même produit.

Un résultat plus intéressant : l'item « c'est le prix qui assure une rémunération satisfaisante aux salariés et permet d'assurer la protection de l'environnement » recueille le plus grand score : 40,3% des personnes interrogées. Cette importance donnée à la dimension socialement responsable du prix juste, « qui est totalement absente de la littérature économique sur le sujet, doit bien sûr être considérée avec précaution dans la mesure où elle découle de déclarations et non d'observations. Elle témoigne cependant de la diffusion des préoccupations liées au développement durable et au commerce équitable »[103]. Par rapport au présent travail de réflexion sur la valeur économique, cet item souligne la place importante qu'occupe la valeur sociale (qui sera développée plus loin) et surtout il révèle que de nouvelles formes de valeur économique sont en gestation. Face aux urgences de mettre en œuvre des politiques de développement durable, il faut nous ouvrir à d'autres définitions et théories de la valeur en gardant à l'esprit la proposition de Friedrich Engels « la valeur sert tout d'abord à décider si d'une manière générale un bien ou un service doit être produit ou acheté, et si son utilité compense les coûts de production et /ou son prix d'achat ». On peut noter que chacune des méthodes utilisées, pour décider si un prix est juste, s'inscrit dans une conception différente de la valeur économique et induit une notion de richesse économique différente.

Valeur et nature de la richesse

Il est important de rappeler :

– La richesse (en général) ne peut être évaluée ou appréciée (voir partie I) que d'une manière relative, par rapport à d'autres individus, par rapport à d'autres groupes sociaux, ou par rapport à une situation donnée.

– La principale conclusion de la partie I du présent ouvrage : on est plus ou moins riche en fonction de critères de valeurs qui sont spécifiques au domaine concerné : un art (la peinture, la musique….), à la personnalité d'un individu, etc. Il en est de même en économie, on est plus ou moins riche toujours en référence à une certaine conception de ce qu'est la valeur économique.

D'une manière plus fondamentale, le présent chapitre nous a permis de souligner que dans le domaine de l'économie, la conception de la valeur (ou de ce qu'est un prix juste dans les échanges marchands) définit la nature même de ce qu'est la richesse économique.

---

103 CREDOC, « Perception du prix juste par les Français », *Cahier de Recherche*, n°254, déc. 2008, p. 19.

Par exemple :

– Si on adhère à la conception de la valeur selon laquelle la valeur des biens est égale à leur prix, on se sentira d'autant plus riche qu'aura pu acheter un grand nombre de biens et/ou qu'on aura pu acheter des biens ayant des prix élevés.

– Si on adhère à la conception de la valeur selon laquelle la valeur d'un bien est celle qui permet d'augmenter le rapport qualité/prix, on se sentira d'autant plus riche que dans nos achats de biens nous aurons pu nous rapprocher de cet objectif.

– Si on adhère à la conception de la valeur selon laquelle un prix juste est celui qui assure une rémunération satisfaisante aux salariés et permet d'assurer la protection de l'environnement, on se sentira d'autant plus riche que dans nos achats de biens nous aurons pu intégrer ces deux objectifs dans nos critères d'achat.

C'est bien notre conception de la valeur économique qui définit la nature de la richesse à laquelle nous adhérons.

Chapitre 2

Différencier valeur économique et valeur ajoutée

La valeur ajoutée est un concept de l'économie qui est malheureusement trop souvent confondu avec la notion de valeur économique qui a fait l'objet du chapitre précédent. Si la valeur économique est une idée abstraite, qui se trouve au cœur de toute théorie économique la valeur ajoutée est une méthode de calcul d'un surplus monétaire qui relève plus du domaine de la gestion des entreprises.

La valeur ajoutée de l'entreprise : un moyen pour perdurer et évoluer

Au niveau de l'entreprise, la valeur ajoutée (VA) est la différence entre la valeur monétaire des biens et des prestations vendus par l'entreprise, c'est-à-dire son chiffre d'affaires (CA) et la valeur monétaire des consommations intermédiaires (CI) c'est-à-dire les achats de biens et de services requis par son activité.

$$VA = CA - CI$$

La valeur ajoutée permet de mesurer le surplus monétaire engendré par l'activité de l'entreprise.

La valeur ajoutée d'une entreprise permet d'expliciter deux aspects différents mais inséparables de l'entreprise. Elle permet d'apprécier sa contribution propre dans une filière de production (des matières premières au produit final), c'est-à-dire de mesurer la valeur monétaire de son activité de production, mais elle permet aussi d'apprécier sa capacité à distribuer des revenus. En effet, la valeur ajoutée constitue la base à partir de laquelle les

« différents ayants droit » concernés par l'entreprise pourront être rémunérés. Ces ayants droit sont :

– Les salariés,

– Les bailleurs de fonds externes (prêteurs),

– L'État et autres collectivités publiques (impôts, taxes…),

– Les propriétaires (bénéfices distribués et mis en réserve pour autofinancement).

Ce partage de la VA et surtout l'évolution des parts de valeur ajoutée revenant respectivement aux salariés et à la rémunération des propriétaires (profits) constitue un des enjeux majeurs des relations de travail. L'analyse de l'évolution du partage de la valeur ajoutée dans les entreprises françaises, montre que ce partage s'est déformé au détriment des salaires, durant la période 1982-1989, pour ensuite se stabiliser[104].Mais il ne faut pas oublier qu'une telle stabilisation masque une croissance des inégalités des salaires. Il ne faut pas oublier aussi que cette stabilisation du partage de la valeur ajoutée peut s'accompagner d'une diminution du pouvoir d'achat des salariés à travers les mécanismes de transfert opérés par différentes formes de rente (à partir par exemple de l'évolution du prix d'achat et de location des logements par exemple) et qui permettent à certains groupes sociaux de capter une partie du pouvoir d'achat des salariés.

Dans la plupart des manuels d'économie, la valeur ajoutée est présentée comme étant la contribution de l'entreprise à la création de valeur économique. Une telle affirmation n'est vraie que si on accepte l'idée que les prix reflètent effectivement la valeur des biens. Ainsi que nous avons eu déjà l'occasion de le dire, les prix reflètent la valeur d'échange des biens sur le marché, mais non leur valeur économique. La valeur économique ne peut se réduire à la seule valeur d'échange.

La valeur ajoutée dégagée par l'entreprise sur un cycle de production, doit être considérée comme étant un surplus monétaire qui lui est nécessaire pour payer les salaires, rembourser ses créanciers, pour rému-

---

104 Pour que le calcul de la répartition soit correct, il faut prendre en compte la Valeur ajoutée nette (après déduction de la consommation de capital fixe) et au coût des facteurs (la valeur ajoutée hors taxes inclut néanmoins un certain nombre d'impôts sur la production et les salaires, la TIPP sur les carburants par exemple qu'il faut déduire de la Valeur ajoutée). Pour plus de détails voir l'article de Denis Clerc dans la revue *L'Économie politique* n°41, janvier 2009. Denis Clerc précise « Si les salariés ont, aujourd'hui, le sentiment d'être les victimes d'une répartition à leurs yeux de plus en plus inégalitaire, alors que les données disponibles ne vont pas dans ce sens ; il faut sans doute l'attribuer à deux évolutions majeures. La première est la montée des cotisations sociales (CSG et CRDS) sur les salaires bruts. (…) Quant à la seconde, elle provient des 35 heures. Celles-ci ont amené les employeurs à embaucher environ 300 000 salariés supplémentaires au titre de la réduction du temps de travail ».

nérer ses propriétaires, pour assumer ses obligations envers l'État et autres collectivités publiques, pour préparer un nouveau cycle de production (autofinancement). Le niveau de valeur ajoutée dégagée par une entreprise mesure la capacité qu'à cette entreprise à se reproduire à l'identique et à développer son activité. La valeur ajoutée est donc un moyen, un moyen essentiel au service de l'évolution ou du développement économique de l'entreprise.

Il ne peut y avoir de développement économique d'une entreprise que si cette entreprise dégage un certain niveau de valeur ajoutée. Mais la valeur ajoutée ne constitue pas une fin en soi. Pour perdurer, une entreprise doit avoir une politique et une stratégie de développement concernant notamment ses produits et ses services. Elle doit être capable de présenter à ses clients des produits et des services ayant plus de valeur économique (appréciée notamment à partir du rapport qualité/prix) que ses concurrents.

L'EVA : un exemple de confusion entre valeur ajoutée et valeur économique

Depuis la fin des années 1990, de nombreux journaux spécialisés en gestion financière des entreprises ont remis en avant le concept de création de valeur par l'entreprise. Plusieurs cabinets de consultants américains tels que McKinsey, Stern Stewart ont mis au point des modèles d'analyse de la création de valeur. Ce dernier a proposé la méthode dite EVA (*Economic Value Added*) et le MVA (*Market Value Added*) ; l'EVA est maintenant une marque déposée. Ces méthodes permettent, selon leurs auteurs, de mesurer la valeur créée en valeur absolue, par opposition à un simple ratio.

Pour les nouveaux gestionnaires, chantres de la création de valeur, une entreprise créatrice de valeur est celle qui pour un capital engagé dans son activité, dégage plus de bénéfices que des placements sans risques, que ce capital lui soit fourni sous forme de fonds propres, de crédits bancaires ou d'obligations. Par exemple :

EVA = Résultat économique net d'impôts – Coût des capitaux

Le coût des capitaux est estimé en fonction de la nature des capitaux engagés (dettes + fonds propres). Le coût de la dette est calculé en multipliant la part de la dette dans les capitaux engagés par le taux d'intérêt versé aux institutions financières. Le coût des fonds propres est calculé en multipliant la part des fonds propres dans les capitaux engagés par le taux de rémunération des actionnaires. Le plus intéressant est la méthode utilisée pour fixer ce taux de rémunération des actionnaires. Ce taux est égal aux taux de financement sans risque (la référence est le taux de rentabilité des obligations d'État), multiplié par une prime de risque du marché boursier considéré (estimé à partir de l'écart de risque entre les obligations et les actions) et multiplié par un facteur de risque propre à l'entreprise.

Il est important de rappeler que le résultat économique net d'impôt est la part de valeur ajoutée qui reste dans l'entreprise après le paiement des salaires et des impôts et taxes. La méthode de calcul de l'EVA montre que plus l'investissement présente des risques plus le résultat économique net d'impôts, c'est-à-dire la part de la valeur ajoutée qui doit être attribuée aux actionnaires doit être importante.

L'EVA n'est en rien un indicateur de création de valeur, c'est une méthode pour essayer d'augmenter la part de la valeur ajoutée qui est affectée à la rémunération des actionnaires. Cette méthode participe, en ce sens, aux rapports de force qui interviennent sur la répartition de la valeur ajoutée revenant respectivement aux salariés et à la rémunération des actionnaires (profits)[105]. Soulignons que les nouvelles méthodes adoptées pour calculer le coût des capitaux propres qui est mesuré par référence à une rémunération dite « normale », révèlent une transformation importante de la notion de capital propre et de la priorité donnée à la rémunération des actionnaires, par rapport à la rémunération des salariés [106].

Dans un article intitulé « La valeur et l'argent », Jean-Paul Fitoussi, coordonnateur de la Commission sur la Mesure de la Performance Économique et du Progrès Social, a dénoncé la confusion de l'expression « création de valeur » qui masque en réalité un processus de captation de valeur. « Il faut donc appeler un chat un chat : la création de valeur pour les actionnaires est synonyme d'une augmentation de la rente qui leur est servie. Or la rente n'a rien à voir avec la création : elle consiste à détourner à son profit la valeur créée par d'autres »[107].

---

[105] Dans le journal *Les Échos*, (Déc. 2000) le P.D.G. d'Usinor déclarait « Si la création de valeur pour l'actionnaire est devenue le nouveau credo des dirigeants, c'est que les règles du jeu entre les différents partenaires économiques de l'entreprise ont changé. La valeur créée a longtemps été distribuée en priorité aux salariés. Puis le consommateur a réclamé sa part. Aujourd'hui c'est l'épargnant qui prend le pouvoir ». Même si on ne partage pas tous les attendus de ce discours, les objectifs assignés à l'EVA sont clairs et précis.

[106] Le coût des capitaux inclut le coût induit par la dette, mais également celui des capitaux propres. Dans la conception traditionnelle, seul le coût des dettes est considéré comme une charge. Le bénéfice est calculé après prise en compte du coût des dettes qui sont incluses, en comptabilité dans les charges financières. En revanche, les capitaux propres ne sont pas considérés comme des ressources qui imposent un coût à l'entreprise, mais comme des apports qui justifient la participation des associés à la répartition des résultats. En d'autres termes, la rémunération des capitaux propres n'est pas considérée comme la traduction d'une obligation de rémunération imposée à l'entreprise, mais comme une affectation facultative et ou discrétionnaire d'un surplus mesuré par le bénéfice.

[107] Jean-Paul Fitoussi, *Le Monde* du 5 juin 1999, p. 19.

L'autre face de l'obsession de la création de la valeur pour l'actionnaire : la mise en concurrence sauvage des salariés au niveau mondial

« La "régulation", que tout le monde préconise aujourd'hui, ne doit pas se limiter à éviter les crashs bancaires, mais aussi mettre fin à une conception de la mondialisation qui a servi à mater les prolétariats du Nord en les exposant à la concurrence de ceux du Sud, dans l'intérêt des spéculateurs du Nord et du Sud dont les profits n'ont jamais été si grands. Chaque nation, chaque continent, a le droit et le devoir de défendre des minima sociaux pour sa population. Les échanges commerciaux ne doivent pas les détruire au profit de quelques-uns. Il peut y avoir un usage vertueux du protectionnisme, en rétablissant une vérité des prix par une taxe sur les produits importés (...). Contrairement à la vulgate néolibérale qui répétait qu'il fallait réduire les coûts du travail, la crise montre que c'est partout la faiblesse des revenus tant des salariés que des paysans, qui a provoqué surendettement, spéculations, famines et effondrement général. »

Source : Éric Conan, Hervé Nathan, *Marianne* du 29 nov.-5 déc. 2008.

La production de richesses et de valeurs économiques par l'entreprise[108]

Affirmer que l'entreprise est productrice de richesse en soi n'a pas de sens. Elle est productrice de richesse d'une part que si on se place du point de vue d'une de ses parties prenantes : ses clients, ses salariés, ses actionnaires, le territoire sur lequel elle est implantée et d'autre part que si on précise la manière dont chaque partie prenante apprécie la richesse produite. Il faut aussi préciser que la richesse est toujours une notion relative, on est plus ou moins riche par rapport à une situation donnée à laquelle on se réfère ou par rapport à d'autres personnes auxquelles on se compare.

Dans la suite du présent ouvrage, on utilisera la définition de la valeur économique proposée précédemment qui globalement peut se ramener au rapport qualité/prix. Il est intéressant de noter que cette définition de la valeur est similaire à celle proposée par *L'analyse de la valeur* une méthode d'aide à la conception de produits qui a été créée à la fin de la Deuxième Guerre mondiale aux États-Unis par des ingénieurs de la *General Electic Company* pour gérer la pénurie de certains matériaux utilisés dans la réalisation de produits industriels. Son utilisation s'est ensuite diffusée dans la plupart des pays industrialisés et elle a été appliquée pour la conception

[108] Pour plus de détails sur la manière d'apprécier les valeurs économiques et donc les richesses produites par les entreprises, voir J. Perrin, *Valeurs et développement durable...* L'Harmattan, Paris, 2004.

de nombreux produits, mais aussi pour la conception de services, d'organisations, de programmes de formation. Pour cette méthode de conception, la valeur est définie comme le rapport des fonctions ou des services attendus du produit à son coût. On peut aussi exprimer la valeur comme étant le rapport entre la satisfaction d'un besoin apporté par un produit, et son coût.

Une entreprise sera capable d'augmenter sa valeur ajoutée si elle est capable d'augmenter ses parts de marché, si elle est capable à travers ses produits et ses services d'offrir plus de valeur économique à ses clients potentiels que ses concurrents. Pour produire plus de valeur pour ses clients, l'entreprise doit diminuer ses coûts et surtout produire des produits ayant de nouvelles fonctionnalités, offrant de nouveaux services (dit autrement : augmenter les qualités du produit). Pour produire plus de valeur pour ses clients, l'entreprise doit mettre en œuvre un politique de produits nouveaux, une politique de R&D, une politique de marketing. Pour exister et évoluer, une entreprise doit dégager un certain niveau de valeur ajoutée, mais surtout elle doit avoir une politique de développement en matière de nouveaux produits et de nouveaux services à mettre sur les marchés.

Pour exister et évoluer, l'entreprise doit produire de la valeur économique pour ses clients, mais elle doit aussi produire de la valeur économique pour ses salariés. L'appréciation de cette valeur économique porte tout d'abord sur le rapport entre le niveau des salaires versés (rappelons que les salaires et les charges sociales sont payés à partir de la valeur ajoutée produite par l'entreprise) et le coût de la vie (autre manière d'exprimer le rapport qualité/coût dans la situation de salarié) ; sont également souvent prises en compte la pénibilité et les contraintes du travail à effectuer. D'autres composantes entrent aussi de plus en plus en jeux dans l'appréciation par les salariés de cette valeur économique produite par l'entreprise : recevoir une formation pour assurer une évolution de leurs compétences professionnelles, être consultés sur les changements de leur poste de travail, être impliqués dans certains changements organisationnels ou technologiques, être informés sur la stratégie de l'entreprise… N'oublions pas que la valeur économique est toujours relative à une situation donnée : en conséquence pour les salariés payés au SMIG ou moins que le SMIG, pour les travailleurs pauvres qui travaillent pour essayer de survivre, il est difficile de parler de création de valeur économique de la part des entreprises qui les emploient.

Les entreprises dont une partie ou la totalité est détendue par des actionnaires (sociétés anonymes par actions), doivent produire aussi de la valeur économique pour leurs actionnaires. L'appréciation de cette valeur économique porte sur le rapport entre le niveau des dividendes versés et leur apport en capital. La diffusion de l'investissement socialement responsable (ISR) ou fonds éthiques, qui consiste à intégrer des critères sociaux et environnementaux dans le choix des placements financiers modifie en partie la manière d'apprécier la valeur économique attendue par les actionnaires. Soulignons que la valeur économique attendue par les actionnaires sera différente selon qu'il s'agit de petits actionnaires, d'actionnaires institutionnels, de fonds spéculatifs ou d'actionnaires salariés de l'entreprise.

L'actionnariat-salarié en France

En France le nombre d'actionnaires salariés ou retraités est estimé à 3 millions. Ils détiennent en moyenne seulement 2,5% du capital des entreprises. Le seuil réglementaire pour être représenté au conseil d'administration est de 3%. L'actionnariat salarié influence encore faiblement les stratégies des entreprises. (*Le Monde*, du 15 décembre 2009)

En France, 98 personnes détiennent 43% des droits de vote des entreprises de l'indice CAC 40, un administrateur perçoit en moyenne 55 000€ par an (*Le Monde* du 12 janvier 2010).

Une entreprise est située sur un territoire, et elle ne peut produire des biens et services que par ce qu'il existe des infrastructures de transport, de communication, des services pour ses salariés, des organisations, des réglementations, un environnement juridique, en un mot des institutions. Ces institutions mises en œuvre par les administrations territoriales ont un coût. Les attentes d'un territoire par rapport à une entreprise sont d'abord que celle-ci paie ses impôts et taxes, mais aussi qu'elle contribue au développement économique du territoire en créant de nouveaux emplois, en aidant au développement de sous-traitants locaux, en participant à la formation des stagiaires… en un mot en se comportant comme une « entreprise citoyenne ». La création de valeur économique d'une entreprise du point de vue d'un territoire, sera appréciée à partir du rapport entre d'une part ses contributions financières (impôts et taxes), et sa qualité d'entreprise citoyenne et d'autre part le coût des infrastructures et des institutions nécessaires au fonctionnement de cette entreprise.

L'entreprise citoyenne :
passer de l'intention à la mise en œuvre

L'entreprise doit être « citoyenne ». Si l'on écoute les discours des dirigeants, l'affaire semble désormais entendue. Dans leurs rapports annuels ou leurs chartes de valeurs, la plupart des entreprises soulignent leurs engagements en matière de responsabilité sociale, de protection de l'environnement ou encore d'éthique.

Pourtant, la mise en œuvre est une autre histoire. Par quoi commencer ? Quels objectifs s'assigner ? Comment concilier engagement citoyen et respect des impératifs de rentabilité ? Rares sont les entreprises qui ont trouvé une réponse satisfaisante à ces questions, pour trois principales raisons :

– **Le sujet est tentaculaire.** La citoyenneté d'entreprise recouvre un très grand nombre d'aspects : impact sur l'environnement, conditions de travail, actions philanthropiques, intégration des minorités, etc. Cela complique la définition des priorités d'action et la cohérence de la mise en œuvre.

– **Beaucoup d'employés sont sceptiques.** Ils n'y voient qu'une lubie de la direction ou un simple engagement de façade destiné à se donner bonne conscience ou à faire taire les critiques. Comment alors mobiliser l'entreprise autour de la démarche ?

– **La pression pour l'immobilisme est forte.** Agir en entreprise citoyenne implique souvent de changer les façons de faire. Mais comment opérer cette transformation alors que les équipes sont avant tout préoccupées de répondre aux exigences de résultat économiques ?

Source : *LeJournalduNet* du 28 septembre 2005.

Chapitre 3

Différencier croissance et développement économique

« *L'humanité n'a pas su faire la distinction entre la croissance et le développement.*

La croissance comme fin en soi, c'est la stratégie des cellules cancéreuses. C'est la prolifération incontrôlée, illimitée, sans égard pour le système qui la supporte, qui aboutit à la dégénérescence et à la mort.

Le développement au contraire, c'est la stratégie de l'embryon : mettre les choses qu'il faut à leur juste place et en temps voulu, et en veillant à respecter leurs relations »[109]

La croissance désigne l'augmentation régulière d'une variable : taille d'un individu en centimètres ; d'une ville en nombre d'habitants ou en superficie, niveau de la dette d'un individu ou d'un pays en euro ou en dollar. La croissance se constate, se mesure. Par contre, le développement correspond à une appréhension plus globale de l'objet dont on mesure la croissance.

Pour mieux comprendre les différences entre les notions de croissance et de développement, on peut prendre un exemple dans le monde végétal et un autre dans le monde des objets construits par les hommes.

---

[109] Déclaration de l'Assemblée du Conseil œcuménique des Églises, Canbara, 1987, cité par *Alliance*, n°23, 2010.

Croissance et développement d'un arbre fruitier

Il y a différentes façons d'orienter le développement d'un arbre fruitier (manière de le tailler, utilisation d'engrais chimique ou organique, utilisation ou non d'insecticides) et derrière ces différents modes de développement d'un cerisier par exemple, il y a des objectifs différents en termes de quantité de fruits, de qualité des fruits (saveur, de taux résiduels de pesticides dans les fruits...), de protection de l'environnement. Mais quel que soit le mode de développement choisi, l'arbre ne pourra produire que s'il y a croissance de sa taille (hauteur, largeur,) du nombre de ses branches... au moins durant les premières années de sa vie. Pas de développement sans croissance[110].

Croissance et développement d'une ville

Deux villes de même importance en termes de nombre d'habitants, peuvent avoir des taux de croissance (en nombre d'habitants, ou revenu par habitant) similaires, mais des modes de développement très différents en termes de construction de types d'habitats, d'implantations d'usines et de commerces, de disparités sociales, d'espaces verts, de transport en commun. Ces modes de développements différents correspondent à la mise en œuvre d'objectifs différents.

La croissance économique : le PIB

La croissance économique fait référence à l'observation de l'évolution d'une unité donnée : entreprise, un territoire (national, régional) et fait référence à l'augmentation de la production. Au niveau d'un pays donné, il est admis au niveau international et cela depuis plusieurs décennies que la croissance de la production se mesure par le PIB, ou Production Intérieure Brute. Le PIB s'apprécie à partir de l'ensemble des valeurs ajoutées (VA) produites par les entreprises pour une année donnée.

PIB = Somme des VA produites par les entreprises

Notons que depuis 1976, les services non marchands (services rendus par les administrations publiques) sont inclus dans le calcul du PIB mais avec une autre méthode de calcul : la contribution des services non marchands est égale à la somme de leurs coûts de production (principalement les salaires et charges sociales).

---

[110] Cet exemple est intéressant pour différencier croissance et développement, mais il faut être prudent dans toute transposition d'analogies empruntées au monde biologique et transposées dans d'autres domaines et en particulier en économie.

Si on retient le premier aspect ou le premier point de vue de la VA (voir chapitre précédent), le calcul du PIB permet de mesurer le volume de production des entreprises et des administrations publiques d'un pays donné. Si on retient le deuxième aspect de la valeur ajoutée, le calcul du PIB mesure, pour un pays donné, le volume des revenus affectés à la consommation des ménages, à la consommation des Administrations, aux investissements des entreprises, et aux échanges avec le reste du monde. Dans le cas de la France, la consommation des ménages représente un peu plus de 50% du PIB, tandis que la consommation des Administrations et l'investissement des entreprises représentent respectivement environ le quart et le cinquième du PIB.

Bien que depuis plusieurs décennies, le PIB soit l'indicateur le plus utilisé pour mesurer la richesse d'un pays, de nombreuses critiques ont été émises pour souligner qu'il n'est pas un bon indicateur de la richesse d'une société, c'est-à-dire de la production de richesses économiques par et pour cette société :

– Rappelons que le PIB ne peut être un indicateur de la richesse d'une société que si on accepte l'idée que les prix reflètent effectivement la valeur des biens.

– Le PIB, en ne comptant que les activités qui peuvent être évaluées en termes monétaires, donne une vision tronquée de la richesse. Les activités développées dans l'univers domestique ou dans le cadre de bénévolat sont ignorées.

– Le PIB intègre comme un enrichissement des opérations qui sont en fait nuisibles. Les accidents automobiles, par exemple, induisent un accroissement de richesse grâce aux réparations ou aux achats automobiles. Il en est de même de toutes les activités de dépollution et de réparation qui tentent de reconstituer notre environnement naturel détruit par les activités productives.

– Le PIB ne peut croître que si la consommation augmente. La logique du PIB comme indicateur de richesse amène à confondre augmentation de la consommation et accroissement de richesse ou accroissement du bonheur national. Cette conception de la richesse n'est pas sans conséquence au niveau de la gestion d'une société. Le moral des ménages à un moment donné est apprécié à partir de leur disposition à consommer. En période de crise, la seule issue pour redémarrer la croissance économique est la relance de la consommation. Consommer pour être heureux, est la seule logique d'action si on prend le PIB comme l'indicateur de richesse.

Le PIB est un moyen et non une fin

Comme précédemment pour la valeur ajoutée des entreprises, le PIB n'est pas une fin en soi. Le PIB traduit la capacité qu'a une économie donnée à se reproduire. Si la croissance du PIB est positive, l'économie considérée pourra dégager un « surplus économique » et elle pourra plus facilement affecter des moyens et des ressources à la production de biens et de services intégrant de nouvelles fonctions, de nouveaux objectifs. Si la croissance du PIB est nulle, la structure économique pourra se reproduire à l'identique, mais elle aura plus de difficultés à mobiliser des ressources pour évoluer.

Malgré les critiques du PIB, il n'en reste pas moins qu'il reste la référence la plus utilisée par les hommes politiques, les articles de presse, et par les économistes pour mesurer la richesse d'un pays. Plus encore, l'idée que la croissance est la finalité du développement économique continue de faire la quasi-unanimité. Il est sûr qu'il est plus facile de construire un accord politique au niveau national sur un taux de croissance que sur des objectifs socioéconomiques qui devraient être la finalité d'un développement économique. Par exemple, le rapport de la *Commission pour la libération de la croissance française,*[111] commandée par le Président de la République Nicolas Sarkozy et présidée par l'économiste Jacques Attali, est totalement bâti sur l'idée que la croissance est la finalité du développement. La croissance est conçue comme un processus quasi naturel et interne aux sociétés modernes. Le rapport rédigé en 2007, avant la crise déclenchée en 2008, prend acte que « le monde est emporté par la plus forte vague de croissance économique de l'histoire, créatrice de richesses inconnues et d'inégalités extrêmes et de gaspillages, à un rythme inédit. L'humanité en sera globalement bénéficiaire (…) Plus de 100 pays dans le monde ont aujourd'hui un taux de croissance du PIB supérieur à 5% (…) L'avenir réserve au monde un potentiel de croissance encore plus considérable encore ». Selon le diagnostic de la Commission Attali, la croissance en France serait bridée, par un système de formation inadapté, un poids excessif des dépenses publiques, une fiscalité pesant sur les coûts du travail et la compétitivité, une mobilité insuffisante sur le marché du travail. Si on adopte le paradigme constructiviste pour penser développement économique (voir chap. 4) la manière dont le rapport Attali est construit, nous fait penser au comportement d'un groupe d'ingénieurs qui aurait à concevoir un nouveau modèle de voiture et qui s'intéresserait d'abord à renforcer la puissance du moteur sans se poser au préalable les questions sur l'usage de la voiture, sur les objectifs à atteindre en termes de places disponibles, de confort, de consommation, de pollution… ces facteurs étant pris en compte uniquement s'ils intervien-

[111] J. Attali, *300 décisions pour changer la France*, La Documentation française, Paris, 2008.

nent comme limitant la puissance du véhicule. Il faut libérer la puissance du moteur de la croissance économique !

Dans un article sur la croissance économique, Jacques Généreux note que dans l'esprit des fondateurs de l'économie politique et notamment des classiques, et ceci jusqu'au XIXe siècle, il n'y avait aucune préoccupation concernant le taux de croissance « Ils s'intéressaient à la nature, aux causes, aux conséquences et à la répartition de la richesse des nations. (…) Le courant dominant, celui de Smith et de Ricardo, était convaincu qu'à partir d'un certain niveau de population, la croissance s'arrêterait et laisserait place à un état stationnaire. Mais ce n'était pas là en soi une perspective alarmante, dans la mesure où l'essentiel n'était pas que la croissance perdure, mais qu'elle s'arrête à un niveau suffisant de satisfaction des besoins humains. Au fond l'utopie commune aux penseurs de l'économie n'était assurément pas un monde où l'homme serait condamné à produire toujours plus, mais plutôt une société apaisée et équilibrée et donc libérée de la nécessité de croître »[112].

Si l'état stationnaire est une perspective judicieuse et raisonnable à se fixer, compte tenu des limites des ressources de notre planète et de sa capacité à absorber les pollutions que nous produisons, on peut estimer qu'aujourd'hui la mise en œuvre urgente d'un réel développement durable – qui passe par un changement profond de nos modes de produire et nos modes de consommer – nécessite que nous mobilisions de nouvelles ressources. Et ces ressources seront d'autant plus faciles à mobiliser que la croissance du PIB sera positive. L'histoire économique montre que selon les époques, les systèmes économiques ont mobilisé différentes méthodes pour dégager un surplus économique et que la croissance du PIB n'est pas la seule voie (voir chap. 1 de la partie IV). Si la croissance du PIB n'est pas la finalité du développement économique d'un pays, mais est un des moyens du développement économique, il nous faut maintenant préciser ce qu'on appelle le développement économique.

Le développement : une notion scientifiquement et culturellement marquée

Dans le langage courant le développement d'une société, d'un pays est souvent défini par les notions de bien-être, de progrès, de croissance… Le terme de développement a souvent prévalu sur d'autres termes tels que civilisation, modernisation, industrialisation… Ce choix peut s'expliquer

---

112 Jacques Généreux, « La croissance n'est pas le développement », *Alternatives Économiques*, n°198, déc. 2001 p. 76.

parce que d'une part, il emprunte au langage scientifique et d'autre part il se rattache à une longue tradition de pensée[113].

En effet, le terme de développement occupe une place centrale dans les sciences de la vie. Par exemple, les forces qui guident l'œuf dans son développement jusqu'à ce qu'il devienne un organisme multicellulaire, doté d'une forme qui lui est propre et des caractéristiques biologiques et comportementales particulières, ont durant des siècles fascinées les observateurs de la nature. Face à un phénomène aussi complexe que celui de développement d'une société, le recours à l'image, à la métaphore[114] empruntée à un fait naturel permet de simplifier le phénomène ; « puisque tout un chacun sait (ou croit savoir) ce que signifie le développement d'un enfant, d'une plante. Le développement d'un organisme vivant obéirait à certaines lois que l'analogie naturaliste transfère par conséquent du biologique au social. Ainsi sont gommées toutes les spécificités socio-historiques, et justifiées les pratiques mises en place au nom du développement, car elles ne sont plus idéologiques mais naturelles ». Loin de faciliter la compréhension du phénomène nommé développement, la métaphore, et plus globalement l'idéologie naturaliste, l'obscurcit en naturalisant l'histoire.

Dans son ouvrage, *Le développement, histoire d'une croyance occidentale*, Gilbert Rist (2007) dévoile l'idéologie naturaliste qui a façonné le concept de développement, depuis les travaux d'Aristote, en passant par ceux de Saint Augustin et des philosophes des Lumières. Pour Aristote (384-322 av. J.-C.), examiner les choses de façon scientifique, c'est les considérer « selon leur nature », c'est-à-dire conformément à leur développement. En effet, du temps des Grecs, le mot nature a une signification quelque peu différente d'aujourd'hui (*physis*) : la « nature » dérive étymologiquement du verbe *phuo*, qui signifie « croître, se développer »[115]. Chaque être, chaque chose possède sa propre physis, c'est-à-dire son propre principe de développement et le savant se doit de proposer « une histoire naturelle » (c'est-à-dire la description de son développement nécessaire) des choses, y compris des institutions ; « Il y a nécessairement génération et déclin de tout ce qui peut être et ne pas être » ; Aristote reste fidèle « à la théorie des cycles : ce qui naît, grandit et atteint sa maturité finit aussi par décliner et mourir, dans un perpétuel recommencement »[116].

---

[113] Virginie Escudié, *Du développement à la technologie, impasses des représentations exogènes et émergence de programme alternatif*, Thèse soutenue à l'Université de Toulouse, déc. 2004.

[114] Métaphore ; procédé par lequel on transfère la signification propre d'un mot à une autre signification qui ne lui convient qu'en vertu d'une comparaison sous-tendue.

[115] Gilbert Rist, *Le développement, histoire d'une croyance occidentale*, Presses de la Fondation nationale de sciences politiques, Paris, 2007 (3e éd.), p. 61.

[116] *Ibid.*, p. 64.

Saint Augustin (354-430) s'efforcera de concilier la vision aristotélicienne de la science et de l'histoire avec la théologie chrétienne. La théorie des cycles, de l'éternel recommencement sera remplacé par une vision de l'histoire se développant selon le plan d'un cycle unique, l'histoire du salut qui possède les mêmes caractéristiques que les objets de la science aristotélicienne : naissance (création du monde et d'Adam), apogée (apparition et sacrifice de Jésus-Christ), déclin (jugement dernier). En introduisant le dessein de Dieu, Saint Augustin conserve la notion de nécessité présente dans la notion de « nature » d'Aristote. Cette adaptation est très importante « dans la mesure où elle ouvrait la voie à une interprétation linéaire de l'histoire ».

Pendant le Moyen-Âge et une grande partie de la Renaissance l'influence d'Aristote et de Saint Augustin fut dominante et notamment l'hypothèse selon laquelle, l'irréversible déclin du monde obligeait à s'en référer au modèle des Anciens qui avaient vécu en des temps meilleurs. Le débat concernant la possibilité des progrès de la connaissance et qui opposa les Anciens et les Modernes, s'ouvrit dès le milieu du XVIIe avec Descartes. « Affirmer que la connaissance des contemporains s'ajoutera toujours à celle de leurs prédécesseurs et que le déclin du savoir est exclu, c'est s'opposer à la fois aux Grecs pour lesquels l'infini était connoté négativement et à la tradition augustinienne qui considérait la fin du monde comme inéluctable »[117]. Avec le Siècle des Lumières, le paysage intellectuel bascule et l'idéologie de la toute-puissance de la raison et du progrès infini acquiert une position dominante. « Même si le « développement » – et la croissance – n'ont jamais cessé d'être considérés comme « naturels » et positifs dans la tradition occidentale, leur expansion avait été longtemps bridée par la conscience d'une limite, d'une sorte d'optimum à partir duquel la courbe devait nécessairement s'inverser, pour se conformer aux lois de la « nature » ou au plan de Dieu. C'est ce verrou qui saute qui permet de fonder rationnellement un progrès infini ». Ainsi avec le Siècle des Lumières, s'affirme l'idée « qu'il existe une histoire naturelle de l'humanité, c'est-à-dire que « le développement » des sociétés des connaissances et de la richesse correspond à un principe naturel, autodynamique »[118].

Le paradigme du développement comme processus naturel « sera parachevé au XIXe siècle sous la forme de l'évolutionnisme social, qui permit d'ancrer solidement dans l'imaginaire collectif la supériorité occidentale sur les autres sociétés. Si les différents auteurs varient quant à la manière d'identifier les divers stades par lesquels doivent passent les sociétés, ils sont néanmoins d'accord sur l'essentiel : d'abord, le progrès est consubstantiel (ou connaturel) à l'histoire, ensuite, tous les peuples parcourent le

---

[117] *Ibid.*, p. 73.

[118] *Ibid.*, p. 78.

même chemin, enfin, tous n'avancent pas au même rythme que la société occidentale qui détient, par rapport aux autres une indiscutable « avance » comme en témoignent l'abondance de sa production, le rôle prépondérant qu'y jouent la raison et l'ampleur de ses découvertes scientifiques et techniques »[119].

Le développement comme croyance

Dans sa thèse de doctorat, *Du Développement à la Technologie* (2004), Virginie Escudié reprend les travaux sur la vision anthropologique de la religion de Durkheim pour nous inviter à considérer le développement comme la principale croyance engendrée par nos sociétés modernes. Pour Durkheim[120], les croyances sont l'expression de représentations collectives qui scellent l'unité du groupe. Ces représentations, perçues comme si elles provenaient de l'extérieur, définissent un ensemble de principes admis dont le respect garantit des pratiques communes[121]. À la différence des religions traditionnelles, il est parfois difficile de trouver un texte, un mythe fondateur qui fonde la croyance en la modernité, au progrès. Mais comme le souligne Durkheim, ce qui fait la croyance ne se trouve pas dans son support, mais dans l'acte de croire et dans les conduites sociales qui en découlent. On retrouve ici la place décisive du sacré et de la dimension politique-religieuse de l'Imaginaire dans le fonctionnement des sociétés, mise en avant par Maurice Godelier, et rappelée dans le chapitre 2 de la partie I.

Soulignons que les croyances ne doivent pas être confondues avec une l'idéologie. « Une idéologie se discute, alors que les croyances sociales, par exemple les droits humains ou le développement, constituent une sorte de certitude collective, dont les modalités sont discutables, mais dont il est inconvenant d'en discuter le bien-fondé »[122]. On y croit parce que tout le monde y croit, puisque tout le monde le dit : « on n'arrête pas le progrès » par exemple.

Le développement s'est donc peu à peu constitué comme une certitude collective, comme une représentation collective indiscutable c'est-à-dire comme une croyance[123]. Dans la mesure où elle est religieuse, une croyance telle que le développement doit constamment être ravivée par des rituels, par des signes (les expositions universelles par exemple, la dernière en date étant celle de Shanghai).

---

[119] Gilbert Rist, *op.cit.*, p. 79.

[120] Émile Durkheim, *Les formes élémentaires de la vie religieuse*, PUF, Paris, 1912.

[121] V. Escudié, *op. cit.*, p. 51.

[122] G. Rist, *op.cit.*, p. 49.

[123] V. Escudié, *op. cit.*

Le développement peut être considéré comme une croyance, mais en référence à la partie I de présent ouvrage, on peut aussi considérer que la notion de développement est une vision du monde, et plus précisément une vision occidentale du monde. Croyance et vision du monde sont deux manières d'appréhender le monde qui se complètent, l'une s'appuie sur une anthropologie de la religion, l'autre s'appuie sur les apports récents des sciences cognitives.

Le développement : un concept économique récent

Si la notion de développement est mobilisée, depuis plusieurs siècles pour définir l'évolution des sociétés occidentales, force est de constater que ce terme devient un concept économique qu'à partir des années 1950. Les termes de développement et de sous-développement ne sont entrés dans la littérature économique qu'après la Deuxième Guerre mondiale, lorsqu'un grand nombre de peuples colonisés firent irruption sur la scène internationale. On retrouve ici la remarque faite précédemment (introduction de la partie I) selon laquelle les sciences économiques s'emparent des mots « de tous les jours » en décalant plus ou moins leur sens.

Les définitions de développement économique proposées par les économistes vont reprendre dans la plupart des cas l'idéologie naturaliste et la croyance à un progrès sans limites, sans fin, qui a prévalu dans l'histoire du concept plus général de développement d'une société.

– Pour Perroux, initiateur des recherches sur le développement, « le développement désigne l'ensemble des changements structurels qui accompagnent la croissance économique »[124].

– Le *Dictionnaire d'Économie et des Sciences Sociales* définit le développement comme l'« ensemble des transformations techniques, sociales et culturelles qui permettent l'apparition et la prolongation de la croissance économique ainsi que l'élévation du niveau de vie »[125].

– Dans son *Encyclopédie de l'économie et de la gestion*, A. Silem précise : « La croissance économique est historiquement liée au développement. La première, par définition, est de nature quantitative, le second est d'ordre plus qualitatif et peut être perçu comme un changement profond et durable des structures. Un économiste comme W. Rostow voit dans les changements des structures mentales, sociales et économiques, les étapes qui conditionnent l'apparition et la généralisation de la croissance. De même, à plus ou moins long terme, les changements de dimension peuvent induire un certain nombre de modifications dans l'état des structures : exode rural,

---

[124] F. Perroux, « Les macro-décisions », *Économie Appliquée*, n°2-3, 1949.

[125] J.-Y. Capul, O. Garnier, *Dictionnaire d'économie et de sciences sociales*, Hatier, Paris, 2002.

développement de l'industrie, puis tertiarisation, ouverture des économies, déplacement des activités, modification de l'espace économique, changement de qualification, etc. L'interdépendance de ces deux phénomènes justifie en partie leur synonyme, bien que le terme de croissance soit le plus souvent appliqué aux pays industriels et développement aux pays en voie de développement, souvent appelés aujourd'hui en développement »[126].

Pour la plupart des économistes, le développement se réfère aux changements qualitatifs et structurels qui accompagnent ou conditionnent la croissance du PIB. La compréhension du développement au service de la croissance et/ou de la croissance au service du développement est donc la compréhension admise implicitement ou explicitement par les différents courants de la pensée économique. Dans cette compréhension organique entre croissance et développement, on retrouve l'influence des représentations, des métaphores issues de la biologie, et plus généralement des idéologies naturalistes. Notons que Schumpeter (1883-1950) avait proposé une différenciation intéressante entre croissance et développement : la croissance c'est produire plus, le développement c'est produire autrement.

Cette conception organique des relations entre croissance et développement est en partie remise en cause dans les travaux actuels sur les indicateurs de développement. Ce mouvement sur les indicateurs prend naissance avec la prise de conscience des menaces écologiques que fait peser la croissance économique et de la montée des inégalités tant dans les pays industrialisés que dans les pays du Sud. Les travaux sur les indicateurs s'appuient sur le constat que dans certains pays la croissance du PIB s'accompagne d'une augmentation de la pauvreté d'une partie de la population, et plus généralement que la croissance ne signifie pas nécessairement un bien être partagé, dans les pays riches comme dans les pays pauvres. Ces travaux révèlent aussi une prise de conscience que la notion de richesse ne peut pas se limiter à la seule acquisition de biens et de services et que la croissance du PIB d'un pays ne permet pas de rendre compte de l'évolution de la richesse de la population de ce pays. Le mouvement des indicateurs souligne que le développement ne correspond pas seulement aux changements structurels et quantitatifs qui accompagneraient la croissance, c'est un processus visant des objectifs et des finalités à atteindre[127], c'est un processus de production de richesse en fonction d'une conception spécifique (à définir) de la valeur économique.

---

126 A. Silem, *Encyclopédie de l'économie et de la gestion*, Hachette, Paris 1994, p. 289.

127 « Le développement est un processus de transformation des structures économiques, politiques et sociales, qui engendre le recul de la pauvreté, l'augmentation du niveau de vie, du niveau d'éducation et de l'espérance de vie, l'épanouissement d'une égale capacité des individus à exercer leur liberté. La croissance et le développement sont à l'évidence deux concepts radicalement différents et inassimilables. J. Généreux, « La croissance n'est pas le développement », *Alternatives Économiques*, n°198, déc. 2001, p. 76.

Le mouvement des indicateurs sociaux de développement

L'idée de mesurer le développement autrement que par le PIB n'est pas une préoccupation nouvelle. Dans un rapport[128] du CERC, intitulé *Indicateurs sociaux, état des lieux et perspectives*, Bernard Perret note qu'à l'origine, c'est-à-dire dans les années 1960 et jusqu'au milieu des années 1970, le mouvement des indicateurs qui s'est manifesté dans la plupart des pays développés, répondait principalement à un objectif de rationalisation des décisions gouvernementales. Ce mouvement « a été associé à la volonté de contrebalancer l'influence de la quantification économique sur la décision publique (...) de mesurer les conséquences des décisions prises et d'éclairer les choix politiques ». Ce mouvement des indicateurs sociaux s'est éteint avec le développement des statistiques sociales. Au niveau international c'est l'émergence de la notion de développement durable qui confirme le mouvement de construire des alternatives à l'indicateur du PIB. Promu par le rapport Bruntland en 1987, le développement durable est intronisé lors du Sommet de la Terre à Rio, en 1992. Celui-ci officialise les trois piliers du développement durable que sont le développement économique, l'équité sociale et la soutenabilité écologique. Il préconise la mise en œuvre d'indicateurs de développement à tous les niveaux de l'administration. Peu à peu s'impose donc la nécessité d'aller « au-delà du PIB », pour reprendre le titre d'une grande conférence organisée par la Commission Européenne en 2007. La même année, les principales organisations économiques internatio-nales signent la Déclaration d'Istanbul qui reconnaît le besoin d'élaborer une mesure du progrès social dans chaque pays qui aille au-delà des mesures économiques conventionnelles du PIB par habitant »[129]. Soulignons que depuis 2005, l'Union Européenne, dans le cadre de sa stratégie de développement durable (SDD) s'est dotée de 155 indicateurs de développement durable. Ces indicateurs sont classés en dix thèmes : développement socio-économique, consommation et production durable, inclusion sociale, changements démographiques, santé publique, changement climatique et énergie, transport durable, ressources naturelles, partenariat global, bonne gouvernance. Ces thèmes sont divisés en sous thèmes permettant de rendre compte des objectifs opérationnels et des actions contenus dans la SDD. Les indicateurs de développement durable doivent faire l'objet d'un rapport qu'Eurostat doit publier tous les deux ans.

---

[128] Bernard Perret, *Indicateurs sociaux, état des lieux et perspectives*, Conseil de l'Emploi, des Revenus et de la Cohésion Sociale (CERC), Paris, 2002.

[129] Sandra Moati, « La bataille des indicateurs », *Alternatives Économiques*, n°283, sept. 2009.

Les indicateurs du développement humain du PNUD

Parmi les indicateurs de développement, ceux du PNUD (Programme des Nations Unies pour le Développement) sont les plus connus et les plus utilisés. Ils ont été élaborés par l'économiste pakistanais Mahbub ul Haq et l'économiste Indien Amartya Sen. L'objectif était de fournir « un outil permettant de mesurer le progrès sans avoir à se fonder sur le seul PIB ».

Cet indicateur composite regroupe des indicateurs concernant la durée de vie, le degré d'éducation, et le revenu.

– La durée de vie est mesurée par l'espérance de vie à la naissance.

– Le degré d'éducation est mesuré pour deux tiers par le taux d'alphabétisation des adultes et pour un tiers par la moyenne d'années d'étude.

– Le revenu est mesuré par le PIB réel par habitant, ajusté dans le sens où l'utilité marginale du revenu est considérée comme décroissante.

Pour chacun des pays, chaque variable reçoit une note allant de 0 à 1 par comparaison avec des valeurs maximum et minimum fixées d'une manière normative. La moyenne des trois variables donne l'IDH, lui-même étalonné de 0 à 1. Plus l'IDH d'un pays est éloigné de 1, plus ce pays s'éloigne des meilleurs résultats mondiaux.

Plus récemment, en France, il faut rappeler les travaux de la « Commission sur la mesure de la performance économique et du progrès social », créée au début de 2008 à l'initiative du Président de la République N. Sarkozy, et présidée par l'Américain J. Stiglitz, Prix Nobel d'économie et par A. Sen. La mission de cette Commission, coordonnée par le l'économiste Jean-Paul Fitoussi (Président de l'Observatoire français des conjonctures économiques), était de proposer de « nouveaux indicateurs de richesse ». La Commission a remis son rapport le 14 septembre 2009 lors d'une conférence internationale organisée à la Sorbonne en présence du Chef de l'État. Le rapport recommande de mettre davantage l'accent sur la mesure du bien-être de la population plutôt que sur celle de la production économique. Il recommande de différencier l'évaluation du bien-être présent et l'évaluation de sa soutenabilité. Pour cette dernière, il préconise de prendre en compte les effets de la dépréciation du capital dans toutes ses dimensions naturel, humain, etc. Il souhaite que les Instituts de statistiques fournissent des informations pour agréger les différentes dimensions de la qualité de la vie, et permettre ainsi la construction de différents indices ; et qu'ils intègrent « dans leurs enquêtes des questions visant à connaître l'évaluation que chacun fait de sa vie de ces expériences et priorités ». Pour les aspects environnementaux, le rapport préconise la construction d'une batterie d'indicateurs physiques. Par rapport à la réputation des experts mobilisés et par rapport aux ambitions annoncées, le résultat semble plutôt décevant.

Parallèlement aux travaux de cette Commission Stiglitz, rappelons que le premier ministre, François Fillon, a commandé en janvier 2009 au Conseil économique social et environnemental (CESE), un rapport sur « les indicateurs de développement durable et l'empreinte écologique » qui lui a été remis le 28 mai 2009. Le rapport suggère de perfectionner le PIB en prenant en compte dans sa mesure les aspects non marchands de la production. Il prône plutôt une logique de tableau de bord, qui comporterait une douzaine d'indicateurs permettant le suivi l'évolution des inégalités, des revenus, des émissions de CO_2, la part des énergies renouvelables dans la consommation intérieure brute d'énergie, etc. On peut s'interroger sur la pertinence et sur les réelles motivations des diverses commandes de rapports sur les indicateurs de développement rappelés précédemment. Il semblerait, plus opportun, aujourd'hui de focaliser les efforts sur des travaux menés à l'échelle internationale, tels que ceux du PNUD ou ceux de l'Union européenne qui permettent de jeter les bases de nouvelles statistiques internationales.

Les limites des approches en termes de PIB et d'indicateurs socio-économiques

Actuellement les méthodes pour apprécier l'évolution du développement économique sont :

– Un indicateur quantitatif du niveau de la production exprimé en valeur monétaire, le PIB ou le PIB corrigé[130] (pour essayer par exemple tenir compte des productions domestiques non marchandes ou pour essayer de prendre en compte les coûts environnementaux), calculé dans le cadre de la comptabilité nationale en fonction de normes internationales, et complété parfois par des comptes satellites (santé, éducation, transport, protection sociale...). Ces comptes satellites donnent des informations statistiques plus détaillées sur les domaines concernés.

– Des tableaux de bord d'indicateurs socioéconomiques et environnementaux susceptibles de rendre compte de l'évolution du bien-être des populations concernées, des consommations des ressources rares, des phénomènes de pollution liés au développement économique. Certains tableaux de bord proposent des indicateurs synthétiques tels que l'indicateur du développement humain du PNUD ou l'empreinte écologique[131].

Le PIB, ou le PIB corrigé maintient l'idée que la finalité du développement est la croissance. Dans la manière d'apprécier la richesse, on reste

---

130 Pour plus de détails, voir l'ouvrage de J. Gadrey, F. Jany-Catrice, *op. cit.*

131 Cette méthode évalue l'impact de la consommation d'une population en surface de sol, exprimée en hectare, pour la produire et pour assimiler les déchets qu'elle génère).

du côté de l'offre et on fait l'hypothèse que les prix sont les reflets de la valeur des biens et des services produits. Cela reste vrai lorsqu'on veut mesurer certains services qui sont considérés comme importants pour le bien-être des personnes. Par exemple, « la production des services de santé est mesurée par la somme des dépenses de santé. Cela ne dit rien de la qualité du système. Les États-Unis dépensent 15% de leur PIB pour la santé, mais 40 millions d'Américains ne sont pas couverts. La France ne dépense que 11%, alors que la qualité des soins pour la majorité est meilleure. Le problème est le même pour l'éducation. Améliorer ces mesures suppose des observations beaucoup plus fines que celles dont on dispose actuellement »[132].

Les indicateurs socio-économiques et environnementaux présentent l'intérêt de pouvoir découpler PIB et développement, de découpler les fins et les moyens du développement. Dans la manière d'apprécier la richesse produite, ils présentent l'avantage de mettre l'accent sur les finalités du développement, sur le côté de la demande, de la valeur d'usage, mais dans la plupart des cas ces indicateurs oublient l'offre, et donc les aspects coûts et valeur d'échange du développement. C'est un handicap important quand dans des situations de ressources limitées, il faut faire des arbitrages entre différents objectifs.

« La décroissance » : un autre exemple de confusion entre valeur et valeur ajoutée

En septembre 2003, s'est tenu à Lyon un colloque « La décroissance soutenable, bio-économie, écologie et simplicité volontaire ». Ce colloque avait été précédé, en octobre 2002, par la publication par la revue *Ecologiste* d'un dossier « La décroissance économique » et en février 2002, par l'édition d'un numéro spécial de la revue *Silence* et intitulé « La décroissance ». Depuis le début du nouveau millénaire, les articles et les ouvrages sur ce thème de la décroissance se sont multipliés.

Ce nouveau concept de « décroissance soutenable », inspiré des travaux de Nicholas Georgescu-Roegen (1906-1994), est né du constat qu'il est impossible de prôner une expansion illimitée dans un monde qui a des ressources limitées. Rappelons que ce constat avait déjà été établi en 1972 par le rapport du Club de Rome *Hâlte à la croissance*.

Les défenseurs de la décroissance soutenable semblent refuser toute distinction entre la croissance du PIB et le développement économique d'un pays. Pour ce courant de pensée, comme pour le courant dominant qui prône la croissance du PIB, il n'y a pas de différence entre la croissance et le développement. Ceci est à imputer, comme précédemment pour

---

[132] J.-P. Fitoussi, *Alternatives Économiques*, n°283, sept. 2009, p. 62.

l'EVA (voir chapitre 2), à la non-différenciation entre les deux notions fondamentales en sciences économiques que sont la valeur ajoutée et la valeur économique. Il est révélateur que ce courant de pensée sur la décroissance ne propose aucune théorie alternative de la valeur économique et qu'en conséquence il est obligé d'évaluer la richesse d'un pays à partir de la valeur monétaire des biens et des services produits.

Il n'est pas sans intérêt de noter, ici, que les initiateurs de la décroissance soutenable ont pour ambition, en s'inspirant des travaux de Georgescu-Roegen, de créer une nouvelle science de l'économie, la bio-économie, qui doit se situer du côté de la biologie, entendue dans au sens le plus large du terme, dans la perspective globale de l'écologie. Tout en souhaitant « rompre avec cette envie de la physique qui forma l'imagination scientifique des fondateurs de l'économie comme discipline scientifique, » les initiateurs de la décroissance soutenable font la même erreur. En effet, avec la même préoccupation d'assurer un fondement scientifique plus solide de leur vision de ce que devrait être la science économique, ils choisissent de partir du paradigme d'une science de la nature et pour la bio-économie d'une science du vivant, s'interdisant ainsi de pouvoir penser la science économique comme appartenant à d'autres paradigmes scientifiques que ceux des sciences de la nature (physique, biologie).

Toute compréhension du développement s'enracine dans une théorie de la valeur

Si on admet que valeur ajoutée et valeur économique sont deux concepts économiques fondamentalement différents, et qui fondent la différenciation entre les notions de croissance d'une part et développement économique d'autre part, on peut comprendre qu'il y aura autant de conception différente du développement, de production de richesses, qu'il y aura de théories différentes de la valeur économique. La croissance et le développement sont deux points vues différents, deux manières différentes d'appréhender le système économique d'un pays, d'une région. Une question fondamentale reste posée : peut-il y avoir développement sans croissance ? Et pour être plus précis : peut-il y avoir développement sans croissance d'un surplus monétaire ? On tentera d'apporter une réponse à ce questionnement dans le chapitre 1 de la partie IV.

Chapitre 4

Pour une approche « artificialiste » du développement économique

Dans l'introduction du présent ouvrage, nous avons posé comme axiome de départ qu'il n'existait pas de lois naturelles en sciences économiques et que toute construction économique, et notamment toute théorie économique, toute politique économique relevaient d'un processus de conception d'artefacts. Dans *Le Hasard et la Nécessité* (1970), Jérôme Monod définit l'artefact comme « tous les objets conçus et réalisés par l'homme, en vue d'assumer une certaine fonction bien définie à son service. Les artefacts s'opposent à la fois aux organismes vivants et aux objets naturels inanimés ». Tous les outils et les objets techniques que nous utilisons, qu'ils soient matériels (TV, automobiles, ordinateurs, etc.) ou immatériels (logiciels, outils de management, etc.), tous les bâtiments dans lesquels nous vivons, toutes les infrastructures et réseaux qui nous servent pour nous déplacer ou pour communiquer appartiennent au domaine de l'artificialité. Il en est de même des différentes formes d'organisation (entreprises, organisations, etc.) qui sont conçues en fonction d'objectifs et d'un environnement donnés.

La partie III montrera comment les différents courants de la pensée économique, les différentes théories économiques ont été conçus dans le cadre de visions du monde particulières. Le présent chapitre est consacré à une approche artificialiste du développement économique.

Sciences de la nature et sciences de l'artificiel

C'est Herbert Simon (1916-2001) – Prix Nobel d'économie en 1978 – qui a introduit le paradigme de l'artificialité au sein des sciences économiques. Rappelons que dans son ouvrage *The sciences of the Artificial* (1969), Herbert

Simon oppose les sciences de la nature (*natural sciences*) dont l'objectif est de rendre compte de ce que les choses sont (*how things are*) aux sciences des artefacts (*artificial sciences*) qui s'intéressent à la façon dont les choses doivent être si on souhaite qu'elles atteignent certains objectifs (*how things ought to be in order to attain goals*). Étymologiquement, le mot artefact désigne tout ce qui est le résultat de l'art et des techniques des hommes.

La première caractéristique qui permet de spécifier l'artificialité (*artificial or man-made world*), selon H. Simon, est la notion d'objectif et de finalité. Certains phénomènes sont artificiels parce qu'ils se comportent comme des systèmes qui s'adaptent à leur environnement en fonction d'objectifs et de finalités définis. En conséquence, la structure interne d'un système artificiel est conçue en fonction des objectifs et finalités du système et en fonction de l'environnement dans lequel le système évolue. La seconde caractéristique qui permet de spécifier l'artificialité est l'activité de conception. Les phénomènes sont dits artificiels parce qu'ils sont conçus et construits par l'homme en fonction de leurs environnements.

Avec les organisations on aborde le problème des artefacts évolutifs. Herbert Simon inclut dans cette catégorie les plans de développement tel que le plan Marshal (après la Deuxième Guerre mondiale), les politiques de développement d'une vallée, d'une région. D'une manière générale, nous considérerons comme artefact évolutif toutes les plans, programmes, processus économiques mis en œuvre pour atteindre des objectifs déterminés dans un environnement donné et en ce sens la conception et la réalisation de processus de développement à l'échelle d'un pays, d'une région, d'une agglomération, d'une entreprise seront considérées comme appartenant au domaine des artefacts.

La construction d'organisations sociales au cœur du développement

Plusieurs historiens ont essayé de comprendre pourquoi la révolution industrielle s'est opérée en Europe au XIXe siècle. Tous évoquent le rôle important des innovations technologiques, de l'utilisation de machines, de la concentration des travailleurs dans des usines, de la rationalisation de l'organisation de la production, de la diffusion des idées libérales, politiques puis économiques, etc. Plusieurs de ces historiens ont mis en avant les changements organisationnels comme étant le processus le plus fondamental.

Dans leur ouvrage, *Comment l'Occident s'est enrichi*, (1989) l'économiste et historien Nathan Rosenberg et le juriste L.E. Birdzell, imputent le développement économique de l'Occident à l'abandon plus ou moins large, du contrôle de la société par les pouvoirs politiques et religieux, qui aurait permis l'émergence d'une sphère économique autonome. Après avoir souligné l'importance de l'innovation technologique dans le système de croissance occidental, les auteurs insistent sur la place qui revient à l'innovation portant sur les modes d'organisation économique. Et d'affirmer : « On peut même raisonnablement soutenir que la réussite technologique de l'Occident est la conséquence des innovations qu'il a su introduire dans l'organisation de l'économie ».

Dans *L'Europe technicienne ou le Prométhée libéré*, (1975) l'historien américain David Landes essaie de répondre à la question : pourquoi la révolution industrielle a-t-elle eu lieu en Europe ? « L'Europe occidentale était déjà riche avant la révolution industrielle, riche en comparaison des autres parties du monde à cette époque, et du monde préindustriel de la nôtre. Cette richesse était le produit de siècles et des siècles d'accumulation lente fondée tour à tour sur l'investissement, sur l'appropriation des ressources et de la main-d'œuvre extra-européenne, et sur un progrès technique considérable, non seulement dans la production de biens matériels, mais dans l'organisation et le financement de leur échange et de leur distribution ».

Le philosophe et historien américain des techniques, Lewis Mumford, s'est attaché dans son ouvrage *Le mythe de la machine*, (1967), de décrire d'une manière très critique, la genèse et les conséquences de la société industrielle. Pour cet auteur, une des innovations les plus extraordinaires de l'histoire a été la construction non pas d'une machine matérielle quelconque, mais de la « machine invisible », « machine du travail », ou méga-machine. « De toutes les techniques, la plus importante est l'organisation sociale elle-même, l'appareil le plus puissant jamais créé par l'homme est le réseau réglé des rapports sociaux ».

Ces brefs rappels de travaux d'historiens permettent de réfuter l'hypothèse que le développement économique serait un processus naturel qui s'imposerait aux hommes, et que la voie suivie par les pays industrialisés occidentaux serait la seule possible. En effet, si on accepte l'idée ou plutôt la représentation, que le développement économique c'est d'abord la construction d'une nouvelle organisation sociale, d'une méga-machine invisible, on peut proposer de considérer que le développement économique est, comme toute machine matérielle ou comme toute technique, le résultat d'un processus de conception réalisé par des hommes. On peut donc concevoir et réaliser d'autres formes de développement que celui qui est actuellement dominant. Comme résultat de tout processus de conception d'objet matériel ou immatériel, le développement, en tant que méga-machine sociale, sera :

– défini en fonction des finalités et des objectifs spécifiques à atteindre,

– évalué en fonction d'une théorie spécifique de la valeur qui permettra d'apprécier les richesses produites,

– construit autour de la mise en œuvre de différents processus et notamment de processus de création de surplus économiques, et de processus de régulation.

Pas de développement économique sans finalités et objectifs

Tout nouvel objet technique est conçu et réalisé en fonction d'objectifs à atteindre. Les concepteurs d'un objet technique utilisent l'analyse fonctionnelle[133] pour expliciter, hiérarchiser les différentes fonctions (ou objectifs) attendus de l'objet qu'ils ont à concevoir. L'histoire des objets techniques au sein d'une société donnée permet de révéler les finalités, les priorités socio-économiques qui animent, fondent cette société[134]. Ceci est encore plus évident si on s'intéresse, non plus à des objets techniques particuliers, mais à la méga-machine d'une société, c'est-à-dire à son système d'organisation, de rapports sociaux, et en particulier son système économique. La finalité, l'objectif le plus important du modèle dominant de développement des pays industrialisés est la croissance du PIB, même s'il existe une volonté d'orienter peu à peu ce développement vers des perspectives de développement durable. Pour le pouvoir politique en place, la croissance comme principal objectif du développement, présente des aspects forts intéressants :

– En accroissant le gâteau, tous les groupes sociaux ont l'impression que la part de chacun est croissante, ce qui évite de remettre en cause les inégalités et les rapports sociaux existants.

– La croissance permet de faire l'unanimité sans être obligé de mettre en débat les finalités du développement.

Force est de reconnaître que les alternatives au modèle dominant de développement, qui ont pour nom « Développement Durable », « Développement Humain », restent encore trop au niveau des intentions ou de l'argument de communication pour ne pas dire de slogan publicitaire. Néanmoins, ces tentatives de définir d'autres objectifs que celui de la croissance pour le développement économique, de par leur reconnaissance au niveau international peuvent être potentiellement porteuses de changements futurs. Rappelons que le Développement Durable a été initié par les Nations Unies qui ont organisé une série de conférences internationales : Sommets de la Terre à Rio de Janeiro (1992) et à Johannesbourg (2002), Conférences sur le climat à Kyoto (1997) à Copenhague (2009) ; etc., et ont impulsé des programmes spécifiques tels que l'*Agenda 21* pour les territoires, la respon-

---

133 Pour plus de détails sur l'analyse fonctionnelle des besoins voir J. Perrin, *Valeurs et développement durable, Questionnement sur la valeur économique*, L'Harmattan, Paris, 2004.

134 J. Perrin, *Concevoir l'innovation industrielle, méthodologie de conception de l'innovation*, CNRS Éditions, Paris, 2001.

sabilité sociale des entreprises (RSE), le programme des Nations Unies pour l'environnement (PNUE). Rappelons aussi que la Communauté européenne s'est dotée d'une stratégie de développement durable. Quant au « Développement Humain » qui sert de plus en plus de référence pour la composante sociale du développement durable, il a été initié et porté par le PNUD (Programme des Nations Unies pour le Développement). Il n'est pas inutile de souligner que les promoteurs à la fois du Développement durable et du Développement Humain ont été amenés à préciser et à mettre en avant les objectifs spécifiques de chacun de ces programmes de développement : la croissance du PIB tout en occupant une place stratégique, n'est plus le seul objectif du développement.

Les objectifs du développement durable

Le développement durable a été défini comme « le développement qui répond aux besoins du présent sans compromettre la capacité des générations futures à répondre aux leurs » par le rapport Brundtland (du nom du premier ministre de Norvège), publié en 1987. Le processus vise à concilier l'écologique, l'économique et le social, en établissant une sorte de cercle « vertueux » entre ces trois piliers.

Ce concept devrait permettre de remédier aux excès et aux dysfonctionnements d'un mode de développement dont les limites ont été fortement dénoncées dès le début des années 1970. Les effets de l'industrialisation (production de déchets en masse, pollutions, etc.) apparaissent alors et la désertification, la déforestation, le « trou » dans la couche d'ozone constituent, une décennie plus tard, de nouvelles sources d'inquiétude, bientôt suivies par l'érosion de la biodiversité et le réchauffement climatique.

Dans le même temps, on constate que les politiques économiques de la seconde moitié du XXe siècle n'ont guère amélioré la situation des plus pauvres. Les inégalités se sont même creusées, ce qui pose la question de la croissance et du développement.

Popularisé par le Sommet de la Terre de Rio de Janeiro en 1992, le développement durable s'est affirmé comme un concept à la mode.

Source : Gérard Granier, Yvette Veyret, *Le Développement durable, quels enjeux*, La Documenta-tion Française, Paris, n°8053, 2006.

Les objectifs du développement humain selon le PNUD

« Le développement humain est un processus visant à élargir les possibilités offertes aux individus. En principe, ces possibilités sont infinies et évoluent au cours du temps. Cependant, quel que soit le niveau de développement, les trois principales, du point de vue des personnes, sont de mener une vie longue et saine, d'acquérir des connaissances et d'avoir accès aux ressources nécessaires pour disposer d'un niveau de vie décent. En l'absence de ces possibilités fondamentales, un grand nombre d'autres opportunités restent inaccessibles ».

« La pauvreté possède une multiplicité de visages, et va bien au-delà d'une insuffisance de revenu. La pauvreté se reflète aussi de mauvaises conditions de santé ou d'éducation, dans le manque d'accès au savoir et aux possibilités de communication, dans l'impossibilité d'exercer des droits politiques et de faire valoir les droits de la personne humaine et dans l'absence de dignité et de confiance et de respect de soi-même. Il faut ajouter la dégradation de l'environnement et la paupérisation de pays entiers ».

Source : PNUD, Rapport 1995 et 1997.

Pas de développement sans mise en œuvre de processus de régulation et de gouvernance

Pour se positionner par rapport à ses objectifs de développement, la méga-machine économique d'un territoire, et plus encore si ce territoire est l'ensemble du globe, a besoin comme toute machine d'un système de régulation et de pilotage (ou de gouvernance). Le déroulement des différentes conférences internationales organisées à propos du changement climatique montre que ces nouvelles formes de régulation et de gouvernance émergent avec difficultés et rencontrent de nombreux obstacles pour être acceptées.

L'idée que le marché est un processus naturel de régulation relève du paradigme naturaliste ou évolutionniste du développement. Le marché est une construction sociale, et il ne peut fonctionner que s'il existe des règles et des institutions. De nombreux exemples, et notamment la crise financière et économique de 2009, montrent qu'un marché non régulé est de plus en plus amplificateur des déséquilibres.

L'approche artificialiste du développement nécessite de remettre l'économie sous la dépendance des objectifs du développement, sous la dépendance du politique. Les indicateurs économiques, sociaux et environnementaux de développement (voir chapitre 3 de la partie II) sont un des outils pour assurer la régulation et le pilotage des processus de développement.

Une grande variété de modèles et de politiques de développement « possibles »

L'histoire des techniques est intéressante pour comprendre la dynamique de création et d'évolution des artefacts y compris celle des politiques de développement. L'histoire des techniques insérées dans des civilisations différentes montre que les systèmes techniques ont été plus divers qu'on pouvait le penser et qu'il n'existait pas *a priori* une voie unique pour le développement des techniques[135]. Notre civilisation occidentale, en favorisant un rapport de domination de l'homme sur la nature, et en ayant permis le développement de rapports sociaux de domination a privilégié le développement d'un système technique parmi d'autres possibles[136]. Beaucoup de systèmes techniques dits « traditionnels » ont été détruits ou bloqués par le système technique dominant. Néanmoins, certaines composantes de ces systèmes traditionnels, comme la médecine traditionnelle chinoise et notamment l'acupuncture, ont pu se maintenir dans leur environnement d'origine et elles sont aujourd'hui l'objet d'un nouvel intérêt y compris de la part de la médecine occidentale.

Considérer les politiques de développement comme des artefacts qui sont conçus, nous permet d'accéder à une compréhension du développement beaucoup plus variée et ouverte. Cela signifie notamment que les différentes possibilités de concevoir un développement durable sont plus variées qu'on pourrait le penser. Dans tous les cas, les solutions « possibles » sont infiniment plus nombreuses que les solutions « probables » que nous pouvons essayer de prévoir à partir des situations et des solutions existantes. Cette différenciation entre les solutions « possibles » et « probables » est essentielle pour comprendre la dynamique des processus de conception et elle est un aspect déterminant pour comprendre que les alternatives futures sont infiniment plus ouvertes que nous pouvons imaginer à un moment donné.

Savoir qu'une politique de développement durable est un artefact nous permet d'avoir une autre attitude face à notre méconnaissance des processus de développement. En effet ce n'est pas parce que nous connaissons presque rien sur le développement durable que nous devons limiter la mise en œuvre des pratiques de développement durable. L'histoire des sciences de l'artificiel et en particulier l'histoire des sciences de l'ingénieur nous ont permis de découvrir que les connaissances disponibles dans ce type de sciences ont toutes été produites lors et à propos de la conception et la réalisation de nouveaux artefacts[137]. Dans les sciences de l'artificiel et donc en sciences économiques, c'est en concevant de nouveaux artefacts que nous mettrons en œuvre le processus de production de nouvelles connaissances que nous avons besoin pour résoudre les problèmes que nous rencontrons, notamment, à propos du développement durable.

---

[135] Voir par exemple les travaux de Needham sur l'histoire des techniques en Chine.

[136] J. Perrin, *Comment naissent les techniques, la production sociale des techniques*, Publisud, Paris, 1988.

[137] J. Perrin, *Concevoir l'innovation industrielle, méthodologie de conception de l'innovation*, *op.cit.*

L'inertie au changement des modèles de développement

Les modèles de développement présentent de fortes inerties au changement, et le paradigme de l'artificialité ne doit pas nous induire en erreur ; ce n'est pas parce qu'une société aura d'une manière démocratique décidé de modifier son modèle de développement que la conception et surtout sa mise en œuvre seront aisées et immédiates. Puisqu'on a choisi de réfléchir au développement dans le paradigme des sciences de l'artificialité, on peut comparer la méga-machine du développement à un grand paquebot. On sait que le changement de cap d'un grand paquebot pour éviter un obstacle doit se prévoir à l'avance. Dans leur ouvrage *Éthique et gouvernabilité* (1992), Paul Ladrière et Claude Gruson rappellent que notre monde moderne s'est construit sur des structures lourdes et sur des techniques ayant un caractère quasi irréversible et dont la chaîne causale s'étend sans fin vers l'avenir. Pour ces auteurs, les interactions entre acteurs ne peuvent plus s'expliquer à partir des seules intentions et décisions des participants ; ces derniers doivent prendre en compte les « structures lourdes » – (matérielles, organisationnelles, culturelles), telles que, par exemple, le système d'enseignement, les systèmes de transport et de production d'énergie – « dont la création, l'adaptation, la suppression ne sont réalisables que dans des délais longs, le plus souvent à coût élevé, et qui sont très difficiles, voire impossibles à modifier une fois qu'elles ont pris forme ». Dans un monde de plus en plus complexe et façonné par des « structures lourdes », l'évaluation des solutions possibles et souhaitables n'est pas un processus aisé à mettre en œuvre. Une telle évaluation nécessite une large inter-compréhension entre de multiples acteurs qui doivent confronter à la fois leurs connaissances, les systèmes de valeurs et les règles qui guident et orientent leurs choix. Pour résoudre de tels problèmes, « l'agir stratégique » (adéquation entre les fins et les moyens) des différents acteurs semblent inopérant, et les auteurs de l'ouvrage *Éthique et gouvernabilité* proposent la démarche de « l'agir communicationnel », qu'ils empruntent à Jürgen Habermas. Dans « l'agir communicationnel », l'inter-compréhension est le mécanisme coordinateur de l'action, et c'est le savoir partagé dans l'action qui est producteur d'un accord[138].

---

[138] Sur les enjeux de l'évaluation des politiques publiques, voir les travaux de B. Perret (http://bernard.perret.pagesperso-orange.fr) et notamment « Évaluation, gouvernance et procéduralisation de l'expertise » : « Sans renoncer à l'utilisation instrumentale de l'évaluation, on s'est aperçu que son intérêt principal, dans la pratique, était de permettre un « éclaircissement » (*enlightenment*) du contexte de la décision. Et l'on a par ailleurs commencé à s'aviser du fait que les décideurs ne sont pas les seuls utilisateurs de l'évaluation : la connaissance sur les conditions de mise en oeuvre et les résultats d'une action publique est une *ressource utile à l'ensemble des acteurs.* D'où l'accent mis sur la dimension « formative » de l'évaluation (l'évaluation comme processus d'apprentissage et de mobilisation), et, plus récemment, sur le fait que l'évaluation peut servir à renforcer l'autonomie et la capacité d'action d'un groupe humain ».

La métaphore du paquebot suggère un autre exemple d'analogie pour nous aider à mieux comprendre la différence entre croissance et développement économique. La variable pour apprécier la croissance c'est-à-dire la progression du paquebot peut être sa vitesse. Cette vitesse dépend de plusieurs facteurs : de la puissance des moteurs, du poids du bateau, du poids de son chargement, du profil et du volume de sa partie immergée et de sa partie au-dessus de la ligne de flottaison. Sa vitesse n'est pas une fin en soi, elle est au service des objectifs du paquebot qui est de transporter d'une manière sûre et agréable des passagers d'un port à un autre dans un temps donné et dans un environnement qui peut se modifier. Si l'environnement dans lequel doit se faire le voyage est peuplé de nombreux récifs, il faudra concevoir un ou des modèles de bateaux différents.

Partie III

VISION DU MONDE, VALEUR ET RICHESSE DANS DIFFÉRENTS COURANTS DE LA PENSÉE ÉCONOMIQUE

APRÈS AVOIR, dans la partie II, précisé les enjeux de la valeur économique pour notre compréhension de ce qu'est la richesse économique, la croissance, le développement, il est utile d'interroger l'histoire de la pensée économique pour mieux comprendre comment les différentes écoles de la pensée économique ont explicité les relations entre valeur et richesse économique.

La partie I de cet ouvrage a montré que nos conceptions de la richesse (en général) s'élaborent à partir de nos systèmes de valeurs et plus généralement de nos *visions du monde*. Nous en avons déduit que des compréhensions différentes de la valeur et de la richesse économique devaient s'inscrire également dans des visions du monde différentes. L'histoire de la pensée économique va nous permettre de confirmer cette approche. On vérifiera ainsi que les principaux courants de la pensée économique se sont tous créés à partir d'une théorie spécifique de ce qu'est la valeur économique. Il n'est pas inutile de rappeler qu'« à chaque étape de l'évolution des idées économiques, une vision dominante, qu'on qualifie souvent d'orthodoxie s'est imposée (…), mais, à aucun moment, l'orthodoxie n'a occupé tout l'espace. L'histoire des idées économiques est celle d'une confrontation permanente entre une orthodoxie et des hétérodoxies »[139].

---

[139] Gilles Dostaler, « Une histoire mouvementée » in « L'histoire de la pensée économique », *Alternatives économiques*, HS n°73, 2007, p. 14.

On tentera, dans les chapitres de cette partie III, de montrer, pour quelques grands courants de la pensée économique, les relations qui se sont tissées entre d'une part la vision du monde, les systèmes de valeurs qui prévalaient à l'époque de leur création, et d'autre part la compréhension de la valeur et de la richesse économique qui ont caractérisé ces courants de la pensée économique. On vérifiera ainsi que chaque courant de la pensée économique s'est construit autour d'une vision du monde spécifique et autour d'une conception ou d'une théorie spécifique de la valeur économique[140]. Une place importante sera accordée aux courants de pensée du XVIIe et du XVIIIe siècle qui ont été à l'origine des concepts des sciences économiques et notamment des concepts de richesse et de valeur économique.

Cette partie a été rédigée pour permettre aux économistes de mieux comprendre comment chaque courant de la pensée économique s'est structuré à partir d'une vision du monde particulière. Les lecteurs non-économistes peuvent consulter le tableau récapitulatif qui conclue cette partie III et passer directement à la partie IV.

---

140 Une théorie de la valeur peut se définir comme l'ensemble des concepts et des raisonnements qui nous permettent de fonder la valeur économique d'un bien ou d'un service.

Chapitre 1

Les mercantilistes

Le mercantilisme n'est pas véritablement un courant de pensée économique car il n'est pas fondé sur un système théorique unifié. C'est une manière de concevoir la vie économique qui s'est répandue en Europe à l'époque de la Renaissance entre le XVIe siècle et le milieu du XVIIIe siècle. Il marque la fin de la prééminence des conceptions économiques de l'Église inspirée d'Aristote et de Platon, et condamnant l'accumulation des richesses et le prêt. Et il correspond à la montée en puissance des États Nations face au pouvoir universel de l'Église et au pouvoir local des seigneurs féodaux. Le nom de mercantiliste fut donné à un ensemble d'auteurs européens de la Renaissance par Adam Smith car ils faisaient de la maximisation des excédents commerciaux extérieurs un objectif prioritaire de la politique économique des États, notamment par le recours au protectionnisme.

Le développement de la navigation et du commerce international

« À la fin du XVe siècle, de grands progrès sont réalisés dans l'art de la navigation. Les navigateurs utilisent les découvertes astronomiques ; L'invention du télescope conduit à la mesure de la latitude. (....) Vasco de Gama atteint l'Inde en 1498 en contournant l'Afrique et ouvre une nouvelle route maritime pour le commerce avec l'Est. Christophe Colomb découvre l'Amérique (1492) »[141]. L'or et l'argent importés en grande quantité d'Amérique permettent de multiplier la monnaie mise en circulation. C'est en conquérant le Mexique et le Pérou, que l'Espagne a pu acquérir de

[141] Henri Denis, *Histoire de la Pensée Économique*, PUF, Paris, 1980, p. 92.

grandes quantités d'argent et d'or et assurer ainsi sa suprématie en Europe pendant un siècle.

Des marchandises nouvelles ont été introduites en Europe : le thé, le café, le cacao, la vanille, le tabac, mais aussi la tomate, le maïs, la pomme de terre. Le commerce des autres marchandises a augmenté considérablement : le sucre, les mélasses et le rhum ainsi que les esclaves noirs, dont le commerce, inauguré en 1510, s'est développé rapidement.

En relation avec le développement commercial « une classe capitaliste s'est formée, qui se compose d'industriels (industrie minière, métallurgie, industrie textile) faisant travailler des salariés (regroupés ou plus souvent travaillant à domicile), de puissants marchands et de banquiers. Elle échappe aux réglementations corporatives des métiers, et aux autorités municipales. Elle a souvent partie liée avec les rois à qui elle prête de l'argent. Son activité consiste uniquement dans la recherche de profit. (...) De nouvelles villes comme Anvers se développent en pratiquant une politique libérale à l'égard des marchands étrangers »[142].

Une certaine vision du monde et de l'homme

La Renaissance marque un vigoureux mouvement d'émancipation à l'égard de l'Église et des conceptions médiévales de la primauté du surnaturel. En opposition à ces conceptions, une vision de l'homme se forme, qui exalte la valeur absolue de l'État, d'une part, et de la richesse d'autre part. Cette période est en effet celle de l'émergence des États nations. L'unité de l'Angleterre n'est réalisée que sous le règne d'Henri VII (1485-1509). En France l'unité nationale s'est affermie à partir du roi Louis XI (1461-1483). En Espagne l'unité est réalisée en 1469, et les Pays-Bas protestants acquièrent leur indépendance sur les Espagnols en 1609.

En apparence, le grand souci des mercantilistes est la puissance de l'État : c'est en accroissant sa force que l'État contribue à l'enrichissement des citoyens. « Mais la plupart d'entre eux défendent l'État parce qu'ils estiment que la prospérité du commerce d'une nation est étroitement liée à l'expansion politique du souverain et au succès de ses campagnes militaires sur terre et sur mer. (...) Les mercantilistes ne pensent pas, en général, qu'il soit possible d'enrichir la totalité des membres d'une nation. Ils croient avant tout à la possibilité d'enrichir la classe des marchands »[143].

« Entre les États nationaux, la guerre est l'état normal. De 1494 à 1559, il y a guerre presque chaque année en Europe ; au XVIIe siècle il y a seulement sept ans de paix complète ; L'Angleterre est en guerre pendant

---

142 Henri Denis, *op. cit.*, p. 91.

143 *Ibid.*, p. 100.

84 ans entre 1656 et 1815. Les causes de guerre sont, de plus en plus fréquemment, les tentatives faites pour changer la politique commerciale d'un autre État ou pour lui dérober des possessions coloniales »[144].

La richesse selon les mercantilistes

Pour les mercantilistes, la richesse d'un pays est identifiée à la richesse de l'État. Et la richesse et le pouvoir de l'État sont mesurés par la quantité d'or et d'argent qu'il possède. Cet intérêt pour les réserves d'or et d'argent s'explique par l'importance de ces matières premières en temps de guerre. « Les armées, qui comprenaient nombre de mercenaires étaient payés en or. À part quelques pays européens contrôlant les mines d'or et d'argent, le commerce international était la principale méthode d'acquisition de ces matières premières. Si un État exportait plus qu'il n'importait, alors sa balance du commerce était excédentaire ce qui se traduisait par une entrée nette d'argent. Cela a conduit les mercantilistes à prescrire comme objectif économique d'avoir un excédent commercial. L'exportation d'or était interdite »[145].

En France, Colbert était sans doute le plus représentatif de la conception mercantiliste de la valeur et il estimait que « la grandeur et la puissance d'un État se mesurent uniquement par la quantité d'argent qu'il possède »[146].

Au XVIIe siècle des auteurs mercantilistes tels que Thomas Mun, Montchrestien développèrent des idées complémentaires ; l'or n'est pas la seule richesse d'un pays, d'autres aspects de la richesse doivent être pris en compte et notamment les marchandises « dont l'usage est nécessaire au soutien de la vie des hommes ». À la différence des premiers mercantilistes qui prônaient l'exportation des matières premières (la laine par exemple pour la Grande-Bretagne), ces nouveaux mercantilistes soutenaient l'interdiction totale de l'exportation des matières premières et soutenaient le développement d'industries manufacturières nationales. Ces nouveaux mercantilistes pensaient que la richesse et la puissance militaire d'un État résidaient plus dans le nombre et la qualité des hommes (et donc leur travail) que dans les réserves d'or et d'argent.

Dans de nombreux cas, les idées et les politiques mercantilistes ont été pensées et mises en œuvre par des marchands (le nom mercantiliste vient de l'italien « mercante » qui signifie marchand), des fonctionnaires (par exemple Colbert en France) et des industriels « qui ont grandement béné-

---

144 *Ibid.*, p. 93.

145 http://fr.wikipedia.org/wiki/mercantilisme

146 Cité par François Fourquet, *op. cit.*, p. 156.

ficié des monopoles, des interdictions de la concurrence étrangère et du maintien délibéré au seuil de subsistance des travailleurs ». Les gouvernements ont bénéficié des droits de douane élevés et des achats réalisés par les marchands.

Valeur et richesse économique

La notion de valeur économique n'est pas présente d'une manière explicite dans la pensée des mercantilistes. Néanmoins, on peut constater que pour renforcer la puissance de l'État nation dans lequel ils sont insérés, les mercantilistes ont fait le choix de fonder leur action sur l'augmentation de la réserve d'or et plus généralement de l'excédent commercial de l'État. C'est ce surplus de réserve d'or ou d'échange commercial qui constitue, pour les mercantilistes, la valeur économique en tant que fondement (sa nature) et mesure de la richesse. Pour les mercantilistes, la richesse économique d'un État est donc identifiée au volume de ses réserves en or ou à ses excédents commerciaux.

Par contre avec les nouveaux mercantilistes qui voient l'origine de la richesse d'un État dans le nombre et la qualité des hommes, on observe un changement dans la nature et la mesure de la richesse. En France, ce fut Vauban qui mit au point un recensement complet de la population, en perfectionnant une tradition d'origine militaire. Le roi doit « pouvoir connaître par lui-même avec certitude en quoi consistent sa grandeur, ses richesses et ses forces ». Le peuple est comparé à un stock, un capital « précieux », que le prince doit faire valoir, et non épuiser, s'il veut s'enrichir lui-même[147]. Mais il ne faut pas oublier que si pour les mercantilistes la puissance de l'État est le but suprême de l'activité humaine », pour nombreux d'entre eux « la richesse c'est avant tout le profit des marchands et des manufacturiers qui s'accumule et engendre de nouveaux profits. La masse du profit dépend du développement des exportations et des industries exportatrices »[148].

L'arithmétique politique de William Petty

Parmi les mercantilistes, et comme nous l'invite de le faire Fourquet, une place particulière doit être faite à l'anglais William Petty auteur de l'ouvrage *Arithmétique politique* (1671).

La démarche de l'*Arithmétique politique* est de systématiser l'idée de mesurer la richesse/puissance d'une nation par comparaison avec les autres

147 F. Fourquet, *op. cit.*, p. 160.

148 H. Denis, *op. cit.*, p. 108.

nations. Elle doit être resituée dans le contexte politique du XVIIe siècle, marqué par une guerre entre l'Angleterre, la Hollande et la France, pour la conquête de l'hégémonie du commerce mondial. Louis XIV a acheté l'alliance de Charles II ; en fait, l'Angleterre se sert de la France pour porter un second coup contre la Hollande.

Pour William Petty, en tant que bon mercantiliste, la richesse de chaque nation consiste principalement dans la part qu'elle a dans le commerce avec le monde tout entier plutôt que dans le commerce intérieur. « Toute l'arithmétique politique est traversée par un désir formidable, qui en anime même le style : arracher à la Hollande le sceptre de l'économie »[149]. Pour cet auteur, la puissance maritime d'une nation, dépend principalement d'hommes capables de combattre en mer sur les vaisseaux et d'artisans spécialisés dans la construction des vaisseaux. Il évalue le nombre de marins anglais à quatre fois celui des marins français, et le nombre des artisans anglais spécialistes des vaisseaux à plus de quatre fois celui des artisans français.

À partir d'estimation sur la durée de formation, il conclut qu'un marin vaut très cher, trois fois plus qu'un agriculteur, un soldat ou un artisan par exemple. Il estime donc que l'Angleterre n'a rien à craindre de la France, et que le véritable adversaire est la Hollande.

Pour l'auteur de l'*Arithmétique politique*, la France peut bien avoir trois fois plus de sujets que l'Angleterre, deux fois plus de produits, elle est plus faible parce que, sur les activités qui renforcent le commerce mondial (navigation, commerce, mouvements de capitaux) elle occupe une place mineure. « Cette vue marque l'arithmétique politique à sa naissance ; ce qui compte, ce n'est ni la production totale ni même le surproduit, mais l'emploi concret de ce surproduit, tous les emplois du capital ne sont pas équivalents ; il y a des priorités. Petty ne s'intéresse pas à la comparaison internationale des valeurs globales des productions, mais uniquement à celles des branches qu'il juge décisives pour s'emparer du commerce universel »[150]. Ce qui compte c'est de renforcer et d'investir dans les activités qui sont à l'origine de la richesse qu'est le solde du commerce international.

Avec William Petty[151], on observe donc une autre évolution dans la manière de concevoir la valeur économique en tant que nature de la richesse et en tant que mesure de la richesse. La mesure de la richesse d'un État ne s'apprécie plus à partir de l'excédent commercial, mais à partir de la

---

149 F. Fourquet, *op. cit.*, p. 174.

150 *Ibid.*, p. 171.

151 Il est important de noter que dans son *Traité des taxes et contributions* (1662) William Petty avait avancé l'idée selon laquelle la valeur des choses dépend de la quantité de travail dépensée pour leur production.

part de la nation au commerce international. Mais d'une manière plus fondamentale, c'est la nature de la richesse qui a changé : ce qui compte pour un État ce sont les activités qui lui permettent de renforcer sa part dans le commerce international.

Chapitre 2

Les physiocrates

Les physiocrates constituent un courant de la pensée économique qui est né en France vers 1750 et qui a connu son apogée au cours de la seconde moitié du XVIIIe siècle. Son fondateur et chef file était François Quesnay, rendu célèbre par la publication en 1758 de son ouvrage *Tableau économique* dans lequel il tentait de représenter la circulation de la richesse dans l'économie.

À la différence des idées mercantilistes, les physiocrates considèrent que la richesse d'un pays n'est plus seulement celle de l'État mais de tous ses habitants. Les travaux des physiocrates « anticipent ceux de d'Adam Smith en s'intéressant à la création de la richesse, mais aussi et surtout à sa répartition via des diagrammes de flux et de stocks représentant de manière très élaborée le fonctionnement de l'économie. Le but de ce groupe de marchands et de grands commis de l'État est de mettre en place les outils qui permettront au Roi de France de mieux mesurer la création de richesse et ainsi pouvoir faire de meilleures lois permettant d'éviter les disettes via une meilleure production et une meilleure répartition de la richesse. Afin de ne pas heurter de plein front les intérêts de l'aristocratie française formée de rentiers terriens, François de Quesnay en habile politique va dans le *Tableau économique* faire reposer la source de la richesse non pas sur le travail, mais sur la capacité « miraculeuse » de la terre à produire de la nourriture à chaque printemps. « Il arrivera ainsi à se concilier les bonnes grâces des rentiers terriens tout en proposant un nouveau système prenant en compte autant que faire se peut les idées nouvelles et permettant de dépasser le mercantilisme et le colbertisme sans révolutionner la société »[152].

---

[152] http://fr.wikipedia.org/wiki/physiocrates

La vision du monde des physiocrates : les droits naturels

Pour les physiocrates, la nature tout entière est un ordre voulu par Dieu. Ils croient à l'existence d'un ordre naturel gouverné par des lois qui lui sont propres et qui repose sur des droits dits naturels, parce qu'assignés par la nature elle-même. Par exemple, tous les hommes à qui la nature a donné des yeux ont le droit à la lumière. C'est de cette importance accordée aux droits naturels que vient le nom de physiocrate qui signifie littéralement « gouvernement (du grec *kratein)* par la nature (du grec *phusê*) ».

Le rôle des économistes, pour les physiocrates, est de révéler les lois de la nature qui doivent régir la vie économique. Découvrant suite au travail sur l'*Arithmétique politique* de l'anglais William Petty qu'il est possible d'utiliser le calcul, Quesnay aura l'ambition de créer une science économique sur le modèle des sciences de la nature. Plus fondamentalement son ambition est d'exclure la morale de la science de l'homme. « Il prend l'homme tel qu'il le voit et il constate que l'exercice par chacune des facultés physiques exige que tous respectent la vie et les biens d'autrui. C'est là le fondement des droits naturels, qui n'ont rien à voir avec la morale. Le droit naturel est donc le droit de jouir de la vie et d'exercer ses facultés, mais c'est aussi le droit de propriété »[153]. Reprenant une idée de l'anglais John Locke (1632-1704), Quesnay pense que la terre serait demeurée inculte sans la propriété. C'est au nom du droit naturel que chaque homme a droit à ce qu'il acquiert librement par le travail et l'échange. Bien qu'écrivant que « le droit naturel de chaque homme se réduit dans la réalité à la portion qu'il peut se procurer par son travail », il affirme avec la même vigueur, toujours au nom de l'ordre naturel, que l'inégalité des fortunes doit être admise sans restriction, qu'aucune limitation de la propriété n'est concevable.

On peut noter que « les physiocrates ne remettent pas en question la monarchie, mais veulent que le souverain, loin de se comporter en monarque absolu, se soumette au droit naturel et le fasse respecter ». Ils mettent en avant le concept de nation qui se distingue de la royauté. « Le génie du mot nation est d'évoquer l'idée que la nation est native ou naturelle (racine « naître ») et que le roi est étranger ou artificiel. C'est lui l'auteur des règlements interdits qui brident la nation »[154]. Quesnay développa une théorie de deux nations : l'une attachée au territoire et centrée sur les paysans qui fournit le revenu et l'autre constituée des négociants relativement étrangers aux intérêts des nations et qui font partie de « la république générale du commerce extérieur ».

---

[153] H. Denis, *op. cit.*, p. 159.

[154] F. Fourquet, *op. cit.*, p. 184.

L'origine de la richesse de la nation selon les physiocrates

Ayant posé l'hypothèse que la vie économique est régie par les lois de la nature, il n'est pas étonnant que, pour les physiocrates, seule l'agriculture est productrice de richesse. La terre multiplie les biens ; une graine semée produit plusieurs graines. L'industrie et le commerce sont considérés comme des activités stériles, car elles se contentent de transformer les matières premières produites par l'agriculture.

Cette conception de l'économie est en accord avec la prise en compte qu'à cette époque l'immense majorité de la population est formée d'agriculteurs.

Les physiocrates distinguent trois classes d'agents économiques :

1. La classe des paysans, qui est la seule classe productive. « C'est elle qui fait renaître par la culture du territoire les richesses annuelles de la nation ».

2. La classe des propriétaires qui « comprend le souverain, les possesseurs des terres et les décimateurs. Cette classe subsiste par le revenu ou produit net de la culture, qui lui est payé annuellement par la classe productive ».

3. La classe stérile « formée de tous les citoyens occupés à d'autres services et autres travaux que ceux de l'agriculture, et dont les dépenses sont payées par la classe productive et par la classe des propriétaires ».

S'inspirant de Descartes, Quesnay dans son *Tableau économique* veut « montrer que la machine économique fonctionne comme une machine ou ce qui est pour lui la même chose, comme un organisme vivant. Ainsi s'explique dès l'abord ce respect qu'il montre pour le fonctionnement spontané de la machine et le refus d'intervenir dans sa marche »[155]. Mais il est important de souligner que le *Tableau économique* : « a un but fiscal : c'est parce qu'il cherche à bien asseoir l'impôt sur le revenu sans tarir les sources de l'accumulation de la classe productive qu'il analyse les circuits de la richesse (...). L'ordre naturel et ses lois sont chez Quesnay une machine de guerre contre l'irrationalité fiscale de l'Ancien Régime »[156]. L'objectif ne fut pas atteint et il en résulta la Révolution française.

Par rapport aux mercantilistes, les physiocrates déplacent leur point de vue : ils abandonnent l'optique mondiale pour se focaliser sur le territoire national, ouvrant la voie à Smith. « Mais ce déplacement est une régression, un enfermement. La physiocratie territorialise la richesse, qui devient purement intérieure ou endogène. » Pour Quesnay, le capital investi

---

[155] H. Denis, *op. cit.*, p. 165.

[156] F. Fourquet, *op cit.*, p. 182.

dans le commerce est improductif, et « les frais de ce commerce, quoique nécessaires, doivent être regardés comme une dépense onéreuse, prélevée sur le revenu des propriétaires terriens ». Il regarde avec méfiance cette « république commerçante universelle dont les citoyens n'ont pour ainsi dire pas de patrie et ne cherchent que le profit ; mais c'est un profit factice, fait d'argent et qui n'a rien à voir avec la vraie richesse des États »[157].

Valeur et richesse pour les physiocrates

« Le problème de la valeur a été posé avant Quesnay, notamment par Petty, Locke et Cantillon. Mais la "physicocratie" n'apportera rien dans ce domaine »[158]. Il nous faut nuancer ce point de vue, et si notamment Quesnay a peu abordé la question de la valeur en tant que telle, celle-ci est sous-jacente aux réflexions et conceptions des physiocrates sur la nature et la mesure de la richesse.

Dans son ouvrage *Le Détail de la France* (1695), Pierre de Boisguilbert (1646-1714) autre physiocrate, précise la nature et l'origine de la richesse « Le fondement et la cause de toutes les richesses de l'Europe sont le blé, le vin, le sel et la toile qui abondent dans la France : et on ne se procure les autres choses qu'à proportion que l'on a plus qu'il ne faut de celles-là (…) En sorte que l'excroissance des fruits de la terre fait travailler les avocats, les médecins, les spectacles, et les moindres artisans ». Et il ajoute « comme tout consiste dans l'excroissance des denrées aux pays fertiles, leur production dépend d'une infinité de circonstances entre lesquelles il est absolument nécessaire de conserver l'harmonie, en sorte qu'en manquant à une seule, leur liaison réciproque fait que tout l'édifice est détruit ». Toute la société vit de cette "excroissance" et il n'y a « aucune profession dans la République qui n'attende son maintien et sa subsistance des fruits de la terre »[159]. C'est "l'excroissance" de la production agricole, c'est-à-dire la part de la production agricole qui excède la consommation des paysans, qui nourrit le reste de la nation. Pour Boisguilbert, la richesse de la nation n'est pas la production agricole totale, mais la partie de la production qui n'est pas consommée par la classe productive.

Quesnay va restreindre la richesse au produit net agricole. En effet, ce dernier « considère la subsistance paysanne (autoconsommation,) et l'amortissement (semence, matériel agricole) comme une consommation intermédiaire, le produit net formant un excédent net d'exploitation (valeur ajoutée, moins autoconsommation finale des agriculteurs. L'accumulation

---

157 F. Fourquet, *op cit.*, p. 191.

158 H. Denis, *op. cit.*, p. 163.

159 Cité par Fourquet, *op cit.*, p. 189.

(formation nette de capital) n'est possible que si le prélèvement des propriétaires n'est pas excessif »[160].

En conclusion, même si les physiocrates comme précédemment les mercantilistes n'ont pas élaboré une théorie de la valeur en tant que telle, leurs réflexions sur la richesse s'appuyaient sur une certaine conception de ce qu'est la valeur en tant que nature de la richesse et en tant que mesure de la richesse. Pour ce courant de la pensée économique, la richesse d'une nation est fondée sur sa production agricole, la valeur économique est identifiée aux fruits de la terre. Et pour Quesnay, la valeur en tant que mesure de la richesse est appréciée par le produit net agricole, c'est-à-dire la valeur ajoutée, moins l'autoconsommation des agriculteurs.

---

160 F. Fourquet, *op cit.*, p. 190.

Chapitre 3

Les classiques

La fin du XVIIIe siècle est marquée par le développement des manufactures. En 1769, James Watt dépose le brevet de sa machine à vapeur et deux ans plus tard, Richard Arkwright ouvre la première filature de coton moderne : deux moments symbolisant le début de la révolution industrielle. La doctrine physiocratique, qui fondait l'origine de la richesse sur la production agricole est vite apparue comme incompatible avec les transformations en cours et la nécessité de repenser l'économie s'est vite imposée. Les nouvelles réflexions économiques suscitées par le début de la révolution industrielle ont donné naissance à l'école classique. Par rapport aux notions de la valeur et de richesse, on note, avec l'école classique, un changement important de perspective, c'est la valeur des biens produits qui devient le centre de leur questionnement.

L'école classique regroupe des économistes du XVIIIe siècle et du XIXe siècle. Ses membres les plus importants sont, en Grande-Bretagne, Adam Smith (1723-1790), David Ricardo (1772-1834), John Stuart Mill (1806-1832), et en France, Jean-Baptiste Say (1767-1832). On peut voir le point de départ de ce courant dans le traité d'Adam Smith sur *La Richesse des Nations* (1776) qui servira de bases de réflexion pour les autres membres de l'école classique ou se réclamant de cette école.

Ici encore, il est difficile de définir d'une manière précise cette nouvelle école de pensée, tant en termes de thèses avancées que d'auteurs. Pour le sujet qui nous intéresse, l'école classique est souvent caractérisée par le concept de la valeur travail, mais dans ce cas, Say qui prône une autre approche doit en être exclu. En se réclamant de Smith et surtout de Ricardo, Marx (1818-1883) est souvent considéré comme le dernier des classiques.

Une vision du monde selon le Siècle des Lumières

Si avec les physiocrates on peut observer une influence des philosophes du Siècle des Lumières, et notamment dans leur croyance à un ordre naturel, c'est avec les classiques qu'on peut mieux apprécier comment la vision du monde de ces philosophes a structuré et orienté les réflexions des économistes. Rappelons que le Siècle des Lumières commence en 1670 et dure jusqu'en 1820. Ce fut un courant philosophique qui affirma la valeur universelle de la raison en réaction contre l'absolutisme politique et la tradition religieuse. De grands événements se sont déroulés durant ce siècle qui ont concerné les domaines du politique (Révolution française, indépendance des États-Unis en 1776 par exemple), mais aussi de la science, des techniques (*Encyclopédie*[161] de Diderot et d'Alembert en 1751), de la littérature (Voltaire, Rousseau), les arts. Rappelons aussi que le mouvement des Lumières a été, en grande partie, un prolongement des découvertes de Copernic au XVIe siècle, puis surtout des théories de Galilée et du *Discours sur la Méthode* de Descartes (1657).

Comme le note Henri Denis, dans son *Histoire de la pensée économique*, « l'économie politique classique est l'un des fruits du bouleversement radical des conceptions relatives à la connaissance scientifique, qui se produisit au XVIIe siècle »[162]. Ce bouleversement radical de la pensée scientifique a été formalisé par le *Discours de la méthode* de Descartes, et qui s'est construit en opposition à la pensée aristotélicienne. Il est important de souligner que la méthode scientifique prônée par ces deux penseurs se fondait sur deux visions différentes du monde. « Pour Aristote, le monde est conçu comme un ensemble strictement hiérarchisé, depuis le minéral jusqu'à Dieu, en passant par le végétal, l'animal, l'homme et les sphères célestes ». On retrouve ici une certaine « vision organique » du monde et comprendre le monde, pour Aristote c'est situer chaque être et le voir, réaliser sa nature, sa finalité. Avec les théories et les découvertes de Copernic, Kepler et Galilée aux XVIe et XVIIe siècles, ce sont les explications mécaniques, qu'Aristote voulut exclure de la science, qui s'imposent. La victoire du mécanisme est assurée à partir du moment où on peut relier par des formules mathématiques les causes des mouvements et leurs effets, ce qui permet de prévoir un grand nombre de phénomènes. La mécanique, science qui utilise les ressources des mathématiques devient la science dominante. Et « le penseur qui contribua davantage que tout autre à faire pénétrer la conception mécaniste de la science fut René Descarte ». Il tentera d'appliquer cette conception mécaniste de la science aux êtres vivants, en réduisant leur corps à des machines. « Il conçoit aussi l'idée d'une science de l'homme, nommée Morale qui serait une partie de la physique. (…) Il tentera effectivement de réaliser ce programme en écrivant, à la fin de sa vie, un *Traité des passions* ».

Influencés par la philosophie des Lumières, les classiques vont tenter d'élaborer une compréhension de l'action humaine sans référence à une obligation morale religieuse qui définit ce qui est le bien et ce qui est le

---

161 L'objectif de cette encyclopédie était de sortir le peuple de l'ignorance par une large diffusion du savoir.

162 H. Denis, *op. cit.*, p. 137.

mal. Suite aux œuvres de Hobbes et de Locke, les classiques adoptent le principe de l'utilité : l'homme agit toujours pour se procurer un plaisir et éviter une douleur[163]. Ce principe ne permet pas d'expliquer tous les comportements humains, et notamment l'existence du sentiment de devoir. Dans sa *Théorie des sentiments moraux* (1759), Adam Smith admet que nous agissons en fonction de notre intérêt personnel, mais aussi en fonction de jugements que les autres portent sur nos actions, car la sympathie que nous éprouvons pour les autres nous conduit à accepter leur jugement. Pour Henri Denis, « cette théorie subtile marque l'hésitation de l'auteur à adhérer purement et simplement à une conception mécaniste et naturaliste de la société. Cette hésitation apparaît encore en d'autres parties du même ouvrage. D'une part, Smith admet que la société est essentiellement un échange de services entre des individus. Mais il soutient aussi que l'ordre social repose sur la tendance à admirer les riches et les puissants, et donc à leur obéir ».

Le libéralisme économique : une vision naturaliste et mécanique de la société

Dans son ouvrage *Léviathan* (1651), le philosophe anglais Thomas Hobbes développe des idées proches de celles de Descartes et pour lui « la société n'est pas autre chose qu'un animal artificiel, c'est-à-dire une machine, dont les rouages sont les individus. Il en tire la conclusion que la liberté du commerce est une loi de nature »[164]. Il est important de noter que pour fonder une approche mécaniste de la société, il était nécessaire au préalable d'accepter l'idée que la société est une construction qui fonctionne selon des lois naturelles. Peu à peu va se développer une philosophie sociale profondément naturaliste avec notamment le philosophe anglais John Locke qui aura des répercussions importantes sur la réflexion économique de l'école classique anglaise. On peut noter que dans un traité sur le taux d'intérêt et la monnaie, John Locke défendait l'idée d' « un taux naturel » de l'intérêt de l'argent ; à noter aussi que cet auteur entama des réflexions sur la valeur des biens qui seront reprises par les classiques.

Pour que s'imposât l'idée que des mécanismes naturels gouvernent l'ensemble de la vie économique, il fallait rompre avec les vues du mercantilisme pour lequel l'intervention de l'État était nécessaire à l'enrichissement de la nation, c'est ce que fit l'école classique. Pour les classiques, il existe un ordre naturel dont les lois conduisent à une relative harmonie des intérêts particuliers. Adam Smith notamment était un ardent partisan « des lois

[163] H. Denis, *op. cit.*, p. 184.

[164] *Ibid.*, p. 138.

économiques naturelles »[165]. Le marché concurrentiel doit remplacer l'État comme régulateur de l'économie. Quand l'ordre est souvent menacé, il revient à la puissance publique de le protéger. Ainsi pour Jean-Baptiste Say, l'État doit protéger la propriété privée, et pour Adam Smith il doit empêcher la conspiration des entrepreneurs qui essaient par des ententes de faire monter les prix. Parmi les traits communs à l'ensemble des classiques, il y a donc la croyance en des lois naturelles de l'économie.

C'est pour expliquer comment l'intention de chaque particulier qui est de poursuivre ses propres intérêts peut aboutir à l'augmentation du revenu annuel de la société que Smith va être amené à introduire l'idée de la main invisible. C'est ce concept de main invisible, peu scientifique et peu en accord avec les idées des Lumières, qui conduit selon Adam Smith, chaque individu « à remplir une fin qui n'entre nullement dans ses intentions ».

Adam Smith : La valeur réduite au seul aspect de la valeur d'échange

C'est dans son ouvrage, *Recherches sur la nature et les causes de la richesse des nations* (1776), qu'Adam Smith aborde, notamment, les questions de la valeur économique. Dans les premières pages de cet ouvrage, il fait observer « que le mot valeur a deux significations différentes ; quelquefois il signifie l'utilité d'un objet particulier, et quelquefois il signifie la faculté que donne la possession de cet objet d'en acheter d'autres marchandises. On peut appeler, l'une valeur en usage, et l'autre, valeur en échange ». Pour bien marquer cette distinction, il fait remarquer que des choses qui ont une grande valeur en usage (l'eau par exemple) n'ont souvent que peu ou point de valeur en échange ; et au contraire, celles qui ont la plus grande valeur en échange (le diamant par exemple) n'ont souvent que peu ou point de valeur en usage. À partir de cette comparaison des valeurs en usage et des valeurs en échange de l'eau et des diamants, il est important de remarquer qu'Adam Smith « considère les deux sortes de valeurs comme des faits sociaux. La valeur d'usage à ses yeux, est l'utilité sociale de la marchandise. (…) La valeur d'usage, telle qu'il la considère est un fait objectif et non subjectif »[166].

Après avoir rappelé la distinction entre la valeur en usage et la valeur en échange, Adam Smith s'intéressera principalement à la valeur d'échange, ce qui l'amène à identifier la valeur au seul aspect de la valeur d'échange. Adam Smith inaugure ainsi une longue tradition de la pensée

---

165 Pour A. Smith, le fondement des lois naturelles est « un ordre naturel » immanent, non transcendantal.

166 H. Denis, *op. cit.*, p. 193.

économique, au-delà de l'école classique pour laquelle la valeur économique d'un bien est identifiée à sa valeur d'échange.

Pour « éclaircir les principes qui déterminent les valeurs échangeables des marchandises », Smith va chercher à établir quel est la véritable mesure de cette valeur échangeable, ou en quoi consiste le prix réel des marchandises » et « quelles sont les différentes parties intégrantes qui composent ce prix réel »[167].

On peut s'interroger sur les raisons de ce « coup de force »[168] de Smith. En rappelant que la valeur d'usage est difficile ou impossible à mesurer, on peut avancer l'hypothèse qu'une telle notion pouvait sembler difficile à intégrer dans une théorie de la valeur, pour un auteur qui souhaitait construire une pensée économique sur le modèle de la science mécanique. Cette hypothèse peut être consolidée par les propos d'un disciple d'Adam Smith, Thomas-Robert Malthus[169]. Ce dernier s'interrogeant, dans son ouvrage *Principe d'économie politique* (1820), sur la définition de la richesse, se demande si les biens immatériels (les services d'un médecin, d'un professeur, la musique, la danse, le théâtre par exemple) doivent être inclus dans cette définition. Et il conclut : « Si nous voulons faire de l'économie politique une science positive fondée sur l'expérience et susceptible de résultats précis, il nous faut prendre le plus grand soin d'embrasser seulement dans la définition du terme principal dont elle se sert, les objets dont l'accroissement ou la diminution est susceptible d'évaluation ; et la ligne qu'il est le plus naturel et le plus utile de tracer nettement est celle qui sépare les objets matériels et immatériels ».

Adam Smith :
La richesse identifiée à la valeur d'usage

Toujours dans son ouvrage sur *La richesse des nations*, Adam Smith définit la richesse comme une collection de biens utiles, de valeurs d'usage ; « Un homme est riche ou pauvre selon les moyens dont il dispose pour se procurer les biens nécessaires, commodes et agréables à la vie humaine ». La richesse est ainsi identifiée à la valeur d'usage des biens qu'un homme juge être nécessaire, commode et agréable à sa vie humaine.

Par rapport au concept de richesse économique, on retiendra que Smith :

---

[167] Cité par B. Guerrien *op. cit.*, p. 509.

[168] Cette expression a été utilisée par Dominique Méda dans son livre *Qu'est-ce que la richesse*, Aubier, Paris, 1999.

[169] Cité par D. Méda, *op. cit.*

- identifie la richesse et la valeur d'usage des biens « nécessaires, commodes et agréables à la vie humaine »,
- différencie les richesses et les moyens pour acquérir la richesse,
- se propose de mesurer la richesse par les moyens pour l'acquérir.

Cette définition et cette mesure de la richesse économique vont être reprises par d'autres écoles de pensée.

La valeur travail comme valeur (d'échange) réelle des biens

Adam Smith commence *La richesse des nations*, par cette phrase : « Le travail annuel d'une nation est le fonds primitif qui fournit à sa consommation annuelle toutes les choses nécessaires et commodes à la vie ; et ces choses sont toujours, ou le produit immédiat de ce travail, ou achetées des autres nations avec ce produit » ; comme le souligne, Bernard Guerrien, ce n'est pas par hasard que, dès le début, Adam Smith établit un lien étroit entre travail et « produit »[170].

Après avoir identifié la richesse à la valeur d'usage, la valeur économique à la valeur d'échange, Adam Smith s'est posé la question de la mesure de la valeur (d'échange) réelle des biens, refusant ainsi de confondre valeur et prix du marché. La raison principale avancée pour différencier la valeur réelle des biens et leur prix est que la monnaie a une valeur variable : « l'or et l'argent, comme toute marchandise, varient dans leur valeur ».

C'est ainsi que Adam Smith va proposer la valeur travail : « Un homme est riche ou pauvre, suivant les moyens qu'il a de se procurer les besoins, les commodités et les agréments de la vie. Mais la division une fois établie dans toutes les branches du travail, il n'y a qu'une partie extrêmement petite de toutes choses qu'un homme puisse obtenir directement par son travail ; c'est du travail d'autrui qu'il lui faut attendre la plus grande partie de toutes ces jouissances ; ainsi il *sera riche ou pauvre, selon la quantité de travail qu'il pourra commander ou qu'il sera en état d'acheter*. Ainsi, la valeur d'une denrée quelconque pour celui qui la possède, et qui n'entend pas en user ou la consommer lui-même, mais qui a l'intention de l'échanger pour autre chose est égale à la quantité de travail que cette denrée le met en état d'acheter ou de commander. *Le travail est donc la mesure réelle de la valeur échangeable de toute marchandise* ».

C'est sur cette hypothèse que Smith va développer une théorie de la valeur travail commandé. « Le prix réel » de chaque chose, ce que chaque chose coûte réellement à celui qui veut se la procurer, c'est le travail et la peine qu'il doit s'imposer pour l'obtenir. Ce que chaque chose vaut

[170] B. Guerrien, *op. cit.*, p. 509.

réellement pour celui qui l'a acquise, et qui cherche à en disposer ou à l'échanger pour quelque autre objet, c'est la peine et l'embarras que la possession de cette chose peut lui épargner et qu'elle lui permet d'imposer à d'autres personnes. Ce que l'on achète avec de l'argent ou des marchandises est acheté par du travail[171].

Le caractère normatif de la valeur travail telle que la conçoit Smith apparaît le plus clairement lorsqu'il évoque une société primitive : « Dans ce premier état informe de la société, qui précède l'accumulation des capitaux, la seule circonstance qui puisse fournir quelque règle pour l'échange, c'est, à ce qui semble, la quantité de travail nécessaire pour acquérir les différents objets d'échange. Par exemple, chez un peuple de chasseur, s'il en coûte habituellement deux fois plus de peine pour tuer un castor que pour tuer un daim, naturellement un castor s'échangera contre deux daims ou vaudra deux daims ». Et de préciser « Il est naturel que ce qui est ordinairement le produit de deux jours de travail vaille le double de ce qui est ordinairement le produit d'un jour ou d'une heure de ce travail ». Par la répétition de la référence à la nature, Adam Smith réaffirme ici son objectif de construire sa théorie de la valeur travail et plus généralement sa réflexion économique à partir de lois naturelles qui sont censées organiser la société.

Le travail est donc la mesure réelle de la valeur échangeable de toute marchandise. Mais « il n'est pas aisé de trouver une mesure exacte applicable au travail ou au talent » « Quand on échange ensemble les productions de deux différents genres de travail (...) c'est en marchandant et en débattant les prix de marché » que s'établit peu à peu cette équité (entre mesure réelle et prix de marché), « qui sans être fort exacte, l'est assez bien pour le train des affaires communes de la vie »[172].

Lorsqu'il tente de transposer ses réflexions sur la valeur travail d'une société primitive à la société anglaise de la fin du XVIIIe siècle, il butte sur la difficulté de prendre en compte le profit des capitalistes et la rente des propriétaires terriens qui ne peuvent pas être à ses yeux considérés comme des noms différents donnés aux salaires. C'est pour cela qu'il introduit un nouveau concept, celui de prix naturel. Le prix naturel est celui qui, dans une société donnée, correspond au profit moyen, aux taux de rente moyens, au salaire moyen, ou encore au « taux naturel » de ces trois catégories de revenu. Pour Adam Smith, le prix naturel « est le point central vers lequel gravitent continuellement les prix de toutes les marchandises ». Dit autrement, en situation de concurrence parfaite le prix de marché (qui varie en fonction de l'offre et de la demande) tend spontanément vers le prix naturel de toute marchandise.

---

171 Marie-Martine Salort, Yvette Katan, *Les économistes classiques*, Hatier, Paris, 1988, p. 73.

172 Cité par B. Guerrien, *op cit.*, p. 447.

Mais Smith, comme par la suite Ricardo, va rencontre des difficultés pour articuler la valeur travail et le prix naturel des produits, qui ne sont pas concrètement observables. Comme le fait remarquer Guerrien : « Face aux difficultés théoriques et pratiques posées par l'approche par la valeur travail, Smith et Ricardo adoptent souvent la solution qui consiste à laisser le marché régler ce problème »[173].

Ricardo : De la valeur travail commandé à la valeur travail incorporé

Les réflexions sur la richesse et la valeur d'Adam Smith ont été en partie reprises et transformées par un autre économiste de l'école classique anglaise, David Ricardo notamment dans son ouvrage *Des principes de l'économie politique et de l'impôt* (1817). Dans cet ouvrage, « Ricardo s'attache à présenter, sur les bases des analyses de Smith, une formulation précise des lois naturelles qui régissent les relations économiques entre les hommes »[174].

Ricardo reprend l'idée de Smith sur la richesse comme un ensemble de valeurs d'usage, c'est-à-dire les choses mêmes qui sont « nécessaires, utiles ou agréables ». Il est important de préciser que dans sa conception de la richesse Ricardo inclut les ressources naturelles, qui sont gratuites en termes comptables, et qui ne sont pas le résultat d'un travail humain[175].

Ricardo se différencie de Smith dans la manière de mesurer la valeur échangeable des marchandises. « Ricardo pense que l'origine de la valeur des marchandises se trouve dans la quantité de travail nécessaire pour les produire, c'est-à-dire dans la quantité de travail incorporée aux marchandises. (…) Par ailleurs, la quantité de travail dont il faut tenir compte doit inclure celle qui a été nécessaire pour fabriquer les outils et les machines »[176]. Ricardo précise que la quantité de travail incorporé dans les marchandises détermine leur valeur relative et non leur valeur absolue. Comme Smith, Ricardo distingue plusieurs catégories de prix. Le « prix réel correspondant à la quantité de travail nécessaire à la production des marchandises, et « le prix courant » qui est fonction de l'offre et de la demande. Le prix courant a tendance à se rapprocher du prix naturel.

Une autre différence importante entre Smith et Ricardo est que pour ce dernier « la valeur d'usage ne peut être mesurée par aucun étalon

---

173 B. Guerrien, *op. cit.*, p. 511.

174 H. Denis, *op cit.*, p. 312.

175 Pierre Lantz, Normes trop humaines de l'échange et forces productives incommensurables in « Pour une économie politique de la richesse », *L'Homme et la société*, n°156-157, 2006, Paris, L'Harmattan p. 75.

176 M.-M. Salort, Y. Katan, *op. cit.*, p. 117.

connu ; l'estimation diffère d'une personne à l'autre ». Pour cet auteur, la richesse en tant qu'ensemble de biens utiles ne peut pas se mesurer par la valeur (d'échange) de ces biens. En effet quand le progrès technique multiplie les richesses, leur valeur diminue : il faut moins de temps pour produire les marchandises. Néanmoins, la richesse augmente[177].

Marx :
La valeur travail au centre de la critique de l'économie politique

Karl Marx a écrit de nombreux ouvrages, mais c'est dans *Le Capital*, dont le livre I paraît en 1867, qu'il expose sa compréhension du fonctionnement de l'économie capitaliste. L'objectif de cet ouvrage qui forme la suite de *La critique de l'économie politique* (1859) est d'étudier « le mode de production capitaliste et les rapports de production et d'échange qui lui correspondent ». Par rapport aux travaux de l'école classique anglaise, l'analyse de K. Marx présente des points communs, en particulier avec ceux de Ricardo, mais elle marque aussi des différences importantes.

Dans la Préface de la première édition allemande du *Capital*, Marx compare sa démarche à un physicien qui doit rendre compte des procédés de la nature. Mais, à la différence des fondateurs de l'économie classique, Marx ne cherche pas les lois universelles et intemporelles gouvernant la production et l'échange de richesse (la propriété privée est un droit naturel, les hommes ont une propension à l'échange, leurs intérêts individuels coïncident avec l'intérêt général…). Son objectif est de découvrir « les lois naturelles » de la production capitaliste « qui se manifestent et se réalisent avec une nécessité de fer ».

Pour mener son travail, Marx va s'appuyer sur une approche philosophique et historique bien spécifique, le matérialisme historique, qui marque une nette rupture par rapport à l'école classique. Son ambition est de trouver les « lois » qui gouvernent l'évolution des sociétés. S'inspirant de la philosophie allemande et notamment de Hegel, il va élaborer une conception matérialiste de l'histoire, qui affirme entre autres que « la production des idées, des représentations et de la conscience est de prime abord, directement liée à l'activité et au commerce matériels des hommes, elle est le langage de la vie réelle ». Et de préciser « La classe qui dispose des moyens de production matérielle dispose en même temps, de ce fait, des moyens de la production intellectuelle, si bien qu'elle exerce son pouvoir

---

[177] Pour plus de détails sur la différence entre Smith et Ricardo sur la relation entre valeur et richesse, voir Alain Béraud, « Richesse et valeur, contribution des économistes français du début du XIXe siècle », *Économie et société, histoire de la pensée économique, Série PE*, Economia, juin 2005, n°36 pp. 1009-1032.

sur les idées de ceux à qui ces moyens font défaut »[178]. S'opposant à la plupart des économistes de l'école classique, Marx critique le mythe de l'individu isolé et issu d'un soi-disant « état naturel ». Pour lui, l'individu isolé est un mythe typique notamment de la « société bourgeoise ». Au sein de cette dernière, l'individu est isolé qu'en apparence puisque cette société est celle où « les rapports sociaux ont atteint le plus grand développement », notamment en ce qui concerne la division du travail et l'importance des échanges. Pour lui, les individus en tant que tels, n'existent pas, il n'y a que des hommes, dans des contextes historiques et des rapports sociaux particuliers[179].

Comme Adam Smith, Marx reprend au début du livre premier du *Capital*, la distinction entre valeur d'usage et valeur d'échange et comme lui et les autres classiques, il s'intéressera principalement à la valeur d'échange des biens. Il précise que les valeurs d'usage forment « la matière de la richesse, quelque soit la forme sociale de la richesse », et que la valeur d'échange est la « valeur proprement dite »[180]. Pour Marx, comme pour Ricardo, les deux sources de la richesse sont le travail et la nature. Même s'il s'est principalement intéressé à la valeur travail, Marx précise que « le travail n'est pas la seule source des valeurs d'usage qu'il produit. Il est le père, et la terre la mère comme le dit William Petty » « La nature est tout autant la source de valeurs d'usage (et c'est bien en cela que consiste la richesse matérielle !) que le travail, qui n'est lui-même que la manifestation d'une force matérielle, de la force de travail humain »[181].

Comme pour les classiques anglais, Marx admet que les marchandises dont la caractéristique est d'être reproductible par l'homme, trouvent leur valeur échangeable dans la quantité de travail nécessaire à leur production. Et pour Marx, comme Ricardo, il faut ajouter à la quantité de travail employée dans la production, la quantité de travail antérieurement incorporée ou « cristallisée » dans les matières premières et dans les moyens de travail (outils, machines, bâtiments). Comme pour les classiques anglais, Marx pense que si l'offre et la demande s'équilibrent, les prix du marché des marchandises tendent à se fixer à un niveau qui correspond à la valeur travail des marchandises.

---

[178] Karl Marx, *Idéologie Allemande*, repris dans K. Marx, *Philosophie*, Folio-Essais, Paris, Gallimard, 1994, p. 307.

[179] B. Guerrien, *op cit.*, p. 314.

[180] K. Marx, *Le capital*, Livre premier, t. I, Les Éditions sociales, Paris 1975, pp. 51, 52.

[181] K. Marx, *Matériaux pour l'économie*, Paris, Gallimard, La Pléiade, t. II, 1968, p. 393 et p. 1413, cité par Jean-Marie Harribey, « Richesse et valeur : un couple qui ne fait pas bon ménage », in *Pour une économie politique de la richesse*, *L'Homme et la société*, n°156-157, 2006, Paris, L'Harmattan, pp. 27-44.

Tout en empruntant la notion de valeur travail à l'école classique anglaise, Marx va se différencier de cette école en développant son analyse autour de nouveaux concepts tels que le travail socialement nécessaire, la valeur de la force de travail, la plus value.

Marx souligne que ce n'est pas la quantité de travail d'un ouvrier pris au hasard qui doit être pris en compte, mais la quantité de travail « socialement nécessaire » à la fabrication des marchandises. « Lorsque nous disons que la valeur d'une marchandise est déterminée par la quantité de travail incorporée ou cristallisée qu'elle contient, nous entendons la quantité de travail qu'il faut pour la produire dans un état social donné, dans certaines conditions sociales moyennes de production, et étant donné une intensité et une habileté sociales moyennes dans le travail employé »[182].

La distinction entre « travail » et force de travail est au centre de l'analyse marxiste. « Ce que l'ouvrier vend, ce n'est pas directement son travail, mais sa force de travail dont il cède au capitaliste la disposition momentanée »[183]. Comme toute marchandise, la valeur de la force de travail est déterminée par la quantité de travail socialement nécessaire à sa production. La rémunération que reçoit l'ouvrier tend à s'établir à un niveau qui correspond aux dépenses socialement nécessaires pour assurer son entretien et son renouvellement.

Une des caractéristiques de la force de travail est qu'elle peut donner plus de travail que nécessite son entretien. « La différence entre la quantité de travail effectuée par l'ouvrier pour l'entreprise et la quantité de travail nécessaire à sa survie et à l'éducation de ses enfants et que paye l'entrepreneur sous forme de salaire constitue la plus value que s'approprie le capitaliste »[184]. Et Marx appelle profit cette plus value c'est-à-dire cette partie du travail impayé de l'ouvrier qui est accaparé par le capitalisme. Dans le système capitaliste, la production de valeurs d'usage est subordonnée à la production de plus value.

Dans la pensée de Marx, la richesse est un ensemble de valeurs d'usage produites par le travail, mais la valeur d'échange (ou valeur proprement dite) n'est pas la mesure de la richesse. D'une manière assez paradoxale, « la valeur au sens marxien du terme, n'est pas commensurable à cette richesse. Tout au contraire, la production de richesse est fonction inverse de la valeur : plus s'élève la productivité, c'est-à-dire la richesse (la quantité de la valeur d'usage considérée) produite en un temps déterminé, plus décroît la valeur de l'unité produite. Et l'augmentation de la masse de

---

182 K. Marx, *Salaire, prix et profit*, Les Éditions sociales, Paris, cité par Marie-Martine Salort, Yvette Katan, *op. cit.*, p. 245

183 *Ibid.*, p. 247.

184 M.-M. Salort, Y. Katan, *op. cit.*, p. 248.

richesses produites ne génère aucun surcroît de valeur. Tel est le résultat incontournable de l'analyse en termes de valeur travail »[185].

Fondée sur la valeur de la force de travail, l'analyse de Marx met en évidence que le système capitaliste fonctionne sur l'exploitation des travailleurs, elle montre aussi qu'au sein de ce système, des crises de surproduction sont inéluctables car résultant de contractions internes. C'est en cela que la théorie marxiste se démarque le plus de l'école classique anglaise.

Jean Baptiste Say : Tentative pour intégrer les deux points de vue de la valeur

Certains économistes de l'école classique n'ont pas adhéré à l'idée de la valeur travail et ils ont proposé de mesurer la valeur (d'échange) « naturelle » ou « normale » des biens à partir des prix et/ou des à partir des coûts de production. C'est le cas notamment de l'économiste français Jean-Baptiste Say[186] auteur, du *Traité d'économie politique* (1803). Comme ses contemporains anglo-saxons, Say distingue la valeur d'échange et la valeur d'usage, mais avec des acceptions différentes.

Dans la première édition du *Traité*, Say développe une théorie selon laquelle la valeur des biens est formée de la somme des profits et des salaires payés pour leur production. Dans les éditions suivantes, une place importante est accordée à la thèse selon laquelle la valeur est déterminée par l'utilité des biens. Les prix des produits dépendent aussi de ce que le consommateur accepte de donner en unités monétaires pour voir ses besoins satisfaits. Pour Say, la valeur réelle des choses réside dans leur valeur d'usage, c'est-à-dire dans la faculté qu'elles ont de pouvoir satisfaire les besoins humains. Toutefois, la première théorie est conservée puisque l'auteur affirme que « la concurrence des producteurs entre eux tend sans cesse à faire baisser la valeur des produits au niveau de leurs frais de production, qui se composent de la valeur de tous les services productifs qui ont concouru à la création de ce produit »[187]. Mais il n'y a aucune raison que les prix restent à ce niveau, ceux-ci dépendent aussi de ce que le consommateur accepte de donner en unités monétaires pour voir ses besoins satisfaits.

---

185 Jacques Bidet, « La richesse en proie à la valeur », in *Pour une économie politique de la richesse*, *L'Homme et la Société*, n°156-157, Paris, L'Harmattan, 2005, p. 52.

186 Jean-Baptiste Say est né à Lyon en 1774. Il fut employé de banque et envoyé en Angleterre, où il fut ébloui à la fois par la révolution industrielle et par les œuvres d'Adam Smith. De retour il devient industriel, gérant d'une usine de filature.

187 H. Denis, *op. cit.*, p. 304.

En rappelant que pour Say « le prix est une indication de l'utilité que les hommes reconnaissent dans une chose »[188], on peut donc avancer que pour cet auteur le prix d'un produit intègre à la fois le point de vue de la production et celui de la demande. Le prix est donc la mesure de la valeur économique du produit. La valeur de chaque chose (ou son prix) est le résultat de l'évolution contradictoire entre celui qui en a besoin et celui qui l'a produite.

Il nous faut noter qu'à partir d'une notion différente de la valeur, Say aboutit une conception de la richesse économique proche de celle des classiques anglais « Je dirai que créer des objets qui ont une utilité quelconque, c'est créer des richesses, puisque l'utilité de ces choses est le premier fondement de leur valeur, et que leur valeur est de la richesse ». Cette proximité est à attribuer au fait que les classiques anglais ont identifié richesse et valeur d'usage (ou utilité) des produits.

En revanche, à partir de sa théorie sur la valeur utilité, Say a développé une conception très spécifique de la production qu'il pourrait être intéressante de reprendre aujourd'hui :

« On ne crée pas des objets : la masse des matières dont se compose le monde ne saurait augmenter ni diminuer ; tout ce que nous pouvons faire, c'est de produire ces matières sous une autre forme qui les rende propres à un usage quelconque qu'elles n'avaient pas, ou seulement qui augmente l'utilité qu'elles pouvaient avoir. Alors, il y a création, non pas de matière, mais d'utilité ; et comme cette utilité leur donne de la valeur, il y a production de richesse. C'est ainsi qu'il faut entendre le mot production en économie politique. La production n'est point une création de matière, mais une création d'utilité. Elle ne se mesure point suivant la longueur, le volume ou le poids du produit, mais suivant l'utilité qu'on lui a donnée. De ce que le prix est la mesure de la valeur des choses, et de ce que leur valeur est la mesure de leur utilité qu'on leur a donnée, il ne faudrait pas tirer la conséquence absurde qu'en faisant monter leur prix par la violence, on accroît leur utilité »[189].

Conclusion

L'école classique a introduit dans la pensée économique une conception bien particulière de la richesse comme un ensemble de valeurs d'usage intégrées par des objets considérés comme « nécessaires, commodes et agréables à la vie humaine ». Cette conception de la richesse économique a été reprise par d'autres écoles de pensée et est encore très présente de nos

---

188 Cité par M.-M. Salort, Y. Katan, *op. cit.*, p. 122.

189 *Ibid.*, p. 123.

jours. Il faut remarquer, que tout en notant la différence entre la richesse et les moyens de la richesse, les classiques et surtout leurs successeurs ont très souvent confondu la richesse avec les moyens de la richesse.

Concernant la valeur économique des biens, l'école classique et notamment l'école classique anglaise, tout en annonçant vouloir différencier valeur d'usage et valeur d'échange, a introduit une conception bien spécifique de cette notion, en identifiant la valeur économique d'un bien à sa valeur d'échange.

L'apport le plus important de l'école classique est d'avoir proposé de fonder la valeur d'échange des marchandises sur le travail avec des nuances importantes selon les auteurs.

Un autre apport important de l'école classique est, dans le prolongement des réflexions du Siècle des Lumières, d'avoir proposé une vision naturaliste et mécaniste de la société qui va être reprise et amplifiée par l'école néo-classique. Cette vision va d'autant plus s'imposer que les classiques anglais appartiennent à la première puissance mondiale par son commerce et son industrie.

Chapitre 4

Les néo-classiques

Entre 1871 et 1874, Stanley Jevons en Angleterre, Carl Menger en Autriche, et Léon Walras en Suisse, publient quasi simultanément et indépendamment, trois ouvrages qui jettent les bases d'une nouvelle théorie de la valeur qui met en avant l'aspect de la demande. Cette nouvelle théorie de la valeur s'appuie sur le concept d'utilité marginale ou utilité de la dernière unité consommée d'un bien. La théorie néo-classique est depuis plusieurs décennies la théorie dominante au sein des sciences économiques, elle n'a cessé de gagner de l'influence dans les milieux universitaires et elle prétend même servir de modèles aux autres sciences humaines. La théorie néo-classique s'est imposée car elle permettait d'éliminer les aspects les plus subversifs de la théorie classique, et notamment la valeur travail. « Celle-ci posait problème au niveau théorique mais aussi au niveau pratique puisque Marx en avait tiré des conclusions critiques de l'économie politique et du capitalisme, en introduisant notamment le thème de l'exploitation. La nouvelle approche présentait donc une alternative à une théorie devenue subversive »[190]. Tout en voulant éliminer les aspects les plus subversifs de la théorie classique, la théorie néo-classique s'inscrit également dans la vision naturaliste et mécanique de la société inspirée par Descartes et renforcée par la philosophie du Siècle des Lumières. S'inspirant de cette vision du monde, les néo-classiques vont l'approfondir en imposant une vision naturaliste et mécaniste non plus seulement de la société mais de l'individu : l'*homo économicus*. De plus, au milieu du XIXe siècle, un philosophe des sciences, Auguste Comte, en proposant une hiérarchie des sciences dominée par la mathématique et la physique, va enfermer les sciences de l'homme et de la société dans le modèle des sciences de la nature. De plus, Auguste Comte, en concevant les sciences de la société, la sociologie, comme une

---

[190] Philippe Légé, « Théorie néoclassique : les débuts d'une domination », *Alternatives économiques*, HS, n°73, *L'histoire de la pensée économique*, 3e trim. 2007, pp. 24-25.

partie de la physique, va réaliser le rêve de Descartes exposé dans son *Traité des passions*.

Auguste Comte et la classification hiérarchique des sciences

Auguste Comte (1798-1857) est l'auteur du *Cours de philosophie positive*, un projet de grande ampleur de six volumes dont la rédaction s'est étalée sur douze ans (1830-1842). C'est dans ce Cours et dans son tableau synoptique qu'est établie une classification hiérarchique des sciences : mathématique, astronomie, physique, chimie, physiologie, physique sociale ou sociologie. Cette classification se fonde sur les degrés de complexité croissante des objets étudiés. La physique sociale (ou sociologie) est arrivée en dernier dans l'ordre « naturel » des sciences. Il est précisé qu'à chaque niveau de la classification, la science correspondante doit intégrer les acquis des autres sciences qui la précédent afin de pouvoir affronter la complexité de ses propres objets d'étude.

D'une manière assez étonnante, c'est cette même hiérarchie des sciences qui sert très souvent encore de référence, aujourd'hui, lorsqu'il est question de définir le statut scientifique d'une science et de la classer par rapport aux autres. « Elle constitue la trame de fond sur laquelle vont se développer progressivement les progrès de la science, instrument d'intelligibilité de la nature : les cases vont peu à peu se charger (pour insérer de nouvelles disciplines) sans que la structure de la grille et les méthodes hypothético-déductives qu'elle organise par objets d'application, soient transformées »[191]. Cette classification hiérarchique des sciences, même si elle n'est pas toujours explicitée est celle qui est la plus communément admise de nos jours, elle fait partie de nos représentations mentales qui structurent et fondent nos raisonnements.

Dans son tableau de classification des sciences, Comte avait retenu le terme « physique sociale », pour désigner la science de la société qu'il appelait de ses vœux, mais il a du renoncer à cette appellation, car un savant belge, s'était approprié le terme, quelques mois avant pour désigner l'étude statistique des populations humaines. « L'expression physique sociale affichait pour autant bien les intentions de son auteur. Pour ce féru de mathématique et de Physique qu'est Comte, il n'est de science qu'appuyée sur la raison et les faits. La référence à la physique indique la volonté d'établir une vraie science soucieuse de trouver des lois. C'est là un des principes premiers de la philosophie positive ou positivisme ; découvrir des

---

[191] J.-L. Lemoigne, *La modélisation des systèmes complexes*, Dunod, Paris, 1990.

lois de la société, puis se mettre au service du bon gouvernement de la société »[192].

Précisons que ce *Cours de Philosophie positive*, tout en ayant une réelle ambition philosophique, avait aussi pour objectif d'établir l'état des connaissances, au milieu du XIXe siècle, dans les différentes sciences concernées.

La « loi des trois états » du développement de la pensée scientifique selon Auguste Comte

Pour mieux comprendre les enjeux du *Cours de philosophie positive* dans l'histoire de l'émergence de la pensée scientifique, on peut reprendre « la loi des trois états » qui résume selon Comte le développement de la pensée humaine.

1. L'âge théologique est celui de l'enfance de l'humanité. L'esprit recherche les causes des phénomènes soit en attribuant aux objets des intentions (fétichisme), soit en supposant l'existence d'êtres surnaturels (religion monothéiste ou polythéiste).

2. L'âge métaphysique est celui de l'adolescence de la pensée. Les agents surnaturels sont remplacés par des forces abstraites : la Nature de Spinoza, Le Dieu Géomètre de Descartes, la Matière de Diderot, la Raison du Siècle des Lumières. Cette étape marque un progrès, mais la pensée reste prisonnière de concepts philosophiques abstraits et universels.

3. Enfin vint l'âge positif qui rejette la recherche du pourquoi ultime des choses pour considérer les faits, leurs lois effectives, c'est-à-dire leurs relations invariables de succession et de similitude. Le recours aux faits, à l'expérimentation, à l'épreuve de la réalité est ce qui permet de sortir des discours spéculatifs.

Ainsi que le souligne, Jean Piaget, dans l'Encyclopédie de la Pléiade, ayant pour titre *Logique et connaissance scientifique* : « le point de départ du positivisme de Comte, et sans doute l'essentiel de ses prémisses, est qu'il existe entre la philosophie métaphysique et les sciences une frontière stable, tenant à la nature même de leurs problèmes respectifs. On pourrait penser que cette frontière est mobile (…) Selon le positivisme au contraire (et cela, jusqu'à ses formes actuelles), il existe des problèmes qui sont par nature scientifiques et comportent alors certaines méthodes propres de solution ; et d'autres problèmes qui sont par nature, métaphysiques et seront considérés, soit comme insolubles, soit encore dénués, en leurs termes mêmes, de toute signification ». La première caractéristique qui permet de

---

[192] J.-F. Dortier, « De la sociologie à la religion de l'humanité », *Sciences Humaines*, n°42, oct. 2000.

spécifier la frontière de la science positiviste par rapport à la philosophie métaphysique est que « la science ne s'occupe que des phénomènes et non de "la nature des choses" ». La deuxième caractéristique est que « la science ne connaît que des lois et ignore "le mode de production" des phénomènes, c'est-à-dire la causalité »[193]. Selon Piaget, cette attitude de Comte par rapport au mode de production des phénomènes, qui est contredit par l'examen du développement des sciences, ne peut être expliquée que par sa hantise que la recherche de causalité conduise à s'interroger sur « la nature des choses ».

En fonction de cette définition figée de la frontière entre ce qui par nature, appartient ou n'appartient pas au domaine de la science, on comprend que la science économique aura du mal, dans ce cadre épistémologique à intégrer des réflexions sur les objectifs et les finalités des faits économiques. Il est « naturel » aussi que dans ce cadre épistémologique, la science économique ait tendance à éliminer toute réflexion sur la nature de la richesse. Et il nous faut savoir, comme l'écrit Piaget, que l'influence du *Cours de philosophie positive* « a été considérable et s'impose encore paradoxalement à de nombreux esprits malgré les démentis cinglants que les développements ultérieurs des sciences ont infligés à la doctrine ».

Les hypothèses fondatrices du positivisme

Analysant les hypothèses fondatrices du positivisme d'Auguste Comte, Jean-Louis Lemoigne[194] en retient quatre : deux définissant le statut de la connaissance, deux définissant sa méthode de constitution. Pour notre propos, nous retiendrons que les deux premières qui ont été reformulées par Lionel Honoré dans son ouvrage, *L'Économie est-elle une science ?*

– La première hypothèse fondatrice ou hypothèse ontologique « induit la naturalité de la nature. C'est-à-dire que toute chose doit être considérée comme existant par elle-même et comme une entité essentielle. Il existe pour toute chose une réalité qui est réelle par essence et la vérité n'est autre que la description fidèle et absolue de la réalité. Pour Auguste Comte, « le mot positif désigne le réel »[195]. La connaissance scientifique décrit la réalité de la nature et de son fonctionnement. Il existe un critère de vérité absolue qui est la conformité de la présentation des phénomènes au réel ». On pourrait résumer cette hypothèse par l'affirmation de l'existence d'un état, d'un monde dit « naturel » indépendant des observateurs humains ; tout est donné par la réalité des objets étudiés.

---

[193] J. Piaget, *Logique et connaissance scientifique*, Gallimard, « La Pléiade », Paris, 1962.

[194] J.-L. Lemoigne, *La modélisation des systèmes complexes*, AFCET systèmes, Dunod, Paris, 1990.

[195] Cité par J.-L. Lemoigne, *op. cit.*

– Complémentaire de l'hypothèse ontologique, l'hypothèse déterministe ou de « l'univers câblé » qui stipule que « le fonctionnement de la nature est lié à un ensemble de lois immuables qui le commandent et le déterminent ». Toutes les évolutions et toutes les transformations sont le résultat de lois qui les conditionnent. Le fonctionnement du monde peut être ainsi représenté par un ensemble de règles mécaniques et naturelles. Ces règles permettent de relier les effets aux causes dont ils sont issus. L'effet résulte de la cause ou, plus exactement de la mise en jeu par la cause de lois naturelles » (Honoré, 1997). Cette deuxième hypothèse peut être résumée par l'identification de la science à la recherche de lois.

Il est important de souligner que ces deux hypothèses fondatrices qui ont été établies en référence aux sciences de la nature (astronomie, mécanique, chimie, physiologie…) sont supposées, selon le principe de la classification des sciences, s'appliquer aux autres sciences et notamment aux sciences de la société. Dans l'approche positiviste des sciences, l'objectif des sciences de la société sera donc, d'une part, de fonder ou de prôner la naturalité non plus de la nature, mais de certaines institutions de la société ou de certains comportements humains et d'autre part de trouver des lois naturelles de leur fonctionnement. Il s'agira en reprenant la définition du terme naturaliser (« donner à un étranger, un apatride la nationalité d'un État »), de « naturaliser » les phénomènes sociaux et les comportements humains.

L'individualisme méthodologique ou la naturalisation de l'acteur économique

Selon la théorie néo-classique, il faut chercher l'explication ultime des phénomènes économiques au niveau des comportements individuels en supposant que ceux-ci sont guidés par le principe de rationalité. Dans la suite logique du mouvement utilitariste[196], la pensée néo-classique a érigé, en une loi inhérente à la nature humaine, cette idée ou plutôt cette hypothèse que le seul moteur de l'action humaine serait la recherche exclusive par chacun de ses intérêts propres et que cette loi naturelle s'imposerait également aux autres sciences humaines et sociales. Cette théorie qui a fait le choix d'expliquer les phénomènes économiques et sociaux à partir de lois qui seraient censées expliquer les comportements de tous les individus a adopté le précepte dit de l'« individualisme méthodologique ».

---

[196] L'utilitarisme est une doctrine popularisée par Jeremy Bentham, un philosophe anglais du XVIIIe siècle. Cette doctrine fait de l'action humaine la conséquence d'un calcul coût/avantage destiné à procurer à son auteur le maximum de satisfaction pour un effort donné (Denis Clerc, « L'Économie de A à Z », HS poche, n°40, *Alternatives économiques*, Paris, sept. 2009).

Pour Bernard Guerrien, auteur du *Dictionnaire d'Analyse économique*, « la force de l'individualisme méthodologique réside dans le fait qu'il donne à l'analyse un point de départ bien délimité, l'"individu", auquel le théoricien peut attribuer un nombre limité de caractéristiques précises et des objectifs déterminés (par exemple, rendre maximal sa satisfaction ou son profit). » Prenant en compte une entité unique, l'individu, la théorie néo-classique lui attribue trois caractéristiques :

1. L'individu est rationnel. Son comportement est le résultat d'un calcul. Parmi tous les choix qui s'offrent à lui, il se détermine de manière à rendre sa satisfaction maximale.

2. L'individu est parfaitement informé. Il a une connaissance complète de l'état de son environnement et des mécanismes qui déterminent les conséquences de ses actes et, par là même il a une connaissance parfaite de ces conséquences. Il n'ignore rien des évolutions de son environnement et des actes des autres acteurs et de leurs conséquences.

3. L'individu est libre et autonome. L'autonomie de l'individu signifie qu'il détermine seul ses comportements; il en est le seul maître. Toutes les règles sociales, des lois aux coutumes, sont prises en compte dans le calcul de l'individu, mais ne le remplacent pas pour déterminer ses choix[197].

C'est donc au nom d'une certaine conception de la science que les économistes néo-classiques ont « naturalisé » ou plutôt mutilé leur conception de l'homme : « ainsi les agents, ou individus représentatifs de la théorie néoclassique ne sont pas à proprement parler des hommes, ni mêmes des approximations de l'homme : ce sont des centres d'usage ou de stockage de biens liés entre eux par des flux matériels ou monétaires ; ce ne sont même pas des centres de décisions au sens propre du terme, mais des centres de calcul répondant aux variations de leur environnement selon des lois mathématiques (ils maximisent l'utilité de l'agent). Ils n'ont donc rien à voir avec les hommes, qui sont tout à la fois déterminés par des valeurs, des humeurs, leur éducation, leurs liens sociaux, leur histoire personnelle et collective, leur culture ; qui agissent et interagissent dans un contexte d'informations limitées et d'incertitude radicale quant aux bonnes décisions ; qui sont à la fois objets contraints par des règles du jeu et sujets écrivant eux-mêmes ces règles »[198].

En fonction du précepte de l'individualisme méthodologique, les économistes néo-classiques considèrent que *la société est formée d'une somme d'individus* qui ne diffèrent que par leurs goûts ou leurs dotations initiales, chacun ne prenant en compte que son seul intérêt. Ayant « naturalisé » l'homme et la société, la science économique pouvait alors utiliser le

---

197 L. Honoré, *L'Économie est elle une science ?*, Flammarion, « Domino », Paris, 1997.

198 J. Généreux, *Les vraies lois de l'économie*, Le Seuil, Paris, 2001.

langage et les techniques des mathématiques et de la mécanique. Elle s'accordait ainsi un certificat de scientificité. Le cadre organisationnel privilégié par la théorie néo-classique « est celui de la concurrence parfaite, qui est le plus simple possible du point de vue mathématique (un seul prix et une seule équation par biens, absence de rationnements) et qui est le seul à assurer une coordination par les prix (dans le cadre retenu, évidemment). Le propos du modèle est de déduire des lois ou des régularités, à partir des seuls comportements individuels »[199].

La pensée néo-libérale : une nouvelle manière de refonder la « naturalisation » de la société

Initialement employé pour désigner le courant marginaliste, le terme néo-classique s'est progressivement étendu. Ainsi, on inclut souvent derrière ce vocable l'ensemble des courants libéraux qui connaissent un nouvel essor depuis les années 1970. Certains courants libéraux contemporains s'enracinent dans la pensée des économistes de l'école de Vienne, et notamment dans celle de Friedrich Hayek (1899-1992), Prix Nobel d'économie en 1974, et qui est à l'origine de la notion d'ordre spontané. La position de Hayek semble, à première vue, contradictoire entre d'une part ses positions nettement anti-positivistes et son affirmation concernant l'existence d'ordres spontanés au sein de la société d'autre part. En effet, dans son ouvrage Scientisme et sciences sociales, il s'est élevé contre « la tyrannie que les méthodes et les techniques des Sciences au sens étroit du terme (physique et biologie) n'ont jamais cessé d'exercer sur les autres disciplines ». Dans ce même ouvrage, il s'est opposé au positivisme ou plutôt à « l'objectivisme » d'Auguste Comte qui refuse toute connaissance subjective dans l'étude de l'homme et de la société. : « Les choses qui nous paraissent semblables peuvent ne pas l'être en un sens objectif, c'est-à-dire peuvent n'avoir aucune propriété commune ». Contestant la classification des sciences et le positivisme d'Auguste Comte, Hayek a dénoncé l'attitude « scientiste » c'est-à-dire la confiance illimitée de l'homme moderne dans les pouvoirs de la science qui devrait lui permettre de mettre en œuvre une construction rationnelle de l'ensemble de la société.

C'est dans son livre *Droit, Législation et Liberté*, une nouvelle formulation des principes libéraux de justice et d'économie politique, que Hayek est amené à définir et à développer les notions d'« ordre confectionné » et d'« ordre spontané ». Souhaitant dépasser la dichotomie entre les phénomènes « naturels » et ceux dits « artificiels », dus à une action délibérée des hommes, Hayek propose de distinguer un troisième type de phénomène « ordre spontané » : « résultant de l'action de l'homme mais non de son

[199] B. Guerrien, *op. cit.*

dessein ». Pour l'étude des sociétés, Hayek propose donc de distinguer deux types d'ordre[200] : l'ordre confectionné et l'ordre spontané. L'« ordre confectionné » peut être décrit comme une construction réalisée par des humains avec un dessein et des objectifs spécifiques, il peut être décrit comme « un ordre artificiel ou, spécialement quand il s'agit d'un ordre social avec direction, comme une organisation ». Par contre, l'« ordre spontané » est un ordre mûri par le temps, auto-généré ou endogène[201].

Pour Hayek la seule raison d'être des sciences sociales est « la découverte qu'il existe des structures ordonnées, qui sont le résultat de l'action d'hommes nombreux, mais ne sont pas le résultat d'un dessein humain ». Dans cette approche, la relation ou plutôt la non-relation entre un « ordre spontané » et le concept d'intention est extrêmement importante. « Étant donné qu'un tel ordre n'a pas été créé par un agent extérieur, l'ordre en tant que tel ne peut non plus avoir une intention, bien que son existence puisse être fort utile aux individus qui se meuvent en son sein ».

Une des « thèses majeures » de Hayek est que « des ordres extrêmement complexes, comprenant plus de faits distincts qu'aucun cerveau n'en peut constater ou manipuler, ne peuvent être produits qu'à travers des forces poussant à la formation d'ordres spontanés ». Mais d'où viennent ces « forces ordonnatrices spontanées » ?

Le seul argument avancé par l'auteur pour justifier l'existence de ces forces ordonnatrices spontanées et pour en préciser leurs caractéristiques est de considérer « le caractère de quelques ordres spontanés que nous trouvons dans la nature ». En effet, « il y a dans le monde matériel de nombreux exemples d'ordres complexes que nous ne pourrions réaliser qu'en nous assurant la maîtrise des forces qui aboutissent à leur formation, et jamais en plaçant délibérément chaque élément dans la position appropriée. Nous ne pouvons jamais produire un cristal, ou un composé organique complexe en plaçant chaque atome dans une position telle que l'ensemble forme l'encastrement typique du cristal, ni le système fondé sur les anneaux de benzol qui s'intègrent en un composé organique. Mais nous pouvons créer les conditions dans lesquelles ils se disposeront eux-mêmes de cette façon ». Un autre exemple tiré du domaine de la physique « encore plus instructif » selon Hayek, est celui de « l'expérience scolaire bien connue dans laquelle de la limaille de fer répandue sur une feuille de papier est placée dans le champ magnétique d'un aimant ; les particules de métal s'alignent alors selon certaines lignes de force. Nous pouvons prédire l'allure générale

---

200 Un ordre est un ensemble ou un système ayant une certaine cohérence.

201 Pour A. Cotta : « Si Hayek accepte l'idée d'un ordre construit, ce n'est en réalité que pour mieux l'exposer aux coups victorieux d'un ordre spontané, le plus naturel et le plus efficace qui soit, l'ordre du marché. (…) Selon Hayek, il n'est d'ordre que spontané ». A. Cotta, Entre l'ordre spontané et le désordre construit, *Économies et Sociétés*, HS n°33, nov. 1995.

des chaînettes que formeront les particules s'accrochant les unes aux autres ; mais nous ne pouvons pas prédire au long de quelles courbes, en nombre infini, qui détermine le champ magnétique, ces chaînettes vont se placer. Cela dépendra de la position, de l'orientation, du poids, de la rugosité ou du poli de chacun des grains de limaille, et de toutes les irrégularités de la feuille de papier. Les forces émanant de l'aimant et de chacun des grains de limaille vont ainsi réagir avec l'environnement pour produire un exemplaire unique d'un modèle général ».

La reconnaissance de l'existence d'ordres spontanés au sein la société, est donc liée à notre acceptation que la société, à l'image de la nature, soit le lieu de forces ordonnatrices spontanées, c'est-à-dire totalement indépendantes de desseins humains. C'est une hypothèse forte ou plutôt un axiome[202] à partir duquel est construite toute théorie sociale faisant état de l'existence de tels ordres spontanés. Il est donc nécessaire que les composantes ou les éléments qui composent une société soient « naturalisés » pour que les ordres spontanés puissent émerger. C'est indirectement ce qu'affirme Hayek lorsqu'il écrit à propos des ordres spontanés dans la société que « les exemples que nous avons tirés de la physique sont éclairants, parce qu'ils montrent nettement que les règles qui gouvernent les éléments des ordres en question n'ont pas à être des règles connues des éléments ; il suffit que les éléments se comportent en fait d'une façon que l'on peut décrire au moyen de ces règles ». Une fois que l'axiome de la naturalisation de la société est accepté, une fois qu'on a accepté de considérer que les éléments et notamment les acteurs de la société sont des choses n'ayant ni stratégies, ni volonté de pouvoir, il est alors plus aisé de reconnaître l'existence, au sein de la société, d'ordres spontanés tels que le marché et d'adhérer aux principes de « laisser-faire », de laisser agir les forces ordonnatrices spontanées comme méthode de gouvernement. « Dans tout groupe d'hommes, dépassant la taille minimale, la collaboration repose à la fois sur l'ordre spontané et sur l'organisation délibérée » (ou ordre délibéré). Mais il est affirmé avec force que « bien que des groupes d'hommes s'assemblent en des organisations pour atteindre des objectifs déterminés, la coordination des activités de toutes ces organisations distinctes, et aussi de celles des individus isolés, est assurée par les forces génératrices de l'ordre spontané ». La méthode de gouvernement n'est pas de produire des services particuliers ou des produits que consommeront les citoyens, « mais plutôt de veiller à ce que la machinerie qui règle la production soit maintenue en bon état ». « Quant aux objectifs en vue desquels cette machinerie est couramment utilisée, ils seront fixés par ceux qui en manœuvrent les éléments et, en dernier ressort, par ceux qui achètent les produits ».

---

202 Proposition première, vérité admise sans démonstration et sur laquelle se fonde une science, un raisonnement.

La valeur chez les néo-classiques

Rappelons que pour la plupart des tenants de l'école classique la valeur d'un bien est appréciée à partir de son contenu en travail et plus généralement à partir de ses coûts de production. C'est le point de vue de la production qui est privilégié. La valeur est une propriété inhérente aux objets. Une des principales difficultés rencontrées dans cette approche est que le prix de marché d'un bien ne correspond pas forcément pour une personne donnée au prix qu'il serait prêt à payer pour obtenir ce bien. Avec l'école néo-classique, la valeur n'est plus inhérente aux objets, mais elle est appréciée à partir de la relation qui se tisse entre un objet et un individu particulier. La valeur d'un bien provient de la satisfaction qu'il procure à celui qui le détient ou le consomme. Dans cette approche, cette satisfaction est donnée par un nombre, l'utilité. Ce nombre dépend des goûts des individus qui consomment le bien, mais aussi des quantités consommées de ce bien et des autres biens. C'est à partir de ce dernier constat qu'a été élaborée ce qu'on appelé la révolution marginaliste.

La révolution marginaliste prend appui sur une certaine conception de l'individu, celle de l'individualisme méthodologique (voir plus haut) et une certaine vision de la société comme somme d'individus. Pour les marginalistes, la valeur d'un bien pour un individu donné découle de l'utilité marginale, c'est-à-dire de l'utilité ou de la satisfaction procurée par la dernière unité consommée. « L'accent est mis sur le choix du consommateur qui, pour des prix donnés, opte pour un panier de biens tel que le rapport entre l'utilité marginale de chaque bien et son prix soit le même pour tous les biens. C'est ce qu'on appelle la théorie de la valeur utilité »[203]. Cette approche suppose que les prix sont donnés. Pour les marginalistes ce sont les individus eux-mêmes qui, par leurs offres et leurs demandes, déterminent la valeur des biens. C'est le point de vue de la demande qui est privilégié. Grâce au modèle de la concurrence parfaite et aux outils mathématiques, il est possible de trouver parmi tous les prix possibles, un prix d'équilibre qui égalise les offres et les demandes (globales). Ce sont ces prix qui, pour les néo-classiques donnent la valeur des biens. Prix et valeur sont donc complètement confondus. Ceci a pour conséquence que pour cette école, la richesse économique d'un individu ou d'une nation est mesurée par la valeur monétaire des biens (et des services) acquis ou produits. Rappelons aussi que seule compte l'utilité individuelle ; l'utilité sociale, seule capable de prendre en compte les enjeux environnementaux et humains des politiques de développement est complètement ignorée.

---

[203] B. Guerrien, *op. cit.*, p. 511.

Conclusion

L'approche néo-classique qui présentait l'intérêt, par rapport à l'école classique, de réintroduire la demande, dans les réflexions sur la valeur, a conduit, en fait à abandonner toute réflexion sur la valeur. L'école marginaliste, en construisant son raisonnement autour des notions d'utilité et de coût marginal – qui rendent possible l'application du calcul des dérivés au sein des sciences économiques – mais aussi en reprenant à son compte la notion mécanique d'équilibre, a permis aux sciences économiques de devenir une science à part entière selon les critères d'Auguste Comte. Mais comme le souligne Perroux, en même temps que l'école mathématique développe ses analyses, « la science économique avec les économistes mathématiciens se construit autour de la notion fondamentale d'équilibre et non de la notion fondamentale de la valeur ».

Chapitre 5

Les institutionnalistes

C'est en réaction à la prégnance du positivisme et des mathématiques dans la pensée économique des néoclassiques que s'est formée l'école institutionnaliste aux États-Unis au début du XXe siècle. Cette nouvelle école de pensée va forger son approche à partir de la philosophie pragmatiste qui a été initiée par les travaux des philosophes américains Charles Pierce, William James, John Dewey.

Un nouveau contexte scientifique et philosophique

La production des connaissances dans les domaines de la physique et de la biologie au cours du XIXe siècle a amené des scientifiques, y compris ceux des sciences humaines et sociales, à s'interroger sur le positivisme. « En premier lieu, le succès exceptionnel de l'ouvrage de Darwin, *L'origine des espèces* (1859) interdit de maintenir un point de vue aussi étranger à l'évolutionnisme que celui d'Auguste Comte »[204]. D'autre part, les progrès de la physique à la fin du XIXe et au début du XXe siècle posent aux savants et aux philosophes de redoutables problèmes. « Il apparaît de plus en plus nettement qu'aucune théorie scientifique, aucune loi, ne peuvent expliquer de façon complète une catégorie de phénomènes. On voit des théories opposées se maintenir côte à côte parce que l'expérience ne permet pas de choisir l'une ou l'autre »[205]. C'est notamment le cas de la lumière qui peut être expliqué à la fois par la théorie corpusculaire et la théorie ondulatoire.

Dans la deuxième partie du XIXe siècle se développa aux États-Unis une nouvelle école philosophique, le pragmatisme, en partie en réaction à la dominance de la pensée cartésienne. Le fondateur de cette

---

[204] H. Denis, *op. cit.*, p. 593.

[205] *Ibid.*, p. 594.

école est un savant et philosophe Américain Charles Sanders Pierce (1839-1914). Reconnu après sa mort comme un des plus grands philosophes nés aux États-Unis, il fut surnommé l'« Aristote américain ». Il fut également un des pères de la sémiotique, ou science des signes et des symboles. Les deux autres grandes figures du pragmatisme sont William James (1842-1930) et John Dewey (1859-1952).

Le pragmatisme est plus une attitude philosophique, qu'un ensemble de dogmes précis. Sa maxime principale est qu'une théorie ne se distingue d'une autre que par les effets qu'elle produit une fois qu'elle est posée. « Pragmatisme vient du mot grec *pragmata*, actes, et peut être défini de manière suggestive comme une doctrine qui place la connaissance dans la perspective de l'action plutôt que dans la contemplation »[206]. L'attitude pragmatique de la connaissance et notamment celle de Dewey est à l'opposé de celle de Descartes. Connaître n'est pas « voir », mais agir. Pour le pragmatisme, la vérité absolue n'existe pas, est vrai ce qui réussit. Chez James, l'application la plus célèbre de la méthode pragmatiste concerne le problème de la vérité : le vrai totalement objectif n'existe pas, car on ne peut séparer une idée de ses conditions humaines de production. La vérité est obligatoirement choisie en fonction d'intérêts subjectifs.

Le pragmatisme de Pierce, de James, et de Dewey, en rompant avec la conception du processus de connaissance de Descartes, a été amené à remettre en cause le dualisme cartésien séparant le corps et l'esprit. Il lui substitue une conception de la pensée comme processus d'apprentissage médiatisé par l'expérience d'action et de connaissances antérieures et pour lequel les « habitudes » sont un élément crucial. « Pour Pierce, l'activité intellectuelle vise à lutter contre l'inconfort du doute et, de ce fait, la « loi de l'esprit » réside dans la propension à former des habitudes : la pensée est un processus fondé sur des habitudes ou des croyances conçues comme des règles de conduite. Une habitude est une règle générale qui guide nos conduites et ce qu'on nomme apprentissage est le procès de formation et de transformation des habitudes en cours d'expériences. James a souligné que la propension à former des habitudes pouvait s'interpréter comme une façon d'économiser nos ressources cognitives. Dewey, quant à lui a insisté sur la dimension sociale des habitudes. L'esprit peut, dans cette perspective, être caractérisé comme un processus cognitif de formation et de transformation d'habitudes acquises et développées par la participation des individus à des expériences au sein d'une communauté humaine »[207]. Le pragmatisme, qui

---

206 W. James, C.S. Pierce, J. Dewey, « Tradition et vocation du pragmatisme », Revue *L'Art de comprendre*, n°16, PUF, Paris, 2007.

207 Laure Bazzoli, Véronique Dutraive, « Les dimensions cognitives et sociales des comportements économiques : l'approche institutionnaliste de J.R. Commons », *Cahiers du Gratice*, n°14, p. 7.

s'est imposé aux États-Unis comme le courant dominant avant la Seconde Guerre mondiale, a subi une certaine éclipse, mais connaît aujourd'hui un renouveau notamment à travers l'œuvre de Richard Rorty (né en 1931).

L'institutionnalisme américain

L'institutionnalisme est un courant de la pensée économique qui a émergé aux États-Unis au début du XXe siècle à partir des travaux de Thorstein Veblen (1857-1929), John Rogers Commons (1862-1945) et Wesley Clair Mitchell (1874-1948), John Maurice Clark (1884-1963). Comme son nom le suggère, ce courant de pensée met en avant le rôle des institutions pour expliquer le fonctionnement de l'économie. Plus précisément, cette école de la pensée économique se concentre sur la compréhension du rôle des institutions dans l'évolution des comportements des acteurs économiques.

Une des spécificités de ce courant de pensée est d'avoir fait le choix d'une compréhension élargie de la notion d'institution. Les institutions sont généralement comprises comme l'ensemble des règles et des moyens de les faire respecter qui permettent à un groupe d'hommes de fonctionner en tant que société. Ce sont ces règles et ces moyens qui « l'instituent » en tant que société. L'État, l'école, l'armée, la police, la famille sont des institutions. Pour Veblen, qui a fait le choix du pragmatisme, les institutions au sens large, sont les habitudes de faire, les routines et plus encore les habitudes de pensées établies, communes aux hommes au sein d'une société donnée. Les institutions forment donc un système normatif qui intervient en amont des préférences et des valeurs de ses membres. « On mesure alors leur prégnance sur les processus cognitifs des hommes, voire sur leurs perceptions »[208]. Pour Veblen, les institutions ne sont pas figées, elles ne cessent de se modifier, d'évoluer et la science économique doit être une science de l'évolution[209].

L'institutionnalisme dans son projet de focaliser son approche sur la formation et l'évolution des institutions au sein de la société a été influencé par la théorie de l'évolution de Darwin. C'est le cas notamment de Veblen qui a appliqué la métaphore de la sélection naturelle aux institutions. D'une manière plus générale, « Veblen considère que les théories sociales de son époque passent globalement à côté de la révolution épistémologique intervenue dans les sciences de la vie »[210].

Mais c'est la philosophie pragmatiste qui a sans doute le plus marqué de son empreinte l'approche institutionnaliste tant dans sa méthodo-

---

[208] Thorstein Corei, *L'Économie institutionnaliste, les fondateurs*, Economica, Paris 1995, p. 8.

[209] Le document fondateur de l'institutionnalisme est l'article de T. Veblen « *Why is Economics not an Evolutionary Science* », publie en 1898 dans le *Quartely Journal of Economics*

[210] T. Corei, *op. cit.*, p. 12.

logie que dans sa conception du comportement humain. « Sur le plan méthodologique, les institutionnalistes reprennent l'inférence dite de « l'abduction », élaborée par Charles Peirce. L'abduction peut se définir comme un raisonnement partant de l'observation et visant à formuler une hypothèse sur ce qui pourrait expliquer le phénomène observé ou s'y apparentant. Contrairement à l'induction, qui va du particulier au général, l'abduction vise à partir de la cause à remonter aux effets. L'une des formes privilégiées de l'abduction est la métaphore (par exemple la sélection naturelle) et elles se combinent avec la déduction, par laquelle on infère logiquement les conséquences des hypothèses produites par l'abduction [211]».

D'une manière plus fondamentale, les institutionnalistes ont retenu du pragmatisme une conception spécifique de l'individu : le comportement d'un individu est fonction de ses croyances, de ses habitudes, et d'une manière plus générale de ses représentations du monde pour reprendre un concept de la cognition présentée précédemment (voir partie II). En dépit de la diversité de leurs approches, les auteurs institutionnalistes rejettent communément la méthode individualiste et la vision de la nature humaine de l'école néo-classique. « Les économistes ont longtemps considéré que l'on pouvait postuler un certain nombre de caractéristiques stables et des lois de comportements. L'intérêt, l'égoïsme, l'hédonisme, la convexité des courbes d'indifférence… qui conduisent les délibérations et les actions des individus (…) Les institutionnalistes adoptent, au contraire, un point de vue anthropologique – pour lequel il est une évidence que les comportements humains varient dans le temps et selon l'espace social (pays, culture, communauté) – et génétique – les comportements se transforment en relation avec les changements sociaux. C'est, par conséquent, à partir d'une connaissance des comportements et de leurs déterminants et non pas des postulats sur eux que les phénomènes économiques peuvent être abordés ; L'économie institutionnaliste est donc une science des comportements »[212].

Ce courant de la pensée économique a connu son apogée dans les années 1920 et 1930, influençant notamment les mesures prises aux États-Unis pour relancer l'économie après la crise financière et économique de 1929. Durant les années 1950 et 1960 et particulièrement durant la période du macarthisme, ce courant de pensée a connu une période de non-reconnaissance et parfois d'exclusion de la part du monde académique. C'est durant cette période que la science économique aux États-Unis est devenue positiviste et principalement néo-classique. À partir des années 1970 et 1980, l'institutionnalisme a connu aux États-Unis puis en Europe

211 Encyclopédie *Wikipedia*, article institutionnaliste.

212 T. Corei, *op. cit.*, p. 13.

un renouveau, le néo-institutionnalisme[213], notamment grâce aux travaux et aux initiatives de Marc R. Tool qui participa activement à la structuration de cette école de pensée.

La valeur sociale : Les apports de J.R. Commons et de J.R. Clark

Dans son ouvrage sur *La Valeur*, François Perroux s'est intéressé à deux des fondateurs de l'institutionnalisme américain : John Rogers Commons et John Maurice Clark. L'apport de Commons, selon Perroux, est d'avoir mis au point « une problématique et une systématique des rapports de formation et de transformation des valeurs à l'égard du milieu institutionnel ». Pour cet auteur institutionnaliste, ce qui est décisif ce n'est pas que l'individu a des besoins, mais que des hommes liés socialement ont des besoins. L'unité d'analyse n'est pas l'individu mais le groupe social. Les valeurs sont créées dans le groupe social à partir des interactions ou des « transactions » qui se tissent entre les éléments qui structurent la rareté et la considération du futur. Elles se forment à partir de l'entrelacement de milliers et de milliers de transactions, mais aussi « par la décision d'organes chargés d'exprimer la *communis opinion* du groupe social et de la sanctionner éventuellement. De la valeur née de la transaction, on passe alors à la "valeur raisonnable", c'est-à-dire à une valeur socialement reconnue ». Au sein des groupes sociaux, la valeur (économique) se fonde sous l'influence de deux éléments majeurs : la rareté et la considération du futur. La rareté ne dépend pas seulement de la limitation naturelle de telle ou telle ressource et de l'efficience de la technique mais encore de la coutume et de la puissance étatique. C'est par la considération du futur que Commons introduit le facteur temps dans la formation des valeurs (économiques) et c'est cette notion qui lui permet de préciser et de définir le statut économique d'une personne au sein d'un groupe social, comme un ensemble d'attentes : attentes concernant les contre-prestations, attentes concernant les réactions d'autres hommes, attentes relatives aux réactions des organes chargés de dire le droit.

L'apport principal de John Maurice Clark, pour François Perroux, est de nous inviter de passer des notions d'utilité et de coûts économiques aux notions d'utilité et de coûts humains. Dans cette perspective, la théorie économique ne peut ni éliminer les valeurs d'échange, ni les prendre comme mesure des valeurs humaines. Pour nous faire comprendre l'im-

---

213 Le néo-institutionnalisme américain est très différent du courant intitulé également néo-institutionnaliste ou théorie des organisations qui s'est développé aux États-Unis et en Europe autour des travaux de Ronald Coase, de Douglass North, et Olivier Williamson et qui est très proche de l'école néo-classique.

portance de ce changement de points de vue, Perroux explicite comment J.M. Clark comprend et analyse la production. La complexité réelle de la production ne peut pas être perçue si on limite l'analyse aux seules fonctions de transformation de la matière, comme le font la majorité des économistes. Pour Clark, pour comprendre la production, aux fonctions de transformation, il faut ajouter des fonctions de contrôle (les choix et les actions des individus sont contrôlés, c'est-à-dire limités par la coutume et le droit), des fonctions de direction (les choix et les actions des individus sont orientés par l'éducation, l'information, la publicité...), et des fonctions de liaison (ensemble des opérations par lesquelles, les désirs des sujets sont mis au contact les uns des autres). À la lumière des travaux de J.M. Clark, on perçoit que produire ne peut pas être limité à la seule satisfaction des besoins existants dans l'ordre de leur solvabilité. Produire, c'est aborder une bien plus vaste tâche qui est notamment d'obtenir une gamme de services non évaluables (accroître la culture générale et professionnelle des membres de la société, par exemple, susciter les forces d'invention et de création), de créer ou modifier des besoins (comprendre les processus de formation des valeurs humaines), mais aussi de remettre en cause dans une société donnée la répartition inégalitaire des pouvoirs d'achat. « Si la société accepte, approuve, entérine la répartition des fortunes, c'est qu'elle attribue, sans le dire, un coefficient plus grand aux utilités dont bénéficient les riches ».

La théorie de la valeur sociale des institutionnalistes

Dans la présentation de ce qu'est la valeur sociale pour les institutionnalistes une place particulière doit être faite à Marc R. Tool qui fut un des acteurs du renouveau de l'institutionnalisme américain dans les années 1960-1970[214]. C'est surtout dans sa thèse de doctorat[215] publiée tardivement en 1979 sous le titre *The Discretionary Economy : A Normative Theory of Political Economy* que Marc Tool s'est particulièrement intéressé au fondement de la valeur sociale[216].

Dans une conception néo-classique de la rationalité, il est impossible pour un agent rationnel d'agir d'une autre manière que de servir ses

214 Il fut à l'origine de la création en 1979 de l'AFIT (*Association for institutional Though*), il fut durant plusieurs années éditeur du *Journal of Economic Issues* et il joua un rôle important dans la création de l'EAEPE (*European Association for Evolutionary Political Economy*).

215 C'est dans sa thèse soutenue en 1955 que le mot de néo-institutionnalisme a été utilisé la première fois.

216 La reconnaissance de l'importance de son travail pour l'école institutionnaliste s'est traduite par la publication en 1995 d'un ouvrage collectif *Institutional Economics and the theory of social value ; essays in honor of Marc R. Tool*, édité par Charles M.A. Clark, à ne pas confondre avec John M. Clark cité précédemment.

propres intérêts. Travaillant dans la lignée des pragmatistes, c'est-à-dire, d'une part, sur une conception instrumentaliste de la rationalité – conçue en termes de capacités des agents à comprendre les relations entre les fins et les moyens – et, d'autre part, sur des comportements d'agents concevant leur relation à une communauté prise comme un tout, Marc Tool a été amené à « discuter ce que pourrait être l'efficience économique d'un système d'économie politique en vue de servir les processus de vie de la communauté au sens large »[217].

En s'inspirant et reprenant les termes de Veblen, l'économie politique de Tool rend possible de concevoir des individus évaluant leur comportement par rapport « au renforcement ou non du processus de vie ». Par rapport à cette perspective, il nous faut rappeler que dans sa théorie des instincts, Veblen a été amené à repérer les penchants humains qui renforcent ou au contraire portent atteinte au processus de vie d'une communauté humaine. Notons que pour Veblen les instincts ne sont pas vus comme des prédispositions que les individus pourraient acquérir par la naissance, mais qu'ils sont des comportements culturellement construits. Et dans ses réflexions sur les institutions de « La classe de loisir »[218] il précise que les instincts ne sont ni bons, ni mauvais, mais que certains permettent et d'autres bloquent les processus d'évolution des sociétés. Les comportements qui bloquent ces processus sont ceux qui maintiennent et créent des discriminations sociales telles que les discriminations de races, sexes, de statuts, de pouvoirs, de privilèges…

Soulignons que la démarche de Tool s'inscrit aussi dans la compréhension de ce qu'est l'intelligence et ce qu'est une démocratie pour John Dewey. Pour ce philosophe pragmatique, l'intelligence est associée aux jugements qui permettent de définir et de choisir les fins que nous poursuivons et d'adapter les arrangements des moyens par rapport à ces fins. Pour Dewey c'est l'élaboration de tels jugements et ces conséquences qui constitue la démocratie et qui renforcent ainsi les processus de vie de la communauté (*the life processes of the community*). Notons que pour Dewey un des critères de l'idéal démocratique d'une organisation sociale est de permettre aux individus de mettre en œuvre et de réaliser leurs potentialités, ou leurs « capacités » pour reprendre une expression d'Amartya Sen, Nobel d'économie[219].

---

[217] Charles M.A. Clark, *op. cit.*, p. 20.

[218] Thorstein Veblen, *The Theory of Leisure Class* (1899, New York; Random House/ Moderne Library, 1934)

[219] Voir notamment A. Sen, *L'économie est une science morale*, *op. cit.*.

Les apports de Clarence Ayres (1891-1972) et de Fagg Foster (1908-1985)[220]

Dans ses réflexions sur une théorie sociale de la valeur, Tool s'est inspiré de Clarence Ayres et de Fagg Foster qui font partie de l'école institutionnaliste américaine. Comme les autres économistes de cette école de pensée, Ayres a rejeté la théorie de la valeur des néoclassiques qui s'appuie selon lui sur des hypothèses qui traduisent fondamentalement un « agnosticisme moral ». Il critique la théorie des prix (valeurs d'échange) des néoclassiques qui prétend mesurer l'utilité (valeur d'usage) des biens par leurs prix : n'ayant aucun moyen de mesurer l'utilité, on ne peut pas prétendre que l'utilité est, mesurer par les prix. Pour Ayres, le lieu de la valeur sociale doit être recherché au sein des processus sociaux et plus précisément dans le « *technological continuum* » de ces processus. La technologie selon Ayres doit être comprise au sens large, elle inclut toutes les connaissances et les compétences qui sont utilisées pour assurer la continuité c'est-à-dire l'évolution des processus sociaux. Cette conception de la technologie s'inspire des distinctions et oppositions opérées par Veblen entre notamment les institutions technologiques qui relèvent d'une logique instrumentale de changement et les institutions cérémoniales qui ont pour fonction d'assurer la pérennité des statuts, des situations, des rapports de pouvoir[221].

Dans sa formulation de la théorie de la valeur sociale, Foster rappelle que la science économique est principalement concernée par les fonctions économiques (procurer un revenu, nourrir, soigner, loger, habiller, éduquer…) qui permettent la continuité de la vie humaine. Reprenant le concept d'« *inquiry* » de Dewey, il considère que tout problème économique (chômage, inflation, pauvreté…) relève de la logique de résolution de problème. Tout problème doit être perçu comme une différence entre ce qui est et ce qui devrait être. La résolution des problèmes réside dans l'ajustement et la modification des institutions. Rappelant que toute institution induit deux formes de comportements : les comportements ayant une logique instrumentale de transformation (*instrumental behavior*) et les comportements qui privilégient la permanence des statuts, des pouvoirs des privilèges (*ceremonial behavior*), la résolution de problème passe par la création et le renforcement des premiers et la réduction des seconds. Ces

---

220 Pour plus de détails sur ce paragraphe voir Marc Tool « A social value theory in Newinstitutional Economics » *Journal of Economic Issues* (Vol. XI ; n°4 dec 1977 p. 823-845.

221 Soulignons qu'il serait fort utile, aujourd'hui, que les tenants d'une économie de la connaissance ne se limitent point aux seules connaissances technologiques utiles pour augmenter la compétitivité entre les firmes et les pays, mais qu'ils s'intéressent également à l'ensemble des connaissances et des compétences nécessaires à la transformation de nos sociétés qui doivent apporter d'une manière urgente des réponses aux déséquilibres environnementaux et sociaux qu'elles ont induite par leur mode de développement.

processus de résolution de problème génèrent de nouvelles connaissances (des outputs) qui serviront d'inputs pour la résolution de nouveaux problèmes. Pour Foster le seul critère pour fonder la valeur est la continuité et l'efficience instrumentale du processus social (« *the continuity and instrumental efficiency of the social process* »). Il souligne que ce critère ne fixe aucune direction, aucun stade utopique à atteindre, mais il comporte néanmoins comme objectif de diminuer les différenciations entre les statuts, les pouvoirs… En plus d'avoir proposé un critère pour fonder la valeur, un des apports importants de Fogger est d'avoir élaboré une théorie des ajustements institutionnels applicables pour la résolution de problèmes.

Pour les institutionnalistes comme pour les néo-institutionnalistes, assurer la continuité de la vie humaine devrait être la préoccupation fondamentale et la finalité de toute communauté[222]. C'est ce principe de la continuité de la vie humaine qui fonde la théorie de la valeur sociale de cette école de pensée.

La théorie de la valeur sociale selon Marc Tool

« Assurer la continuité et l'"*instrumental efficiency*" de la vie humaine et la re-création d'une communauté d'une manière non discriminatoire »

C'est ainsi que Marc Tool définit le fondement et le critère de ce qu'est la valeur sociale pour les néo-institutionnalistes. Le principe de « continuité » fait référence à la conception évolutionniste de l'histoire des sociétés et de leur culture. Ce principe implique que la continuité de la vie humaine devrait être la première et la plus fondamentale responsabilité de toute communauté humaine. C'est le processus social qui engendre cette continuité de la vie humaine qui est le lieu de la valeur. Le principe de « *instrumental efficiency* » souligne que la connaissance est organisée (« instrumentée ») pour connaître la réalité sociale et doit être employée d'une manière efficiente pour résoudre les problèmes de la société. La connaissance inclut les connaissances de la science et de la technologie, mais aussi toutes les connaissances qui émergent de la résolution des problèmes humains. Ce principe d'« *instrumental efficiency* » implique l'idée d'une nécessaire continuité dans la production de connaissances, il s'inspire du « *technological continuum* » proposé par Ayres. Et ce principe s'applique à toutes les formes de connaissance et pas aux seules connaissances technologiques.

Le principe de « re-création » de la communauté, veut souligner que la vie humaine est possible seulement dans le contexte d'une culture. Les individus naissent dans une communauté avec un langage, des habitudes,

222 «Value principle "continuity" asserts the obvious as an "ought" – that the continuance of human life is the first and primary charge to any community » Marc Tool, *op. cit.*

un ordre social donné. Re-créer une communauté signifie reconstituer les moyens et notamment les institutions qui fabriquent cette société en utilisant le stock de connaissances disponibles. "*Since all already reside in community, the task is to re-create*". Finalement, le principe de « non-discrimination » s'applique à la communauté à re-créer. Ce caractère fait référence aux travaux de Veblen sur les instincts et les comportements qui bloquent les processus d'évolution des sociétés.

À la différence de l'école néo-classique, l'économie politique de Tool s'affiche comme étant une économie politique normative. Pour les critères de choix des actions à entreprendre, Marc Tool propose de privilégier les institutions et donc les comportements qui permettent d'assurer la continuité de la vie humaine et la re-création d'une communauté humaine. En tant qu'institutionnaliste, il différencie nettement les comportements modelés par les « institutions instrumentales » et ceux modelés par les « institutions cérémoniales ». Les premières qui sont structurées par une logique fins/moyens et notamment par la logique technique, requièrent des changements dans les comportements habituels. Les deuxièmes qui sont des lieux de relations de pouvoir ont tendance à renforcer les statuts quo. Pour Tool, ce sont les institutions instrumentales, et notamment les connaissances qui permettent d'assurer la continuité de la vie humaine, mais dans les structures institutionnelles, les dimensions instrumentales sont très souvent encapsulées par des composantes cérémoniales, limitant ou bloquant la dynamique « instrumentale. L'accent devrait donc être mis sur les changements des institutions cérémoniales.

Conclusion

Avec les institutionnalistes la notion de valeur dans la science économique est apparemment bien différente de la notion de valeur prise en compte par les écoles classiques, ou néo-classiques[223]. L'unité de l'analyse n'est plus l'individu mais le groupe social ; on retrouve ici une des hypothèses fonda-

---

223 Il nous faut noter que les néo-classiques qui se sont beaucoup inspirés du courant philosophique utilitariste et notamment de la pensée de Bentham n'ont repris qu'une partie des réflexions de ce philosophe du XVIIIe siècle. Tout en gardant l'idée centrale de l'utilitarisme qui fonde l'action humaine sur la recherche d'un maximum de satisfaction, Bentham a pour ambition de privilégier « le bien-être du plus grand nombre » : il s'agit donc d'un bien-être social, qui pourrait justifier (par exemple) que l'on réduise le revenu de certains (dont l'utilité serait amoindrie) pour le redistribuer à d'autres (dont l'utilité serait accrue) dès lors que les diminutions d'utilités seraient moindres que les accroissements. « Cette conception « collectiviste » de l'utilité est refusée par les économistes néo-classiques, qui récusent l'idée que l'on puisse comparer les utilités individuelles, donc les agréger en une utilité collective ». L'économie de A à Z, *Alternatives économiques*, HS n°40, sept. 2009, p. 311.

trices de l'approche marxiste. Pour les institutionnalistes, la préoccupation n'est plus la valeur d'échange des marchandises mais les valeurs sociales qui orientent les activités économiques de production et de consommation. Tout en structurant les activités économiques, les valeurs sociales naissent et se transforment en grande partie au sein de ces mêmes activités et notamment au sein des activités de production, comme l'a souligné J. M. Clark. Avec la préoccupation de mettre en avant l'efficience économique avec les objectifs « d'assurer la continuité de la vie humaine et la re-création de la communauté humaine sans discriminations (de races, d'âges, de sexes, de statuts, de pouvoirs…) », l'approche sur la valeur sociale de Marc Tool remet la notion de finalités au centre de la science économique ; cette approche suggère également de réintroduire la notion d'utilité et plus précisément d'utilité sociale dans l'analyse économique.

D'une manière plus fondamentale, les théories de la valeur sociale et notamment celles proposées par les institutionnalistes permettent réinsérer la société dans l'analyse économique. En effet, toute théorie de la valeur doit rendre compte du processus de création de valeurs (*valuation process*). « Pour l'école néo-classique, les valeurs sont créées au niveau individuel. Pour les institutionnalistes, les valeurs sont créées dans l'interaction d'individus et des institutions, à la fois dans le processus de socialisation des individus et dans le processus de recréation continue des institutions. Une théorie de la valeur sociale permet de re-insérer l'histoire et la société dans la pensée économique, elle permet de guider les développements de la théorie économique vers une compréhension plus profonde de l'activité économique »[224].

Les théories de la valeur sociale en sciences économiques doivent encore progresser pour pouvoir prétendre être une alternative à l'école néo-classique ; mais il ne fait pas de doute que par rapport aux défis écologiques et sociaux (montée des inégalités) que l'humanité devra résoudre dans les années à venir c'est dans cette direction que les travaux de recherche en sciences économiques devraient être orientés[225]. Dans un monde globalisé, qui forme un « village » comme le répètent les néo-libéraux, il n'y a aucun sens de continuer à prendre l'individu isolé comme unité de l'analyse économique. Il est important de noter que c'est à partir de son analyse des théories objectives de la valeur sociale, que François Perroux a été amené à

---

[224] Charles M.A. Clark, *op. cit.*, p. 20.

[225] Dans la réflexion institutionnaliste, il serait intéressant d'intégrer les travaux de Cornelius Castoriadis (philosophe, économiste et psychanalyste) qui ont révélé le rôle de l'imaginaire dans le processus d'institutionnalisation des sociétés. Pour Castoriadis, une société ne se réduit pas à ses composantes matérielles, elle crée également un magma de significations imaginaires qui relient les hommes et donnent sens à leur action. (Voir *Sciences Humaines*, n°185, août-sept. 2007).

énoncer une « conception artificialiste »[226] des sciences économiques « l'ordre économique est moins un résultat d'une nature des hommes et des choses considérées comme peu modifiables que l'œuvre d'activités et de choix délibérés ». Et il en retire une vision optimiste sur notre possibilité de transformer le monde « l'ordre économique peut être transformé parce que la transformation des institutions et de l'homme lui-même est possible »[227].

Tableau récapitulatif
Vision du monde, valeur et richesse dans différents courants de la pensée

École de pensée	Vision du monde Systèmes de valeurs	Nature et mesure de la richesse	Origines de la richesse et commentaires
Les mercantilistes Rupture avec les conceptions économiques de l'Église inspirée d'Aristote et de Platon. De l'ordre surnaturel à l'ordre marchand	La découverte de nouveaux continents, de nouvelles voies de navigation, est vue par la classe des marchands comme offrant de nouvelles opportunités pour développer le commerce au profit des États et des marchands eux-mêmes. La prospérité du commerce d'une nation est étroitement liée aux succès militaires sur terre et sur mer de son souverain.	Nature de la richesse d'une nation : l'or et l'argent obtenus à travers les échanges commerciaux avec les autres nations. Mesure de la richesse d'un pays et des marchands : quantité d'or et d'argent accumulés.	Les stocks d'or et d'argent obtenus par une nation à partir des excédents de ses échanges commerciaux lui permettent de payer ses soldats et d'assurer ainsi sa suprématie commerciale et donc ses excédents commerciaux. Pour d'autres mercantilistes, la richesse d'une nation dépend de sa population et notamment du nombre de ses marins et de ses activités de construction navale.

---

[226] Rappelons qu'au sein des sciences de l'artificiel (*artificial sciences*), la démarche est de s'intéresser à la façon dont les choses doivent être pour qu'elles atteignent certains objectifs (« *how things ougt to be in order to attain goals* »), tandis qu'au sein des sciences de la nature (natural sciences), la démarche est de rendre compte de ce que les choses sont (« *how things are* »), Herbert Simon, 1969.

[227] F. Perroux, *La valeur*, PUF, Paris, 1943.

Les physiocrates De l'ordre marchand à l'ordre naturel	Existence d'un ordre naturel (issu de la nature) gouverné par des lois qui s'imposent aux hommes et qui fondent le droit. L'économie est gérée par des lois naturelles.	Nature de la richesse : la production agricole. Mesure de la richesse d'une nation : la production agricole non consommée par les agriculteurs.	Seules la terre et l'activité agricole sont productrices de richesses.
Les classiques Découvrir les lois universelles et intemporelles gouvernant la production et l'échange de richesse	L'ordre naturel qui organise le cosmos et tous les éléments naturels, y compris les organismes vivants, est fondé sur la mécanique. C'est ce même ordre qui régit les comportements humains, et qui organise toute société et notamment son activité économique. Les lois de l'ordre naturel conduisent à une harmonie des intérêts particuliers. Siècle des Lumières : foi en l'homme fondée sur la raison. Avec le début de l'industrialisation c'est le travail qui devient la valeur fondamentale.	La nature et la mesure de la richesse sont deux aspects totalement séparés. Ce sont les valeurs d'usage des biens acquis qui constituent la richesse. Les réflexions sur la valeur se centrent sur la valeur d'échange. Le travail est la mesure réelle de la valeur échangeable de toute marchandise. Le prix de marché gravite autour du prix naturel. Pour Ricardo, la richesse ne peut pas se mesurer par la valeur d'échange.	Seul le travail est producteur de richesse, de valeur d'usage. Difficulté pour penser la valeur comme intégrant à la fois les aspects de valeur d'usage et de valeur d'échange.
Les marxistes Découvrir « les lois naturelles » de la production capitaliste	La production des idées, représentations et de la conscience est liée à l'activité et au commerce matériel des hommes. Les individus n'existent pas, il n'y a que des hommes, dans des contextes historiques et des rapports sociaux particuliers.	Les valeurs d'usage forment la matière de la richesse, quelle que soit la forme sociale de la richesse. La valeur d'échange est la valeur proprement dite.	La nature est tout autant la source de valeurs d'usage que le travail, qui n'est lui-même que la manifestation d'une force matérielle, de la force de travail humain.

Les néo-classiques De la valeur travail à la valeur utilité De l'ordre naturel à l'ordre spontané. De la valeur à la notion d'équilibre	Une vision positiviste : il existe un monde « naturel » indépendant des observateurs humains. Une vision mécaniste de la société mais aussi de l'individu : *l'homo economicus*. La société comme somme d'individus. Existence d'un ordre spontané dans les sociétés différent de l'ordre naturel.	La valeur d'un bien s'apprécie à partir de son utilité. Elle n'est plus inhérente aux objets (les classiques) mais s'établit à partir de la relation qui se tisse entre un objet et un individu. Dans la situation d'équilibre qui égalise les offres et les demandes globales, valeurs et prix sont confondus. La richesse se mesure par la valeur monétaire des biens et services acquis.	La notion fondamentale n'est plus la valeur, mais l'équilibre.
Les institution-nalistes De l'ordre spontané à l'ordre construit par les institutions De la théorie individualiste de la valeur à une théorie de la valeur sociale	Une vision prag-matique du monde: le vrai totalement objectif n'existe pas ; est vrai ce qui réussit. Les institu-tions d'une société (les règles, les habitudes de penser, de faire) orientent le comportement des individus. C'est l'évolution-nisme (Darwin) qui permet de com-prendre le change-ment des institutions.	La finalité d'une théorie de la valeur sociale est d'assurer d'une manière efficiente la conti-nuité de la vie humaine et la re-création d'une communauté d'une manière non discri-minatoire (groupes sociaux, individus). C'est cette valeur sociale qui permet d'apprécier la riches-se d'un groupe social, d'une société. Les valeurs d'usage et d'échange des biens et services sont deux aspects différents d'une théorie de la valeur sociale.	L'efficience économique qui prend en compte à la fois l'utilité (valeur d'usage) et son coût (notamment sa valeur d'échange) est l'outil privilégie d'une théorie de la valeur sociale.

Partie IV

VERS D'AUTRES MODÈLES DE DÉVELOPPEMENT

Le développement durable et le développement humain constituent une première prise de conscience, au niveau international, des impasses et des catastrophes auxquelles nous mène le modèle de développement suivi par les pays industrialisés. Mais pour éviter les catastrophes annoncées tant sur le plan des menaces environnementales, que des explosions de violence de ceux qui se sentent exclus, il est nécessaire de rapidement dépasser cette première phase pour jeter les bases d'autres modèles de développement conçus à partir d'autres manières de comprendre ce qu'est la valeur économique.

Pour concevoir et construire d'autres modèles de développement, il nous faut :

– Proposer d'autres objectifs au développement économique que celui de la croissance du PIB. Les perspectives du développement humain et du développement durable, toutes deux proposées par les Nations Unies, fournissent pour la première fois des objectifs de développement reconnus par tous les pays du monde. Ces objectifs et surtout les moyens de les atteindre doivent être encore affinés et précisés ; il faudrait qu'ils soient de plus en plus au centre des débats de la vie démocratique des sociétés modernes et les différences entre les programmes des partis politiques devraient s'apprécier notamment à partir de la hiérarchie des objectifs de développement retenus et des moyens envisagés pour les atteindre.

– Proposer d'autres manières d'apprécier la valeur économique des biens et des services produits. Tant que nous ne disposerons pas d'une ou de nouvelles théories de la valeur, c'est la valeur de la pensée néo-classique actuellement dominante qui s'imposera et on continuera de confondre prix et valeur, valeur monétaire de la production et richesse, croissance économique et développement économique (chap. 1).

– Proposer la mise en œuvre de nouveaux processus de création de surplus économique. Tout développement nécessite d'affecter une partie des résultats de la production, non à la consommation finale, mais à l'investissement matériel et immatériel (éducation, formation, santé). C'est dans les périodes de transition vers d'autres modèles de développement que les investissements sont les plus importants et qu'il est nécessaire de mobiliser de nouveaux processus de création de surplus monétaire (chap. 2).

– D'une manière plus fondamentale, cesser de nous considérer comme maître et possesseur de la nature et de ses différentes ressources et par ce biais se comporter comme des maîtres du monde. Il nous faut penser et construire d'autres relations au monde, d'autres visions du monde que celle héritée du siècle dit du « Siècle des Lumières ». En un mot, il nous faut reformuler les finalités du développement en fonction d'autres visions de la place de l'homme dans ce monde, ce qui nécessitera de mettre en œuvre d'autres rapports sociaux (entre les individus, entre les groupes sociaux, entre les pays) et d'autres rapports à la nature. Mais nous savons que ces transformations ne viendront pas d'une classe dirigeante éclairée, d'un grand soir, mais d'une révolution culturelle et spirituelle qui devrait impliquer chaque individu (chap. 3).

Chacune de ces propositions constitue en soi d'ambitieux programmes de recherche qui ne pourront progresser que si des pratiques nouvelles se mettent peu à peu en place. Au sein du paradigme artificialiste (ou constructiviste), que nous avons choisi pour penser le développement économique (voir chap. 4 de la partie II), on ne trouve que si on expérimente, et le chemin se découvre en marchant[228].

---

[228] J.-L. Lemoigne, *Les épistémologies constructivistes*, « Que sais-je ? », PUF, Paris, 1995.

Chapitre 1

Concevoir d'autres manières d'apprécier la valeur économique

Il semble intéressant de repartir du concept de valeur économique proposée par Freydrich Engels (voir chapitre 1 partie II) qui présente le grand intérêt de pouvoir intégrer les deux aspects de la valeur : la valeur d'échange et la valeur utilité, ou le point de vue de la demande et le point de vue de l'offre. Rappelons que pour F. Engels, « la valeur sert tout d'abord à décider si d'une manière générale un objet doit être produit, si l'utilité compense le coût de production », et il définit la valeur comme « le rapport du coût de production à l'utilité ». C'est à partir de cet auteur que nous avons été amenés à proposer une définition de la valeur économique. Pour cette définition nous avons fait le choix de renverser le rapport proposé par F. Engels et nous avons défini la valeur comme « le rapport de l'utilité au coût de production » qui est notamment en cohérence avec l'approche réalisée d'une manière pragmatique par les consommateurs qui disent guider leur choix d'achats à partir de l'optimisation du rapport qualité/prix.

Définir la valeur économique comme le rapport de l'utilité aux coûts de production nous oblige à reconsidérer l'utilité d'une autre manière que celle qui nous est imposée par le courant de pensée néo-classique, actuellement dominant. Rappelons que « l'utilité désigne la satisfaction (monétaire ou non) que procure une action économique (achat, vente, autres) pour une personne donnée »[229]. Pour les économistes de l'école néoclassique, l'utilité d'une action économique ne peut être qu'individuelle, il est impossible d'agréger les utilités individuelles en utilité collective.

---

[229] « L'économie de A à Z », *Alternatives économiques*, HS poche, n°40, sept. 2009.

Par rapport aux enjeux liés aux contraintes environnementales, et donc à la préservation de certains biens publics tels que l'air, le climat, l'eau… mais aussi par rapport aux enjeux liés à la montée des inégalités entre les groupes sociaux et entre les pays, il nous faut au niveau de la valeur utilité passer d'une conception individuelle à une conception sociale de l'utilité. Il nous faut donc reprendre les réflexions initiées sur la valeur sociale par les économistes institutionnalistes en l'enrichissant des apports de travaux récents concernant cette notion.

Utilité sociale et délibération collective

Le concept d'utilité sociale a été forgé au départ pour défendre et promouvoir l'économie sociale et solidaire. L'enjeu était de tracer une frontière entre l'économie sociale et solidaire à dominante associative, et les deux autres grandes formes institutionnelles que sont l'économie marchande et l'économie publique. La notion d'utilité sociale devait « servir à marquer un territoire en revendiquant des régulations spécifiques, juridiques et fiscales pour l'essentiel »[230]. En coopération avec la Caisse des Dépôts et Consignations, la revue *Alternative économique* a publié en septembre 2009, un hors série sur le thème de l'utilité sociale, qui a donné une nouvelle dynamique à ce concept. Pour les auteurs de ce hors série : « Penser l'utilité sociale, c'est porter un autre regard sur l'ensemble de notre société »[231]. On a l'habitude d'opposer généralement, « d'un côté l'État et les collectivités locales qui fournissent des biens et services collectifs et, de l'autre les acteurs privés qui produisent les biens destinés au marché. L'utilité des premiers, financés par des prélèvements obligatoires, est légitimée par le suffrage universel et celle des seconds par le libre choix des consommateurs ». Mais ce n'est pas parce que l'utilité d'un bien ou d'un service est entérinée par une instance publique ou par un marché que ce bien est socialement utile. D'autre part, la séparation entre ces deux processus de légitimation est de moins en moins tranchée.

En effet, « l'action publique, centralisée et décidée d'en haut se révèle souvent inadaptée à une satisfaction efficace des besoins sociaux. L'amélioration de sa qualité suppose le développement de modes d'évaluation pluralistes, qui associent ceux qui conçoivent et ceux qui dispensent les biens publics aux différentes catégories d'usagers. Le rôle croissant du tissu associatif comme aiguillon des pouvoirs publics témoigne des limites du tout public. (…) L'action publique n'est jamais aussi utile socialement que

230 Jean Gadrey, « L'utilité sociale », in Jean-Louis Laville, Antonio David Cattani, *Dictionnaire de l'autre économie*, Desclée de Brower, « Folio actuel », Paris, 2006, p. 642.

231 Philippe Frémeaux, « L'utilité sociale », *Alternatives économiques*, HS Pratique n°11, sept. 2003, p. 11.

lorsqu'elle accepte d'introduire un peu de marché dans son mode de définition, de fonctionnement et d'évaluation. Si l'on entend par marché un processus décentralisé permettant une meilleure adéquation de l'offre à la demande »[232].

Quant aux organisations produisant des biens et services marchands, il nous faut savoir que les marchés considérés comme les régulateurs de l'activité des entreprises, fonctionnent toujours dans un cadre institutionnel défini, avec des réglementations et des conventions publiques. « L'ensemble des règles qui encadrent le fonctionnement des marchés et des organisations productives sont non seulement une condition de l'efficacité économique, mais elles contribuent également à ce que sa dynamique satisfasse l'intérêt général »[233]. D'autre part, peu à peu les consommateurs questionnent les entreprises sur leur responsabilité sociale et environnementale. Et certains investisseurs se préoccupent de réaliser des investissements éthiques en plaçant leur argent dans des entreprises qui peuvent justifier de l'utilité sociale de leur activité. Le questionnement de l'utilité sociale ne concerne donc pas uniquement l'action publique ou les activités des organisations de l'économie sociale et solidaire, il s'applique aussi de plus en plus aux entreprises produisant des biens et services.

Forts de ces observations sur l'élargissement de la notion d'utilité sociale, les auteurs du hors série de la revue *Alternatives économiques* ont proposé une nouvelle définition de l'utilité sociale : « S'interroger sur l'utilité sociale d'un bien ou d'un service, qu'il soit offert par un acteur public, une association ou une entreprise privée, *revient donc à questionner le processus qui a permis de légitimer sa production* ».

Et les auteurs de préciser : « L'utilité sociale de l'action publique ne peut ainsi être développée qu'en donnant place à davantage de délibération collective, davantage d'évaluation pluraliste, de délégation au profit de structures à l'écoute de la demande sociale. L'utilité sociale de l'entreprise privée ne peut se développer que si elle comprend que la réussite sur le marché passe par la prise en compte d'exigences désormais plurielles, qu'on ne peut appréhender qu'en étant à l'écoute de la société. Penser l'utilité sociale contribue au travail incessant que doit faire la collectivité sur elle-même pour donner une consistance plus forte à la promesse démocratique : en démocratisant l'État, en démocratisant l'économie, en accordant plus d'autonomie à la société civile et notamment, à tous les formes décentralisées de production de richesses et de biens publics [234]».

---

232 Ph. Frémeaux, *op. cit.*, p. 11.

233 *Ibid.*, p. 12.

234 *Ibid.*, p. 12.

Cette définition de l'utilité sociale apparaît comme étant en forte harmonie avec la manière de concevoir la valeur de F. Engels : « la valeur sert tout d'abord à décider si d'une manière générale un objet doit être produit, si l'utilité compense le coût de production », même si aujourd'hui une telle démarche de valeur est bien plus complexe. Néanmoins, la construction de nouveaux indicateurs d'efficience économique indique la voie à suivre.

Une théorie de la valeur sociale

« Piste de travail » proposée par François Fourquet

- À l'échelle d'une société, l'utilité d'un bien ou d'un service considérée isolément n'existe pas; la notion de besoin isolé n'a pas de sens

- Le besoin n'existe que par comparaison avec les autres besoins à l'intérieur d'un ordre de besoins. L'utilité d'un objet n'est donc qu'une fraction d'une utilité globale, une utilité singulière au sein d'un ordre d'une utilité sociale. L'utilité totale n'est pas la somme des utilités individuelles, c'est au contraire celles-ci qui reçoivent leur existence de leur position spécifique dans l'ordre utilitaire.

- **L'utilité d'un objet n'est pas encore sa valeur, pour être valeur, elle doit être rapportée au coût de production,** ou dans un autre langage au temps de travail nécessaire pour le produire. Mais ce rapport entre l'utilité et le temps de travail ne s'établit pas directement d'un objet particulier à son coût de production, mais de l'ensemble de l'ordre utilitaire au volume global du temps de travail socialement disponible pour une société donnée, à tel endroit de la planète et à tel moment de son histoire. Le *quantum* limité de ressources sociales détermine le quantum global d'utilité et, par suite, la place et l'intensité des besoins sociaux au sein de l'ordre des besoins.

L'affectation des ressources s'effectue au travers d'un processus social complexe (et pas seulement marchand) composé de millions d'événements réels survenant dans l'espace et le temps, confrontant toutes les forces sociales, classes, groupes, individus, États, entreprises, le tout combiné selon les affinités, cultures, mœurs et relations sociales de toutes sortes.

Dans ce processus collectif complexe, le marché n'occupe pas la première place, et même au sein du marché, le prix d'une marchandise ne représente qu'une partie de sa valeur sociale réelle. Une activité marchande crée beaucoup plus que la valeur marchande de son produit, mais aussi coûte plus que le coût de production enregistré dans les comptes. Ce débordement du marchand par quelque chose qu'aucune comptabilité n'enregistre est pointé par le concept d'effet externe.

Qu'est-ce qu'un effet externe ? C'est une richesse créée par les individus, entreprises ou administrations et qui n'est pas comptabilisée par le marché (...) L'effet externe suprême, c'est le bien collectif suprême, la vie sur terre.

Source : F. Fourquet : *Une théorie de la valeur sociale, op. cit.*

Des indicateurs intégrant les aspects d'utilité sociale et de coûts

Dans son travail sur l'évaluation des politiques publiques, Bernard Perret[235] a précisé les cinq aspects ou les cinq questionnements que doit intégrer toute démarche d'évaluation :

1. La pertinence : Les objectifs de la politique mise en place sont-ils adaptés au besoin social ou au problème de société auquel les pouvoirs publics veulent répondre ?

2. La cohérence : les différents objectifs de la politique, mais aussi ceux des autres politiques forment-ils un système cohérent ?

3. L'efficacité : les effets spécifiques de la politique sont-ils conformes à ses objectifs ? Les indicateurs sont principalement conçus pour essayer de répondre à cette question

4. L'efficience : les ressources financières mobilisées ont-elles été bien utilisées et les résultats obtenus sont-ils à la mesure des coûts ?

5. L'impact : quelles sont les conséquences globales, positives ou négatives sur la société ?

On a noté précédemment (voir chap. 3, partie II) que la plupart des indicateurs proposés dans le cadre des approches en termes de développement durable ou de développement humain ne s'intéressaient qu'à l'aspect de la valeur d'usage ; c'est-à-dire à l'efficacité des politiques de développement. Les réflexions sur la pertinence et la cohérence des objectifs interviennent en amont de la définition des indicateurs et c'est sur la base de telles réflexions que sont construits ces indicateurs. Par contre, l'efficience des politiques de développement n'est généralement pas ou peu traitée. Soulignons que l'efficience, qui sert à savoir si les résultats obtenus sont à la mesure des coûts est en cohérence avec la valeur économique telle que nous l'avons proposée précédemment (chap. 1, partie II).

---

[235] Bernard Perret, *L'évaluation des politiques publiques*, La Découverte, Paris, 2001.

Des exemples d'indicateurs d'efficience économique

Depuis quelques années, les crises écologiques, énergétiques et climatiques provoquées par le mode de développement économique mis en œuvre par les pays industrialisés ont conduit à concevoir de nouveaux indicateurs pour mesurer notamment l'efficience des projets de lutte contre le réchauffement climatique, l'efficience des ressources énergétiques ou plus généralement des ressources naturelles mobilisées pour produire des biens et des services donnés.

Le Coût marginal de réduction de la tonne de CO_2

Patrick Criqui[236], économiste et chercheur au CNRS (laboratoire du LEPII) a proposé, pour la rationalisation des décisions liées à la diminution des gaz à effet de serre, le concept de Coût marginal de réduction (CMR). Les CMR mettent en rapport les quantités à réduire et les coûts correspondant à chaque quantité; ils permettent selon les options de comparer les plus grandes réductions pour un coût donné. Sur un bâtiment par exemple, selon que l'on choisit une isolation par l'extérieur, le réglage d'une chaudière ou la pose de panneaux solaires, le coût de la tonne de CO_2 économisée ne sera pas le même, il pourra varier du simple au triple, mais les consommations d'énergie ne seront pas les mêmes non plus.

Soulignons que cette méthode qui relève d'une approche efficacité/coût, est très proche d'une démarche visant à comparer les valeurs économiques de différentes méthodes de réduction de l'émission d'une tonne de carbone.

Le coût de la tonne de carbone non envoyée dans l'atmosphère grâce à l'énergie photovoltaïque

Depuis quelques années, le gouvernement a lancé à grand renfort de publicité une politique d'équipement en énergie photovoltaïque : obligation de rachat par EDF de l'électricité produite 6 fois plus forte que son prix de vente (les surcoûts sont répercutés sur l'ensemble des abonnés) et 10 fois le prix de production, défiscalisation de 50% de l'investissement et défiscalisation des revenus issus de la vente. Christian Gollier, chercheur au laboratoire des ressources naturelles LERNA-TSE de Toulouse a fait le calcul du coût pour la société de la tonne de carbone non envoyée dans l'atmosphère : 1 000 € par tonne de CO_2. Rappelons que la commission Rocard avait proposé de valoriser la tonne de dioxyde de Carbone à 32 € et que Nicolas Sarkozy avait fixé la taxe carbone à 17€. Et le chercheur de conclure « Si 65% des Français sont hélas contre une taxe carbone à 17 euros par TCO_2, on imagine difficilement qu'ils soutiennent un système qui leur coûte collectivement 1000 € la TCO_2 évitée, sans chèque vert en compensation ! Il existe une myriade d'autres

[236] P. Criqui, O. Blanchard, *La valeur du carbone : un concept générique pour les politiques de réduction des émissions* :
http://www.economieinternationale.eu/francgraph/publications/ecointern/rev82/criqui.pdf

actions de réduction des émissions qui ont un coût par TCO_2 évitée bien inférieur, depuis le développement des transports en commun à certaines opérations d'isolation thermiques des bâtiments neufs, en passant par des transformations des procédés industriels ou l'amélioration de l'efficacité des moteurs. (...) La lutte contre l'effet de serre est suffisamment importante pour qu'on réfléchisse sérieusement à la manière d'organiser la société afin d'atteindre l'efficacité écologique maximale des sacrifices importants qui sont demandés à nos concitoyens »[237].

Par rapport aux aspects de valeur économique, le coût de la tonne de CO_2 non envoyée dans l'atmosphère permet de comparer la valeur économique de l'énergie photovoltaïque par rapport à d'autres solutions visant à réduire l'émission de CO_2.

L'efficience énergétique

Toute l'histoire du développement économique est liée à une utilisation croissante d'énergie. Le mouvement ne peut que s'accélérer avec l'entrée en scène des pays émergents. Or il se heurte à deux contraintes de plus en plus fortes : l'épuisement programmé des principales ressources énergétiques fossiles et le réchauffement climatique à cause des émissions de gaz à effet de serre. Le dépassement de ces contradictions nécessitera une transformation profonde des modes de production et de consommation, de façon urgente au sein des pays riches et, très rapidement, au sein des pays émergents. Certains auteurs prônent un changement de paradigme énergétique, qui peut notamment s'expliciter par l'efficience énergétique.

Les besoins des usagers (ménage, entreprise, collectivités) ne sont pas directement des produits énergétiques, mais ils s'expriment par l'intermédiaire de l'acquisition de biens et de services. L'obtention de ces biens et ces services nécessite, pour être satisfaite, une certaine consommation d'énergie. « L'obtention d'un bien ou d'un service requérant de l'énergie, communément appelée service énergétique, S, est la combinaison de trois termes :

$$S = U A E$$

Le premier terme, « U » pour usage, caractérise la façon dont le service dont on a besoin va être obtenu : par exemple le mode de transport pour le déplacement, le type d'habitat, les caractéristiques du confort recherché pour le logement. Ce terme dépend en particulier du climat, mais aussi des habitudes et des modes de vie et, et de façon plus générale du type de civilisation. Le deuxième terme « A » pour appareil, désigne l'équipement ou l'appareil utilisé pour obtenir le service demandé, si l'on prend l'exemple du confort de l'habitat, le terme A désignera les qualités techniques du logement et du moyen de chauffage utilisé, des appareils électroménagers, etc. Le troisième terme, « E » pour énergie, désigne la consommation finale d'énergie correspondant au service rendu S, dans les conditions d'usage « U » et de l'utilisation de l'appareil « A », « E » s'exprime en quantité d'un produit énergétique.

Les termes « U » et « A » caractérisent les conditions dans lesquelles « E » est consommé. La quantité d'énergie « E », consommée pour un service rendu S donné,

237 Christian Gollier, « Vers l'éclatement de la bulle verte ? Un avantage exorbitant pour le solaire », *Le Monde* du 27 janvier 2010.

varie considérablement selon l'usage « U », au sens de la définition large précédente, et l'appareil utilisé « A ». Les exemples sont multiples : quantité de combustible nécessaire pour obtenir la même température à l'intérieur d'un bâtiment selon que celui-ci est bien ou mal isolé ; consommation de carburant selon le mode de transport pour un trajet donné ; consommation d'électricité pour le même éclairage selon qu'on utilise une ampoule à incandescence ou une ampoule fluo compacte, etc. »[238].

L'efficience énergétique, exprimée par le rapport S/E, est un état de fonctionnement du service dans lequel la consommation d'énergie est minimisée pour un service rendu donné, une température donnée dans un bâtiment, un trajet donné, un niveau d'éclairage donné, par exemple. L'efficience énergétique permet de rendre compte de la valeur énergétique d'un type de logement donné ou d'un mode de transport donné par rapport à d'autres formes d'habitation ou de transport existant.

L'efficience énergétique correspond à la mise en œuvre d'un nouveau paradigme énergétique qui consiste à concevoir le système énergétique comme englobant non seulement l'offre, mais également la consommation. Dans le cadre de ce nouveau paradigme, une stratégie de maîtrise de la consommation d'énergie consiste à élaborer et à mettre en œuvre des mesures et des programmes d'action pour transformer nos modes de consommation et de production.

Par rapport aux aspects de valeur, on peut dire que l'efficience énergétique d'un service donné (un type de logement ou d'un mode de transport) exprime *la valeur économique, du point de vue de la consommation d'énergie*, de la solution choisie pour produire ce service par rapport à d'autres solutions possibles (autre type de logement, autre ce mode de transport) pour produire ce service.

MIPS = Material Input Per Service Unit

Le concept et la méthodologie MIPS ont été élaborés par l'Institut de recherche allemand, *Wuppertal Institute for Climate, Environment and Energy*, pour estimer l'impact environnemental de la production d'un produit ou d'un service.

MIPS indique la quantité de ressources naturelles utilisées pour élaborer un produit ou un service. La démarche MIPS intègre la consommation de ressources naturelles durant tout le cycle de vie d'un produit ou d'un service, de l'extraction des matières premières à son recyclage, et notamment ses différentes phases de production et d'utilisation. La logique de la démarche repose sur une séparation entre ce qui relève de l « écosphère » et de la « technosphère ».

Dans le concept MIPS, les ressources naturelles (material inputs) sont classées en cinq grandes catégories, qui sont elles-mêmes détaillées en sous catégories :

– Les matières premières minérales (abiotic ressources) : ressources minières, énergies fossiles, sables, carrières...

[238] Bernard Laponche, *Prospective et enjeux énergétiques mondiaux, un nouveau paradigme*, Agence française de développement, janvier 2008. Voir aussi le site de *Global Chance*, association de scientifiques et d'experts partageant la conviction qu'un développement mondial plus équilibré peut et doit résulter de la prise de conscience croissante des menaces qui pèsent sur l'environnement global, www.global-chance.org.

– Les matières premières vivantes (biotic ressources) : biomasse issue de l'agriculture, biomasse naturelle.
– Les mouvements de terre impliqués par l'agriculture et la sylviculture : altération des terres par le travail mécanique des sols et par l'érosion.
– Eau : eau de surface, nappe phréatique, nappes profondes.
– Air : combustion, transformation chimique, transformation physique.

L'Institut de recherche de Wuppertal a calculé la quantité des différentes catégories de ressources naturelles pour de nombreux produits et services, ces informations qui sont actualisées d'une manière permanente sont disponibles sur le site de cet Institut.

Exemple : Consommation de ressources naturelles pour la production et l'usage d'un T-shirt en coton

	Production (y compris extraction et transport des matières premières)	Production + 100 services d'usages (100 cycles de lavage repassage)	Par unité de service d'usage MPI/S
Matières premières minérales	2,0 kg	119,5 kg	1,2 kg
Matières premières d'origine agricole	1,2 kg	1,2 kg	0,01
Eau	1 480,0 kg	4 200,0 kg	42,0 kg
Air	12,5 kg	40,0 kg	0,04 kg
Érosion	223,0 kg	223kg	2,2k g
Observation	L'électricité (2,83 kWh) est incluse dans les chiffres précédents		

MIPS est très utile pour trouver la ou les solutions qui permettent de diminuer les quantités de ressources naturelles consommées pour un produit ou un service donné. Dans ce type d'approche, on calcule l'intensité en matières premières par service : MI/S. Mais on peut aussi utiliser cette méthode pour augmenter l'efficience des ressources naturelles pour un service donné : S/MI.

Par rapport aux aspects de valeur on peut dire que l'efficience en ressources naturelles pour produire un service donné permet d'apprécier *la valeur économique, du point de vue de la consommation de ressources naturelles,* de la solution choisie pour répondre à ce service par rapport à d'autres solutions possibles ou d'autres solutions à trouver.

L'empreinte écologique

Le concept et la méthode dite de « l'empreinte écologique » ont été élaborés au tout début des années 1990 par Mathis Wackernagel et Willima Rees, dans le cadre d'une thèse de doctorat en planification urbaine de l'Université de Colombie-Britannique. Inscrivant leurs travaux dans la perspective de la mise en œuvre d'un développement économique durable (ou soutenable), les deux chercheurs avaient pour objectif d'élaborer une méthode quantitative pour aider les décideurs à apprécier la « durabilité » ou la « soutenabilité », du point de vue de la *biosphère*, de leurs décisions. Leur ambition était de proposer pour évaluer la soutenabilité écologique, un indicateur synthétique, semblable à celui du PIB utilisé pour évaluer l'activité économique.

Lorsque nous nous déplaçons, lorsque nous mangeons, lorsque nous travaillons ou lors de nos loisirs, nous mobilisons une quantité de matières premières et d'énergie issue de la biosphère, ou ayant un impact sur elle. Plus généralement, pour fonctionner, la sphère économique mobilise une multitude de « services » qui sont gratuitement fournis et régénérés par la biosphère. Par ces services, les auteurs de la méthode entendent rendre compte de « la faculté qu'ont certains éléments naturels de la biosphère à être utiles, et utilisés, par les êtres humains pour pourvoir à leurs besoins et modes de vie : les ressources naturelles de toutes sortes, mais aussi les capacités d'épuration nécessaires pour assimiler nos déchets ; utilité qui leur confère alors une certaine *valeur d'usage* »[239]. Dans le cadre d'un développement qui se voudrait durable ou soutenable, *la question fondamentale à se poser est de savoir si la sphère économique mobilise davantage de services issus de la biosphère que celle-ci peut en générer*.

Pour répondre à cette question, il faut évaluer et comparer :

– la quantité de services issus de la biosphère nécessaire pour faire fonctionner la sphère économique (demande de nature, ou empreinte écologique de la sphère économique) ;

– la quantité de ces mêmes services que la biosphère est capable de régénérer (l'offre de nature ou biocapacité de la biosphère).

Si (1) est supérieur à (2), les capacités de la biosphère à générer des services se dégradent on est dans le cadre d'un développement économique non durable ou insoutenable. C'est cette équation à deux composantes (demande et offre de nature) qui fonde le système comptable de l'empreinte écologique[240].

Les surfaces bioproductives ou la biocapacité d'un territoire et de la Terre

Le concept de l'empreinte écologique repose sur le constat que *les ressources biologiques* qui permettent d'assouvir les besoins de l'humanité sont le résultat du processus de photosynthèse. « La quantité de ressources issues de la biosphère est donc essentiellement dépendante de la quantité de surface disponible sur Terre pour capter la lumière du Soleil et utiliser cette dernière afin de produire de la matière organique par le biais de la photosynthèse. Les surfaces de sol et de mer dotées de cette capacité sont qualifiées de surfaces biologiquement productives, ou « bioproductives »[241].

---

[239] A. Boutaud, N. Gondran, *L'empreinte écologique*, La Découverte, Paris, 2009, p. 37.

[240] *Ibid.*, p. 38.

[241] *Ibid.*, p. 49.

Chaque type de consommation ou de production de déchets que nous provoquons peut être évalué sous la forme d'une surface bioproductive qu'il convient de mobiliser pour produire ce service. Par exemple, il faut une certaine surface de pâturages pour produire chaque année une tonne de viande, ou une certaine surface d'espaces marins pour produire durant cette même période une tonne de thon, sans dégrader, bien sûr, les capacités productives de ces surfaces. Il faut également une certaine quantité de surface bioproductive pour, par exemple, assimiler certains déchets comme le CO_2, émis par les activités humaines.

Afin de pouvoir additionner des surfaces ayant des capacités bioproductives différentes, le système comptable de l'empreinte écologique pondère chaque surface de sol et de mer en fonction de sa productivité de biomasse utilisable. Ces surfaces standardisées sont appelées « hectares globaux » (hag). Par exemple, un pays qui disposerait d'un million d'hectares de terres et de mers dont la productivité serait supérieure de 50% à la moyenne mondiale, ce pays serait ainsi doté d'une surface bioproductive de 1,5 million d'hectares globaux.

Pour calculer la biocapacité d'un territoire, cinq grandes catégories de surfaces ont été définies : terres cultivées, pâturages, pêcheries, forêts (production de bois et séquestration de CO2), terrains bâtis (biocapacité utilisée par les surfaces urbanisées). La conversion entre hectares réels et hectares globaux est opérée en utilisant :

– Des facteurs d'équivalence qui reflètent les variations de productivité entre les différentes catégories de surfaces. Par exemple, un hectare de champ cultivé aura en moyenne une productivité plus grande supérieure à un hectare de pâturage. Le facteur d'équivalence d'une catégorie de surface est le rapport entre le potentiel moyen de productivité de ce type de surface et le potentiel moyen de productivité de l'ensemble des surfaces productives. Ces facteurs d'équivalence sont établis pour une année donnée.

– Des facteurs de rendement ou de récolte qui reflètent les différences de productivité entre chaque catégorie de surface d'un territoire donné et la moyenne mondiale de cette catégorie.

Le calcul de l'empreinte écologique

« L'empreinte écologique mesure la surface des sols et d'espaces aquatiques bioproductifs nécessaires à une société donnée pour fournir les ressources biologiques nécessaires à son niveau de consommation durant une année donnée»[242]. L'empreinte écologique d'une société mesure donc la consommation nette par cette société des ressources issues de la biosphère ; c'est-à-dire que dans l'empreinte écologique d'un territoire sont prises en compte les consommations de ressources de la biosphère intégrées dans les importations, par contre sont déduites les ressources intégrées dans les exportations. Le calcul de l'empreinte écologique d'un territoire ou d'une société donnée s'établit à partir de cinq grandes catégories de consommation : produits des cultures, produits animaux, pêcheries, produits de la forêt, terrains bâtis.

Pour calculer l'empreinte écologique liée aux consommations des ressources biologiques renouvelables (céréales, légumes, fibres textiles, lait, viande, laine, cuir, poissons,

---

[242] A. Boutaud, N. Gondran, *op. cit.*, p. 65.

[243] *Ibid.*, p. 108.

[244] *Ibid.*, p. 94.

bois de construction, bois de chauffage, bois pour papier...), la méthode consiste pour chaque catégorie de production, à diviser la quantité de ressource consommée (en tonnes/an) par le rendement global (en tonnes par hectare et par an), avant d'ajuster ce chiffre en fonction du facteur d'équivalence correspondant (en hectare global par hectare).

Le calcul de l'empreinte écologique liée aux consommations d'énergie fossile, pose un problème particulier, puisqu'elles sont tirées du sol et n'occupent pas en conséquence une surface de sol bioproductive. Deux approches sont possibles : « soit évaluer la surface de terre ou de mer bioproductive qui serait nécessaire pour produire une quantité équivalente d'énergie à partir de la biomasse (hypothèse de substitution) ; soit évaluer la surface bioproductive nécessaire pour assimiler les déchets générés (notamment le CO_2) par l'utilisation de ces énergies fossiles (hypothèse de séquestration). C'est cette deuxième approche qui a été préférée jusqu'à maintenant.

On peut noter que les méthodes MIPS et de l'empreinte écologique tout en ayant des objectifs proches ont des approches très différentes. La première approche nécessite pour chaque produit et/ ou service consommé de connaître la quantité de ressources mobilisées tout au long du cycle de vie du produit. Par contre, dans la deuxième approche, le calcul de l'empreinte écologique se fait à partir de données statistiques nationales agrégées. Par exemple pour calculer l'empreinte écologique associée à la production de papier, cette approche n'a pas besoin de connaître le détail de chaque utilisation finale, il suffit de connaître le volume total de papier utilisé dans une société ou un territoire donné sur une année. Il faut aussi rappeler que par rapport à MIPS « l'empreinte écologique limite son champ d'action à la mesure des impacts liés à l'utilisation des ressources potentiellement renouvelables et/ou assimilables par la biosphère »[243].

Résultats

C'est à partir de 1987, que l'empreinte écologique exprimée en « hectares globaux » a dépassé pour la première fois la biocapacité mondiale. Depuis cette date, les activités humaines sollicitent chaque année plus de services issus de la biosphère que celle-ci est capable d'en régénérer. Notons que sur la période de 1961 à 2003 l'empreinte écologique de l'humanité a quasiment triplé. Il est important de souligner que l'empreinte carbone qui représentait 10% de l'empreinte écologique globale au début des années 1960, est responsable aujourd'hui de quasiment la moitié de cette dernière. Par contre, l'empreinte des ressources renouvelables (cultures, pâturages, forêts et pêcheries) a beaucoup plus modestement augmenté ; mesurée par habitant, cette empreinte des ressources renouvelables a même globalement diminué, traduisant une augmentation des rendements agricoles.

Il est important de souligner que si on voulait élargir à l'ensemble du monde le mode de consommation, et de production de l'Union Européenne, il nous faudrait disposer 2,7 planètes Terre. Si chaque habitant de la planète avait une empreinte écologique similaire à celle des Nord-Arméricains, il nous faudrait alors 5,2 planètes. « L'Europe et l'Amérique du Nord qui rassemblent moins de 17% de la population mondiale, comptent pour près de la moitié de l'empreinte écologique globale »[244]. Une minorité de la population a une empreinte écologique supérieure à la biocapacité globale, tandis que la majorité de la population mondiale a encore une empreinte écologique inférieure à la biocapacité mondiale.

Par rapport aux aspects de valeur, on peut dire que l'empreinte écologique permet d'évaluer pour une société donnée ou un territoire donné, la quantité de ressources biologiques fournies par la biosphère pour satisfaire les besoins de cette société ou de ce territoire. Le calcul de l'empreinte écologique permet d'apprécier *la valeur économique, du point de vue de l'utilisation des ressources biologiques*, du mode de développement choisi par une société ou un territoire.

L'intérêt de l'empreinte écologique est de mesurer l'offre de ressources biologiques (mais aussi la demande) non plus en prix mais en hectare global. Un pays dont l'empreinte écologique est supérieure à un, a adopté un modèle de développement qui détruit de la valeur économique du point de vue de l'utilisation des ressources biologiques. Deux pays présentant le même niveau de développement, le plus riche en termes d'utilisation ou plutôt de préservation des ressources biologiques, sera celui dont le rapport demande de nature/offre de nature sera le plus faible. De manière plus fondamentale, le calcul de l'empreinte écologique permet de tester la durabilié ou la soutenabilité du modèle de développement initié par les pays industrialisés. La réponse est claire, notre mode de développement est insoutenable par rapport aux capacités biogénératives de la Terre. Ce mode de développement est donc dans un processus de destruction de la biosphère, mettant ainsi en péril toute forme de vie sur la Terre.

Une nouvelle approche de la richesse économique d'un territoire du point de vue du développement humain

Il est important de rappeler que la richesse d'un pays ou d'un territoire s'apprécie d'abord à la capacité qu'ont les groupes sociaux de ce pays ou de ce territoire de construire des compromis sur les objectifs de développement et donc sur les valeurs qui les fondent.

Dans un premier temps, on peut estimer que l'indicateur de développement humain du PNUD, qui a pour objectif de mesurer le progrès de développement des pays en termes de santé, d'éducation, de revenu (PIB par habitant), constitue une partie de la réponse pour essayer d'estimer ce qu'est la richesse d'un pays du point de vue du développement humain. Rappelons que cet indicateur mesure un résultat et ne donne aucune information sur les consommations de ressources – ressources financières, mais aussi ressources naturelles, ressources humaines – que ce pays a utilisé pour atteindre ce résultat. Entre deux pays ayant connu la même évolution de son indicateur de développement humain sur la même période, le plus riche, économiquement parlant si on reprend la notion de valeur proposée économique par F. Engels, sera celui qui aura utilisé moins de ressources pour atteindre le même résultat. Entre deux pays ayant le même indicateur de développement humain au temps (t), ayant utilisé durant, la même période, le même volume de ressources pour mettre en œuvre leur développement humain, le plus riche sera celui dont l'indice de développement humain sera le plus élevé au temps (t+n). Le même raisonnement peut se faire au niveau de chacune des politiques de santé, d'éducation, de revenus, etc. pour apprécier l'augmentation de la richesse d'un pays du point de vue de la santé, de l'éducation, du logement, etc. de sa population.

Une richesse économique aux multiples points de vue

Qu'il s'agisse des aspects environnementaux ou qu'il s'agisse du développement humain, on assiste à une croissance de la diversité des indicateurs de résultats (voir chap. 3, partie II) et dans une bien moindre mesure des indicateurs d'efficience économique (voir *supra*). Cette tendance révèle que les acteurs économiques découvrent qu'il existe une diversité de points de vue pour apprécier la richesse d'un pays ou d'un territoire. Il est donc de plus en plus aberrant de vouloir prétendre parler d'une manière globale de la richesse d'un pays ou d'un territoire. La richesse mesurée par le PIB n'exprime qu'un point de vue parmi bien d'autres et sous la condition d'admettre que le prix permette d'apprécier la valeur économique d'un bien ou d'un service.

Dans cette démarche pour estimer la valeur économique des politiques de développement, la richesse économique n'est pas un résultat (à la différence du PIB), mais un processus de valorisation, de mise en valeur de ressources et notamment de ressources humaines. D'autre part, rappelons que la richesse économique de tel ou tel acteur économique, est toujours une notion relative, elle se définit toujours par rapport à la richesse d'autres acteurs économiques. Il en est de même de la valeur économique ; la valeur économique d'un nouveau bien, d'un nouveau service, d'une nouvelle politique de développement, du point de vue de tel ou tel acteur économique, ne peut être appréciée que par rapport à d'autres biens, services ou politique de développement déjà existant.

En fonction de la notion de valeur économique proposée par F. Engels, et par rapport aux objectifs du développement humain du PNUD, la richesse économique d'un pays, d'un territoire, du point de vue de ses habitants, pourrait alors être appréciée à partir de la mise en œuvre, ou plutôt de la « valorisation » économique de leurs potentialités, de leurs talents, de leurs savoir-faire, à partir de leurs « *capabilities* » spécifiques pour reprendre une expression de l'économiste indien, Amartya Sen, prix Nobel d'économie. C'est ainsi qu'on pourra redécouvrir que « les pauvres sont plus riches qu'on ne le croit » comme nous l'invite de la faire l'économiste péruvien Hernando de Soto[245] ou l'économiste iranien Majid Rabnema[246]. Mais surtout on découvrira que notre mode de développement actuel tout en produisant plus de biens et de services engendre plus de pauvreté, en frustrant les *capabilities* d'un nombre de plus en plus grand d'individus. Ceci est encore plus manifeste si on prend en compte les objectifs de développement durable et les contraintes environnementales de notre planète Terre : dans notre mode de développement actuel plus on produit de biens et de services plus on créée des perspectives de pénurie et de pauvreté par rapport aux générations futures.

---

245 Hernando de Soto, *Le Mystère du capital*, Flammarion, Paris, 2007, voir aussi son interview dans *Le Monde 2* du 8 novembre 2009, p. 8.

246 Majid Rahnema, Jean Robert, *La Puissance des pauvres*, Actes Sud, Arles/Paris, 2008. On peut aussi mentionner le livre de l'économiste Béninois Albert Tevoedjré, *La pauvreté, richesse des peuples*, Les Éditions ouvrières, 1978.

Chapitre 2

Mettre en œuvre de nouveaux processus de création de surplus économique

Il est important de rappeler que tout processus de développement économique nécessite d'affecter une partie des résultats de la production, non à la consommation finale, mais à l'investissement matériel (systèmes de production et infrastructures) et immatériel (éducation, formation, santé, recherche...). Rappelons aussi que dans le modèle de développement adopté par les pays industrialisés, c'est la valeur ajoutée produite par l'entreprise qui permet à celle-ci de payer les salaires et charges salariales, les actionnaires, les impôts, et de financer ses investissements productifs ; et ce sont les impôts payés par les entreprises (taxes et impôts sur les bénéfices) et par les individus (TVA sur les biens consommés et impôts sur les revenus) qui permettent à l'État de financer les investissements d'infrastructure, d'éducation, de santé, de sécurité... qui lui sont à charge ou qui lui restent à charge. En définitive, à l'échelle d'un pays et dans le modèle de développement que nous connaissons c'est une partie du PIB (en tant que somme des valeurs ajoutées) qui est affecté au financement des investissements.

On sait aujourd'hui que notamment pour des raisons écologiques et à cause de l'épuisement des ressources naturelles non renouvelables, notre modèle de développement n'est pas généralisable à l'ensemble du monde. Pour permettre aux pays moins avancés de mettre en œuvre un processus d'industrialisation, certains préconisent une décroissance du PIB des pays les plus avancés. Si le PIB décroît les capacités d'investissement des pays industrialisés vont également décroître et il leur sera par exemple beaucoup plus difficile de mettre en œuvre de nouvelles filières de production en matière d'énergie renouvelable. Dans notre modèle de développement, la décroissance a aussi des conséquences dramatiques au niveau de l'emploi ; nous savons qu'il nous faut atteindre des taux de croissance de 2% à 3% pour commencer à se rapprocher de situations de plein emploi, une décroissance du PIB ne peut que provoquer une forte croissance du chômage. Comment gérer les conséquences sociales et politiques (montée des corporatismes, des revendications nationalistes…) d'une telle stratégie de décroissance ? Nul ne sait sur quoi risque de déboucher la rupture prônée par les défenseurs de la décroissance. À court terme, la protection de l'emploi n'est pas discutable. Pour cela il faut des politiques volontaristes en matière de création d'emplois, de partage du travail, de diminution du coût du travail[247]. Le coût du travail peut être diminué en mobilisant d'autres ressources pour financer la protection sociale, par exemple en élargissant la CSG qui permet de mettre à contribution les revenus du capital et les retraites, en instituant la TVA sociale (les pays scandinaves ont une TVA à 25% contre 19,6 en France ; l'Allemagne a augmenté la TVA de 3 points en 2007). La TVA sociale présente l'intérêt de faire contribuer la consommation de biens importés au financement de la protection sociale. En matière de création d'emploi un récent rapport de la Commission du développement durable du Royaume-Uni[248] prône de changer le moteur de la croissance par la production et la vente de services dématérialisés tels que centres de santé et de mis en forme, services locaux de réparation et d'entretien, ateliers d'artisanat, activités musicales et théâtrales, formations locales, etc. La conversion écologique de l'économie et les investissements écologiques peuvent aussi contribuer d'une manière significative à la création de nouveaux emplois. Mais comment financer ces investissements si le PIB décroît ?

Mobiliser de nouveaux surplus monétaires pour financer la transition

Pour financer les investissements pour une production plus respectueuse des contraintes environnementales et plus généralement pour financer la transition vers de nouveaux modèles de développement il nous faut trouver des sources de création de surplus monétaire complémentaires au PIB. On peut rappeler que les tentatives pour mettre en œuvre un développement durable, ont été à l'origine de propositions de création d'écotaxes. Celles-ci ont pour objectif de participer au financement des investissements qui doivent permettre de diminuer les gaz à effet de serre et de produire de l'énergie à partir de ressources renouvelables. Ceci signifie que la création du surplus monétaire qui s'opère au sein du processus de production, pour auto-entretenir la croissance n'est pas suffisante ou n'est pas aisément mobilisable pour promouvoir et financer ces premières applications d'un développement durable.

---

[247] Pour plus de détails voir article de Guillaume Duval, « Chômage, vraies pistes et fausses solutions », *Alternatives économiques*, n°295, octobre 2010, pp. 9-10.

[248] Tim Jakson, *op cit.*

Le problème du financement de nouveaux investissements sera encore plus déterminant lorsqu'il s'agira de mettre en œuvre d'autres modèles de développement. Il faudra alors trouver et mobiliser de nouvelles formes de création de surplus. L'histoire économique révèle que la création de nouveaux modèles de développement, et notamment le modèle d'industrialisation des pays développés, a exigé la mobilisation de nouvelles formes de création de surplus. Il en a été de même pour les pays de l'ex-bloc soviétique, qui ont décidé de suivre le modèle des pays capitalistes industrialisés, et qui ont dû financer la « transition » vers ce modèle.

On peut observer que ces nouvelles formes de création de surplus pour financer des transitions d'un modèle de développement à un autre ont été jusqu'à maintenant, et dans la plupart des cas liées à une augmentation de l'exploitation du travail. Mais ceci n'est pas une fatalité. Par exemple, aujourd'hui pour financer, dans un premier temps, les changements et les investissements répondant aux contraintes environnementales d'un développement durable, il existe des gisements de surplus à mobiliser dans les inégalités qui se sont creusées dans nos sociétés au niveau des salaires et plus encore au niveau des processus de valorisation du patrimoine. La lutte pour l'environnement passe par la lutte contre les inégalités socio-économiques. Il nous faudra aussi explorer la solution de la création de monnaies complémentaires comme moyen de création de surplus économiques et donc d'emploi sur un territoire donné. Par rapport aux objectifs d'un modèle de développement, la monnaie n'est pas un outil neutre comme certains voudraient nous le faire croire. Il suffit de se rappeler que les pratiques spéculatives au niveau international, qu'elles concernent certains actifs financiers, ou certaines matières premières, ou encore des denrées alimentaires telles que le blé, le riz, ne sont possibles que parce qu'il existe de fait, un très petit nombre de monnaies internationales, immédiatement convertibles entre elles. Ces monnaies permettent l'échange de marchandises au niveau mondial, mais elles sont aussi le moyen pour certains de créer de nouvelles formes de surplus monétaire à leur profit au détriment des consommateurs et dans certains cas au détriment de certaines populations se trouvant aux limites du seuil de subsistance (les émeutes de la faim de 2008, par exemple). Enfin, il nous faudra évoquer le crédit, comme forme de mobilisation d'un surplus et qui est en grande partie, accaparé par le système bancaire et financier au niveau mondial.

Industrialisation et surplus agricoles

Le modèle de développement industriel qu'ont suivi les pays européens à partir du XIXe siècle n'a pu être mis en œuvre que grâce à la création de surplus économiques dans l'agriculture. Ces surplus agricoles ont pris plusieurs formes. Le premier type concerne la production. Le surplus agricole, c'est d'abord l'excédent de production des cultivateurs qui n'est pas consommé par eux-mêmes et qui sert à nourrir les autres catégories de la population. Le surplus agricole s'apprécie également au niveau des prix agricoles : un abaissement des prix alimentaires permet une baisse des coûts salariaux dont bénéficient tous les secteurs. Dans les pays industrialisés, la productivité du travail agricole est considérée comme la base de l'accumulation du capital. Un deuxième type de surplus concerne la main-d'œuvre. « Dès lors que la productivité du travail agricole augmente, l'agriculture comme secteur dégage des ressources en main d'œuvre dans lesquelles pourront puiser les autres secteurs de l'économie »[249]. Un troisième type de surplus concerne l'épargne des agriculteurs, qu'elle soit volontaire ou forcée (impôts, taxes).

Pour que les surplus de l'agriculture puissent bénéficier à l'industrialisation, il était nécessaire que les premiers changements au sein de l'agriculture précèdent la révolution industrielle, ce fut notamment le cas en Angleterre (voir encadré).

En Angleterre, le progrès de l'agriculture a précédé la révolution industrielle

« Il est certain que la technique industrielle et le machinisme ne jouent, dans la vie rurale, qu'un rôle négligeable jusqu'en plein du XIXe siècle. (...) Jusqu'en 1830, le fléau, la faucille et la faux restent les outils ordinaires des fermes anglaises. Si bien que les progrès de l'agriculture anglaise avant la Révolution industrielle, progrès indiscutables, ne dérivent pas tant de la machine ou de cultures miracles, que de nouvelles formes de l'utilisation des sols, de répétition des labours, des rotations des cultures qui visent à la fois à éliminer les jachères et à promouvoir l'élevage, source utile d'engrais, donc à éviter l'épuisement des sols, d'une attention à la sélection des semences et des races ovines et bovines, une agriculture spécialisée augmentant ses rendements, avec des résultats qui ont varié de région à région, selon les conditions naturelles et les obligations de l'échange qui ne sont jamais les mêmes ».

Source : Fernand Braudel, *Le temps du Monde,* Armand Colin, Paris1979, p. 483.

La mobilisation du surplus agricole est encore aujourd'hui une des voies proposées par les théories du développement pour permettre aux pays pauvres d'enclencher un processus de développement et de financer la transition, jusqu'à ce que l'épargne intérieure atteigne un niveau satisfaisant et que la croissance s'auto-entretienne.

Rappelons que le financement de la transition est une question qui se pose encore aujourd'hui aux anciens pays de l'Union soviétique qui sont

[249] Lahsen Abdelmalki, *Économie du développement*, Hachette supérieur, Paris, 1995.

passés, avec plus ou moins de succès, d'une économie dirigée à une économie de marché.

S'interrogeant pour savoir pourquoi l'Europe fut le berceau de la révolution industrielle et pas la Chine, l'historien et sinologue américain Kenneth Pomeranz[250] souligne que la chance de la Grande-Bretagne fut de disposer d'importants gisements de charbons à proximité des lieux de l'activité économique, alors que les ressources chinoises étaient éloignées des grandes régions de production. Selon cet auteur, le combustible fossile joua au XIXe siècle le rôle de « substitut de la terre », au moment où on ne parvenait plus à accroître ses rendements. Il rappelle également que la croissance des pays européens ne fut pas seulement endogène, mais rendue possible par des ressources extérieures. Le rôle des colonies dans la création de surplus économique mobilisé par les pays européens à partir de l'exploitation des matières premières (minières et agricoles) et de la force de travail de ces territoires est difficile à évaluer[251].

L'importation de biens de consommation à bas prix

En Angleterre, le 15 mai 1846, le Parlement votait la suppression des droits de douane sur les importations de blé. En effet, les producteurs de blé et en particulier les propriétaires terriens étaient arrivés à imposer en 1815 des lois sur les blés (*corn laws*) qui leur garantissaient un prix élevé, et de fait l'interdiction des importations. Comment expliquer la suppression des *corn laws* dans un pays où les conservateurs au pouvoir défendaient le protectionnisme ? : « Du blé cher signifie du pain cher et donc des salariés mal nourris et réticents à accepter les baisses de salaires que cherchent à leur imposer les manufacturiers. Ces derniers vont donc se mobiliser en créant, en 1836, la Ligue anti-*Corn Laws* (...). Cette première association de grands patrons va se révéler d'une efficacité politique redoutable. Elle effectue un énorme travail militant ; publication de pamphlets et discours publics se succèdent à un rythme effréné pendant plusieurs années »[252] et elle réussit

---

250 Kenneth Pomeranz, *Une grande divergence, La Chine, l'Europe et la construction de l'économie mondiale*, Editions de la Maison des Sciences de l'homme, Paris. Voir aussi Claire Judde de Larivière, « Chine Europe ; le grand écart », *Le Monde* du 2 avril 2010.

251 L'idée même d'un rôle décisif des colonies dans l'industrialisation de l'Europe a été remise en cause par plusieurs auteurs, voir Paul Bairoch, *Mythe et paradoxe de l'histoire économique*, Paris, La Découverte, 1994. Dans son livre *L'échelle du Monde* (Gallimard, 1997), Patrick Verley, spécialiste de l'histoire économique, expose les différentes thèses sur les causes de la première industrialisation, selon cet auteur « Chaque génération d'économistes ou d'historiens économistes apporte son interprétation conditionnée par les visions théoriques et les problèmes de son temps » (et aussi *Sciences Humaines* n°81, mars 1998, p. 48).

252 Christian Chavagneux, « La fin des *Corn Laws* », in *Les grandes dates de l'histoire économique*, *Alternatives économiques*, HS Pratique, n°36, pp. 77-79.

ainsi à créer un rapport de force contre les propriétaires terriens au pouvoir et à imposer la suppression des *corn laws*. Comme le fait remarquer Christian Chavagneux dans son article sur les *corn Laws*, ces industriels anglais ont lu David Ricardo qui leur assure dans son ouvrage majeur *Des Principes de l'économie politique et de l'impôt*, que « si au lieu de récolter du blé chez nous, nous découvrons un nouveau marché où nous puissions nous procurer ces objets à meilleur compte, les salaires devront baisser et les profits s'accroître ».

Aujourd'hui, les propos de Ricardo restent pertinents, et un des rôles de la mondialisation pour les entreprises des pays industrialisés et pour les classes dirigeantes au pouvoir, est de contenir la hausse des salaires en important des produits et des services (centre d'appels) des pays émergents ou des pays du sud. Les firmes multinationales jouent un rôle fondamental par rapport à cet objectif de contenir les salaires dans les pays industrialisés. Comme le fait remarquer Pierre-Noël Giraud, professeur d'économie à Mines ParisTech, dans un article sur la crise et la mondialisation : « la crise, à court terme, n'infléchira pas de manière significative le cours de la mondialisation ». Et de souligner « Les acteurs économiques globalisés sont devenus plus puissants, mais ils sont aussi de moins en moins nombreux dans chaque secteur : on assiste à la constitution d'un petit nombre d'oligopoles mondiaux qui sont en train de tondre le salarié et le consommateur moyen au niveau mondial. Face à eux, on aurait évidemment besoin d'une politique cohérente et ambitieuse de régulation de la finance, de la concurrence et des droits de propriété sur lesquels s'appuient ces acteurs pour créer des situations de monopoles. Mais cela ne pourrait être obtenu que par accord entre les plus grandes puissances, à tout le moins. Or, l'analyse du problème n'est pas partagée, les intérêts des États divergent et, surtout, il n'existe pas de système politique qui pousse à de tels accords. Les systèmes politiques restent nationaux alors que le système économique est mondial. C'est le problème »[253].

Après avoir rappelé deux exemples de création de surplus mobilisés dans le passé lors de la mise en œuvre de notre modèle d'industrialisation (et encore appliqué aujourd'hui au niveau mondial), il nous faut maintenant préciser les formes de création de surplus économique susceptibles de financer la transition de notre modèle d'industrialisation vers d'autres modèles de développement, en sachant que « verdir » notre modèle de croissance ne sera pas suffisant.

---

253 Pierre-Noël Giraud, « Les règles du jeu ne sont pas vraiment en train de changer », *Alternatives économiques*, HS n°84, 2e trim. 2010, p. 18.

Comment financer la transition vers une économie mondiale verte ?

Tel était l'objectif de la conférence du PNUE (Programme des Nations Unies pour l'Environnement) organisée en février 2008 à Monaco et qui rassemblait une centaine de ministres du monde entier. Pour Achim Steiner, directeur exécutif du PNUE : « Nous apercevons déjà une transition vers une société à faible carbone. Des milliards de dollars sont actuellement investis dans les énergies renouvelables et des centaines d'institutions avec plusieurs milliards de dollars d'actifs sont maintenant en train d'appuyer les principes d'investissement qui tiennent compte des préoccupations environnementales, ainsi que des questions sociales et de gouvernance ». Cet optimisme ne sera malheureusement plus d'actualité après de la conférence des Nations Unies sur les négociations climatiques à Copenhague, en décembre 2009, qui était une étape importante dans l'engagement des différents pays pour lutter contre le réchauffement climatique de la planète Terre (voir ci-après).

Les enjeux de la conférence de Copenhague : cinquante-six journaux lancent un appel commun aux chefs d'État de la planète

« Aujourd'hui, cinquante-six journaux de quarante-cinq pays ont **prix** l'initiative sans précédent de parler d'une seule voix en publiant un éditorial commun. Nous le faisons car l'humanité est confrontée à une urgence aiguë. Si le monde ne s'unit pas pour prendre des mesures décisives, le changement climatique ravagera notre planète et avec elle, notre prospérité et notre sécurité. Les dangers sont apparus depuis une génération (...) ».

« Nous demandons aux représentants des cent quatre-vingt-douze pays réunis à Copenhague de ne pas hésiter, de ne pas sombrer dans les querelles, ne pas se rejeter mutuellement la faute, mais de réagir face à ce qui est aujourd'hui le plus grand échec politique contemporain. Le changement climatique nous affecte tous, et c'est ensemble que nous devons nous y attaquer (...) ».

« Le cœur du traité devrait consister en un accord entre le monde riche et le monde en développement, définissant la manière dont sera réparti le fardeau visant à lutter contre le changement climatique – et la façon dont nous nous partagerons une nouvelle et précieuse ressource : le millier de milliards de tonnes de carbone que nous pourrons encore émettre avant que le mercure n'atteigne des niveaux alarmants (...) ».

« Le monde riche est responsable de la majeure partie du carbone accumulé dans l'atmosphère – soit les trois quarts du dioxyde de carbone émis depuis 1850. Il doit donc donner l'exemple, et chaque pays développé doit s'engager à prendre des mesures énergiques susceptibles de faire baisser dans les dix ans à venir ses émissions à un niveau nettement inférieur à celui qu'il était en 1990 (...)».

« La transformation sera onéreuse mais son coût sera largement inférieur à celui du récent sauvetage de la finance mondiale - et infiniment moindre que le prix que nous aurions à payer en cas d'inaction.
« Beaucoup d'entre nous, notamment dans les pays développés, devront modifier leur façon de vivre. L'époque des billets d'avion qui coûtent moins cher que la course en taxi pour se rendre à l'aéroport touche à sa fin. Nous allons devoir acheter, manger et voyager de façon plus intelligente. Nous devrons payer notre énergie plus cher, et en consommer moins ».

Le sommet de Copenhague s'est conclu par un vague accord de principe et une promesse de financement pour les pays pauvres, les plus menacés par le changement climatique. Les prochaines conférences sur le climat essaieront de remettre sur les rails les négociations entre les 194 pays membres de la CNUCC (Convention-cadre des Nations Unies sur le changement climatique). Comme le soulignaient Dominique Bourg et Nicolas Hulot, « l'abandon de la taxe carbone serait irresponsable. La contribution climat-énergie n'était que l'amorce d'un basculement général de nos régulations, notamment fiscales, afin de rendre nos économies et nos comportements plus économes en ressources »[254].

Les monnaies complémentaires et la création d'un surplus sur un territoire donné

Il peut apparaître étrange de parler de monnaies locales, alors que la tendance est plutôt, avec notamment l'euro, à la création de monnaies internationales ou transnationales. Les expériences des monnaies régionales en Suisse et en Allemagne, par exemple, suggèrent de considérer ces monnaies locales non pas comme des monnaies de remplacement des monnaies transnationales mais comme des monnaies complémentaires. La mondialisation telle qu'elle a été mise en œuvre depuis plusieurs décennies est loin de répondre aux espoirs et attentes de l'élargissement des processus d'échanges de biens et de services à l'échelle de la planète. Dans beaucoup de pays, les inégalités entre les plus riches et les plus pauvres se sont creusées et les pouvoirs économiques et financiers tant dans les pays industrialisés que dans les pays émergents se sont concentrés dans les mains d'une caste qui gère ses intérêts au niveau mondial.

Dans son article[255] sur le thème de la crise et la mondialisation, Pierre-Noël Giraud s'interroge sur le lien entre la crise financière de 2008-2009 et le creusement des inégalités à l'échelle mondiale comme au sein des

[254] Dominique Bourg, Nicolas Hulot, « Fiscalité écologique et razzia planétaire », *Le Monde* du 6 avril 2010.

[255] Pierre-Noël Giraud, *op. cit.*

sociétés. Pour P.-N. Giraud, les rémunérations extraordinaires constatées dans le secteur de la finance sont moins liées à la mondialisation qu'à l'évolution de la finance de marché de plus en plus dominée par des banques d'affaires en situation de monopole : les barrières à l'entrée sont gigantesques, le niveau de technicité requis très élevé et les besoins de liquidités énormes. « Au final, les activités financières, se concentrent dans quelques établissements bancaires qui tirent du reste de l'économie des *surplus exorbitants* (…) les rémunérations des traders ne sont que la partie émergée de l'iceberg des profits ».

Il ne s'agit pas de refuser la mondialisation mais de la mettre en œuvre différemment. Certains préconisent de séparer les activités des banques commerciales et les activités des banques d'affaires et de limiter la dimension des banques. Une autre solution, préconisées par Bernard Lietaer[256] – expert monétaire et auteur notamment de *Future of Money* et de *Monnaies Régionales* – serait de permettre aux territoires (au niveau d'une communauté de communes, d'un département ou d'une région) de se réapproprier en partie les surplus exorbitants accaparés par quelques banques d'affaires internationales en créant des monnaies complémentaires à l'échelle de territoires spécifiques. Il s'agit de redonner aux territoires un pouvoir économique qu'ils ont perdu au profit d'acteurs globalisés. Il s'agit de leur donner les moyens de prendre de nouvelles initiatives de développement économique avec l'objectif de valoriser leurs ressources, leurs savoir-faire et de combattre certains effets néfastes de la mondialisation.

Des exemples de monnaies locales qui fonctionnent sur certains territoires, pour certaines depuis plusieurs décennies, sont intéressants à rappeler.

Le Wir : une monnaie complémentaire créée par des PME suisses[257]

La monnaie WIR est née en Suisse au plus fort de la crise économique et monétaire des années 1930. Durant cette période, du fait notamment d'une forte thésaurisation de la monnaie par les particuliers (20% des billets en circulation), les banques disposaient moins d'argent pour accorder des crédits. D'autre part, les monnaies étant liées à l'or, les instituts d'émission ne pouvaient pas mettre autant d'argent en circulation qu'elles le voulaient (contrairement à ce qui se passe aujourd'hui). En 1934, quelques patrons de PME, réunis dans une société coopérative WIR (Wirtschagtring-

256 Bernard Lietaer, ancien fonctionnaire de Banque nationale de Belgique, a contribué à la création de l'ECU.

257 *Source* : La Banque WIR, *Horizons et débats*, n°37, 15 septembre 2008.

Genossenschaft : Cercle économique société coopérative) ont mis en place un système de monnaie parallèle pour assurer la survie de leurs échanges. Ils ont été influencés par Silvio Gesell auteur de *l'Ordre économique naturel* qui prônait la création de monnaies fondantes pour favoriser la circulation de la monnaie.

WIR a créé une unité de compte, indexée sur le Franc Suisse, l'avoir Wir, qui fonctionne comme de l'argent. L'avoir Wir est juridiquement un crédit client-fournisseur. Le preneur de crédit choisit de préférence des fournisseurs parmi des sociétés associées à la coopérative qui seront payés en Wir, et ces dernières utiliseront ces avoirs Wirs pour faire des achats à d'autres membres de la coopérative. En règle générale, les factures sont payées en Wir à raison de 30 à 40% du montant total ; le solde est payé en francs suisses, car les entreprises participantes versent leurs salaires en francs et de nombreux autres frais, tels les impôts, ne peuvent pas être payés en Wir.

La coopérative Wir gère, et organise la compensation des comptes de ses clients. Wir rémunère le service qu'elle rend en prélevant 0,5 à 1% sur chaque transaction, en francs suisses. Les avoirs en compte Wir ne sont pas rémunérés. À l'origine, les avoirs n'étaient pas seulement non rémunérés, mais un droit de rétention était perçu, pour inciter à remettre l'argent rapidement en circulation.

Depuis 1936, la Société coopérative WIR a le statut d'une banque et est soumise aux strictes prescriptions de la Commission fédérale des banques[258]. En 1998, la société coopérative a changé de nom : Banque WIR. Elle a offert à ses membres des comptes de placement en francs suisses avec des taux d'intérêt attractifs, tout en continuant son activité en Wir. En 2000 elle s'est ouverte au public. Non seulement les entreprises, mais aussi les particuliers peuvent aujourd'hui recourir à ses services et devenir membres de la coopérative. Des comptes d'épargne, de gestion, de placement en francs suisses font partie de son offre ainsi que des crédits hypothécaires et commerciaux en francs suisses, en Wir ou mixtes. En 2008, la Banque WIR a introduit l'utilisation de la carte bancaire. Mais la gestion de fortune et les transactions boursières ne font pas partie de son activité. La banque dispose de huit agences réparties dans toute la Suisse et emploie 200 collaborateurs.

Aujourd'hui, le système coopératif Wir compte quelque 62 000 membres, uniquement des petites et moyennes entreprises soit près d'un cinquième des PME suisses. Le nombre de ses clients « normaux » (qui ne participent pas au système Wir) augmente continuellement. La Banque WIR présente un bilan de plus de trois milliards de francs dont 1,7 milliard

---

[258] Concernant notamment le rapport entre les fonds propres et les actifs.

en Wir. Les crédits hypothécaires et commerciaux en Wir s'élèvent à environ 900 millions. Les prêts en Wir se font actuellement aux taux de 1%, ce qui permet de couvrir les frais, les intérêts sont payés en francs suisses.

Les francs suisses peuvent être échangés à tout moment contre des Wirs. En revanche les francs Wirs ne peuvent être dépensés que chez d'autres coopérateurs contre des produits ou des services ou pour rembourser un crédit en Wir. Pour assurer le fonctionnement du système WIR, il faut que chaque coopérateur soit informé des produits et services offerts par l'ensemble des membres de la coopérative. Pour cela, la Banque coopérative WIR tient à jour des catalogues des biens et services disponibles au sein du système Wir et des séminaires d'information sont organisés lors de foires commerciales ou de rencontres spécialisées.

Dans les périodes de récession, lorsque les crédits bancaires deviennent plus difficiles à obtenir, l'activité en Wir augmente d'une manière significative. Certains attribuent la stabilité légendaire de l'économie suisse aux effets anticycliques du système WIR.

Autres exemples de monnaies complémentaires

Durant la crise économique et monétaire des années 1930, plusieurs monnaies complémentaires ont été mises en place dans différents pays, mais seule la monnaie Wir a survécu. Il faut néanmoins rappeler, l'exemple souvent cité du Wara, monnaie mise en circulation en 1931 à Schwanenkirchen, une petite ville minière de Bavière. À l'origine, elle était basée sur un kilo de charbon. Deux mille entreprises allemandes l'ont acceptée, la préférant à la monnaie nationale de l'époque. Cette monnaie fut interdite par le ministre allemand des finances.

L'expérience du Wara inspira le maire de la ville de la ville Wörgl en Autriche qui de juillet 1932 à novembre 1933, a imprimé des « bons-travail » ou « schilling libres » pour essayer en pleine dépression de lutter contre le chômage. « Un montant équivalent en vrais schillings avait été déposé à la banque locale en garantie. Ces bons acceptés par les commerçants, les entrepreneurs locaux et par l'administration elle-même pour payer les taxes locales, avaient une valeur baissant de 1% par mois. Ceci incita à les utiliser vite au lieu de thésauriser et cette « monnaie fondante » circula 13 fois plus vite que le shilling officiel. Le chômage fut fortement réduit, la ville réalisa des travaux et vit fondre les arriérés d'impôts. Mais la banque centrale autrichienne mit fin à l'expérience malgré sa réussite… ou à cause d'elle »[259].

---

[259] « Les monnaies complémentaires », *Décryptages*, n°89, avril 2009.

Depuis les années 1990, avec la croissance des effets négatifs de la mondialisation, et notamment la montée du chômage et des inégalités, les monnaies complémentaires suscitent de nouveaux intérêts. D'après Bernard Lietaer, il y avait 300 monnaies complémentaires en 1990 et il y en aurait aujourd'hui plus de 5 000. Mais pour l'immense majorité d'entre-elles, il ne s'agit pas de systèmes commerciaux comme la monnaie Wir, mais de modèles à vocation sociale (LETS, SEL, banques du temps…)[260]. Parmi les monnaies complémentaires à usage commercial, il est intéressant de citer les nombreux exemples des monnaies complémentaires dans des territoires germanophones et les quelques exemples français.

Le mouvement des monnaies complémentaires dans des territoires germanophones

Depuis une décennie, en Allemagne, et en Autriche, des systèmes de monnaies complémentaires se sont mis peu à peu en place au niveau d'une ville ou d'une région. On comptait en 2009 une soixantaine de monnaies complémentaires dont la moitié est opérationnelle.

« Les premières initiatives ont vu le jour dans les régions rurales. « Dans ces régions à dominance agricole, relativement isolées des grands centres industriels, les agriculteurs et les habitants ont vite compris que le développement local durable n'est possible que si l'on enclenche une dynamique endogène et que l'on mobilise l'ensemble des ressources dont dispose la région. Aussi, de nombreux exploitants agricoles ont cherché à maximiser leur production en énergies renouvelables (…). Les entreprisses agricoles se sont associées et ont développé collectivement de nouvelles stratégies de commercialisation de leurs produits, avec leurs propres marques et leurs propres réseaux de distribution au niveau régional (…). Le mouvement vers une agriculture et des produits bio a vite suivi. (…). De plus, certains petits entrepreneurs ont essayé de maintenir la création de valeur dans la région et d'inscrire leurs activités dans des circuits d'échanges plus réduits et plus respectueux de l'environnement ».

Diverses initiatives ont ensuite démarré dans les grandes villes, comme Berlin, Munich, Brême, Hambourg.

Parmi ces monnaies complémentaires on peut citer :

– le Talente-Tauschkreis dans le Land autrichien de Voralberg. Cette monnaie locale permet à plus de 1 500 participants d'échanger leurs talents

---

260 LETS (*Local Exchange Trading Systems*), en français SEL (Systèmes d'Échanges locaux), en allemand *Tauschringe*, ces systèmes construits au sein d'une communauté de quelques centaines de personnes ont pour objectifs de favoriser les échanges non marchands de biens de services, de compétences entre les membres de la communauté. Dans un esprit proche, les banques du temps (*Time Bank*) permettent à leurs membres d'échanger des services en *Time dollar* aux États-Unis (une cinquantaine d'applications) ou en *Time* crédit en Grande-Bretagne (une centaine d'applications), en Italie (250 applications).

(réparation de voiture, vente de produits agricoles, travaux ménagers...) ; et elle est acceptée par une centaine de magasins.

– le Chiemgauer à Prien am Chimgauere en Bavière. Cette monnaie, lancée par un professeur de sciences économiques et ses étudiants, « est un système de bons que certaines associations régionales peuvent acheter et revendre à leurs membres au taux de 1 chiemgauer pour 1 euro, et qui sont acceptés dans plus de 600 magasins ou entreprises. Celles-ci peuvent échanger les chiemgauer en euros avec une taxe de 5%, ce qui les incite à les utiliser directement pour payer d'autres entreprises ou des particuliers. Actuellement 2500 personnes participeraient à ce système ».

– le rolland introduit à Brême en 2002. Cette monnaie a été créée pour encourager la commercialisation de produits de l'agriculture biologique de la région de Brême. Cette monnaie a permis la création de comptes d'épargne et des emprunts en euros pour les utilisateurs de rolland, ce qui a permis le financement des investissements pour les producteurs.

– le kann Wass, fut introduit en 2004 dans le Land de Schlessqig-Holstein, c'est la première monnaie complémentaire conçue pour opérer réellement à l'échelle d'un Land.

– le berliner fut inauguré en 2005 en présence du président du parlement allemand (Bundestag).

À noter qu'une association d'utilité publique, nommée Regiogeld, a été créée pour encourager les échanges d'expériences entre ces différents systèmes de monnaies complémentaires. Cette association a édicté des critères de qualité et elle propose un appui technique avec une équipe qui comprend des avocats, des banquiers, des spécialistes informatiques et des organisateurs sociaux.

Source : Bernard Lietaer, Margrit Kennedy, *Monnaies Régionales, de nouvelles voies vers une prospérité durable*, Éditions Charles Léopold Mayer, Paris, 2008.

Quelques exemples de monnaies complémentaires aux États-Unis

Dans les années 1930, on comptait aux États-Unis près de 5 000 monnaies locales. Aujourd'hui ion peut citer :

– le « bershare a été créé en 2006 dans le comté de Bershire (Massachusetts) pour dynamiser le tissu local. Quelque 8 000 personnes l'utilisent et l'équivalent de 2,5 milllions de dollars circulent et enrichissent les 400 entreprises qui ont adopté cette monnaie.

– le « cheer » a été créé en avril 2009 à Détroit ; La ville sinistrée par l'effondrement de l'industrie automobile a renoué avec une expérience qu'elle avait menée dans les années 1930.

Source : Le Monde, 18 septembre 2009, p. 3.

Quelques exemples de monnaies complémentaires en France

– Les « Bons d'Achat » à timbre, de Lignières en Berry créé en 1956. Dans les années 1950, ce petit bourg comptant alors 3 500 habitants (aujourd'hui 1700) se vidait peu à peu de ses habitants par absence de travail sur place. Plusieurs habitants et commerçants fondèrent en 1956 une association « La commune libre de Lignière en Berry » qui émettait des « Bons d'Achat » avec timbre de validation de 1% qui devait être opposé chaque mois. L'expérience se développa avec succès et la commune libre offrit un avantage de 5% aux salariés (par exemple pour un versement de 10 000 F, ils recevaient un bon d'achat de 10 500 F). L'expérience commença à susciter de nombreux intérêts à l'extérieur de la commune. En décembre 1958 le gouvernement socialiste de l'époque publia une ordonnance interdisant « l'émission, ou la mise en circulation de moyens de paiement ayant pour objet de suppléer au de remplacer les signes monétaires ayant cours légal ». Cette ordonnance n'empêcha pas la poursuite de l'expérience.

– Les « Bons d'Achat » à timbre de Marans en Charente Maritime créés en 1958. Dans cette commune de 3 500 habitants, une association de commerçants, d'artisans, de cultivateurs, s'inspirant de l'expérience de Lignière en Berry, lancèrent l'émission de bons d'achats. Après un an de fonctionnement, l'expérience fut arrêtée.

– Le SOL (pour solidaire), carte à puce expérimentée à partir de 2007 dans 5 régions (Bretagne, Nord-Pas-de-Calais, Ile de France, Rhône-Alpes, Alsace) consiste à introduire plusieurs monnaies complémentaires. Une de ces fonctions est une carte de fidélité multi-enseigne fonctionnant dans l'ensemble des entreprises participant au réseau. Celles-ci distribuent des SOL, à leurs clients en proportion de leurs achats, mais acceptent aussi cette monnaie en paiement de leurs produits. Le SOL a d'autres fonctions. Il permet d'échanger non seulement du temps, des savoirs et des services, mais aussi de valoriser des engagements et des activités à caractère écologique, social et solidaire. Des collectivités locales et des comités d'entreprise distribuent des aides en SOL.

– L'Abeille (bons d'achat à timbre) de Villeneuve-sur-Lot créée en janvier 2010 par l'association « Agir pour le vivant » qui regroupe notamment des professionnels (agriculteurs, commerçants, professionnels de santé).

Sources : Philippe Derruder, *Rendre la création monétaire à la société civile*, Éditions Yves Michel, 2005 et la revue *Altermondialiste*, janvier/février 2010 (pour l'exemple de l'Abeille)

Par rapport à la multiplicité des expériences de monnaies complémentaires, Bernard Lietaer propose de bien différencier les monnaies du monde des affaires et les monnaies sociales. Pour les premières il conseille de travailler à l'échelle d'une région tandis que c'est le niveau d'une ville qui serait mieux adapté pour les secondes.

Comme le souligne Michel Rocard dans la Préface au livre *Monnaies Régionales* de Bernard Lietaer : « le champ mondial de nos grandes monnaies européennes les conduit à cesser de valoriser des ressources ou des savoirs marginalisés par le vaste mouvement de mondialisation qui marque notre époque. Réveiller ces savoirs, revaloriser ces ressources est un moyen puissant d'améliorer le niveau local de l'emploi, d'intensifier le dynamisme européen par la mise en œuvre d'un niveau régional actif, efficace et capable d'initiative. La création de monnaies régionales peut être une forte contribution dans ce sens ».

Le crédit : moyen pour les banques de capter un surplus monétaire

Il est courant d'évaluer et de comparer les coûts du travail incorporé dans des produits fabriqués dans des pays différents et de justifier ainsi la délocalisation des unités de production vers les pays à bas salaires. D'une manière assez paradoxale, on ne fait jamais l'évaluation des coûts des crédits incorporés dans les produits. Les producteurs, les transporteurs, les grossistes et les détaillants, tous ceux qui forment la chaîne de production, font des emprunts et payent tous des intérêts. Naturellement, ils ajoutent le coût de ces crédits à leurs prix et en fin de compte c'est le consommateur qui paye la plupart des coûts d'intérêt accumulés tout au long de la chaîne de production. Selon Margrit Kennedy, auteur de l'ouvrage *Libérer l'argent de l'inflation et des taux d'intérets* : « Jusqu'à la moitié du prix de vente d'un produit dans une boutique peut équivaloir à la couverture des taux d'intérêts. Dans le secteur du logement, le montant peut atteindre jusqu'à 70% ». Si on se place au niveau des pays ou des collectivités territoriales, le montant des intérêts payés pour les emprunts effectués auprès du système bancaire pour couvrir les déficits publics sont exorbitants, surtout lorsque l'on se rappelle que ce sont dans beaucoup de pays les États qui ont sauvé les banques. Dans de nombreux pays du Sud, les sommes payées pour les intérêts de la dette publique sont souvent le double de l'aide au développement accordé par les pays industrialisés. On est en droit de se poser la question : qui aide qui ?

Dans son ouvrage cité précédemment, Margrit Kennedy donne les résultats d'une étude comparative entre les intérêts payés et les profits qu'ils engendrent pour 10 groupes de ménages allemands (chaque groupe est constitué de 2,5 millions de ménages). Cette étude montre que la pratique des emprunts avec intérêts tel qu'il est géré actuellement par le système bancaire actuel, aboutit « à mettre en place un mécanisme de redistribution caché qui détourne l'argent de ceux qui n'en ont pas assez vers ceux qui en ont trop. C'est là une forme d'exploitation bien plus subtile que celle que Marx a essayé de supprimer ».

C'est pour répondre à certains effets négatifs du système de crédit actuel (croissance des inégalités, non prise en compte des problèmes des plus pauvres) que se sont peu à peu mis en place différentes formes d'épargne solidaire ou de placements éthiques. Ces initiatives ont été impulsées par des organismes caritatifs, par des structures spécifiques (Les Cigales par exemple), des banques coopératives[261]. Dans l'épargne solidaire, l'épargnant n'attend pas principalement une rentabilité financière, et tout en ayant l'objectif protéger son épargne de l'inflation, il espère contribuer à la résolution de certains problèmes tels que le chômage, le mal-logement, la faim, etc.

Une monnaie fondante ?

Une solution plus radicale est de concevoir une monnaie sans intérêt et plus encore une monnaie avec un intérêt négatif. L'idée a été développée par Silvio Gesell (1860-1930) dans son livre *L'ordre économique naturel* (1911). Son objectif était de supprimer la thésaurisation de la monnaie et d'augmenter sa circulation en vue de dynamiser la demande de biens et donc la production. Au lieu de payer des intérêts à ceux qui ont davantage d'argent, les détenteurs de monnaie devraient payer un droit s'ils ne mettent pas leur argent en circulation. Il proposa ainsi de créer la « monnaie fondante », ou « monnaie franche ». Plusieurs exemples de monnaies complémentaires citées précédemment, excepté le Wir, ont appliqué le principe de la monnaie franche.

Le cas du « schilling libre » créé en 1932 par le conseil municipal de la ville autrichienne de Wörgl et précédemment cité, est intéressant à rappeler pour montrer l'intérêt d'une monnaie fondante. Au début de l'expérience, le Conseil municipal émit 32 000 shillings libres couverts en banque par la même somme en shillings autrichiens ordinaires. « Avec cette monnaie, ils construisirent des ponts, améliorèrent les routes et les services publics, réglèrent des salaires, achetèrent des matériaux, et, de plus, payèrent le boucher, le cordonnier et le boulanger. Le droit perçu pour l'utilisation de cette monnaie était de 1% par mois, soit 12% par an. Il devait être acquitté par les personnes qui détenaient le billet à la fin du mois, sous la forme d'un timbre valant 1% du billet et collé au dos de celui-ci. Sinon, le billet n'était plus valable. Cette petite taxe incitait tous ceux qui possédaient des schillings libres à les dépenser avant d'utiliser les schillings habituels. En l'espace d'un an, les 32 000 schillings libres changèrent de mains 463 fois, créant ainsi des biens et des services d'une valeur de 14 816 000 schillings. À une époque où la plupart des pays d'Europe connaissait de graves problèmes de chômage, Wörgl réduisit son taux de chômage de 25% au cours de cette

---

261 Pour plus de détails voir la brochure *Les placements éthiques*, publiée conjointement par *La Vie* et *Alternatives Économiques*, HS Pratique, 1999.

seule année. Les droits perçus par la municipalité, qui eurent pour résultat que cette monnaie changeait si rapidement de mains, s'élevèrent à 12% des 32 000 schillings libres, soit 3 840 schillings. Cet argent fut utilisé pour le bien public »[262]. Dans sa *Theorie générale de l'emploi, de l'intérêt de la monnaie*, John Meynard Keynes consacre quatre pages à Sylvio Gesell. Et il écrivit que « l'avenir tirera plus de leçons des idées de Gesell que celles de Marx. Cette prophétie ne s'est pas encore réalisée et le nom de Gesell reste absent de la plupart des livres consacrés à l'histoire de la pensée économique[263].

La J.A.K. un exemple d'une banque coopérative pratiquant un taux d'intérêt nul

La J.A.K. s'est constituée, au départ au Danemark, pour essayer de répondre aux problèmes soulevés par la crise des années 1930. Les initiales J.A.K. signifient en danois terre, travail, capital. « À cette époque, la plupart des agriculteurs danois étaient lourdement endettés et bien que leurs exploitations agricoles fussent productives, ils étaient dans l'incapacité de conserver la propriété de leurs biens. Associés à des commerçants et des patrons de petites et moyennes entreprises, ils mirent en place leur propre système bancaire et leur propre monnaie sans intérêts. Ils s'aperçurent que bientôt, grâce à ce nouveau système, leurs exploitations étaient rentables. Craignant que cet exemple ne fasse boule de neige, le gouvernement danois interdit la nouvelle monnaie de 1934 à 1938 ».

Dans les années 1970, le mouvement JAK a été relancé en Suède et, depuis1997 JAK, est une banque coopérative proposant un système de prêts et d'épargne sans taux d'intérêt. En 2007, il rassemblait 33.000 coopérateurs. Les épargnes des membres sont couvertes par la garantie de dépôt du système bancaire suédois. « D'un point de vue juridique, le système JAK est légal en Suède, parce qu'une association agréée par l'État est autorisée à gérer des dépôts et à effectuer des transactions. (...) Étant donné que le montant de l'épargne est au moins équivalent au montant des emprunts, il est évident que le système dans son ensemble est en équilibre constant ». L'administration et les coûts de développement sont couverts par les cotisations et les frais des prêts. Il est important de noter que « les gens qui souhaitent seulement épargner, y perdent, en raison de l'inflation, et de ce fait, participent rarement au système ».

Les objectifs sociopolitiques de la banque coopérative JAK est de montrer qu'un système économique juste et équitable est possible grâce à la suppression des taux d'intérêt. Pour les membres de JAK, « il est légitime de payer pour un travail ou pour une prise de risques, mais pas de gagner de l'argent seulement avec de l'argent ». Et de souligner que « dans une économie basée sur les taux d'intérêts, l'argent est transféré de ceux qui ont le moins à ceux qui en ont le plus, et de cette façon les actifs se concentrent aux mains de quelques-uns ».

Sources : M. Kennedy, *Libérer l'argent de l'inflation et des taux d'intérêts,* Éditions Vivez soleil, Genève, 1996 et http //:jak.aventus

---

262 M. Kennedy, *op. cit.*, p. 45.

263 Denis Clerc, Johannes Finckh « Sylvio Gesell : un prédécesseur de Keynes », *Alternatives économiques*, n°158, avril 1998.

Il nous faut savoir que la suppression des taux d'intérêt risque d'augmenter la spéculation foncière comme valeur refuge et augmenter notamment les prix d'achat et de location des logements. Ceci obligerait soit à encadrer le prix des loyers[264] et le prix du sol, ou plus fondamentalement à revoir notre conception de la propriété privée[265] de la terre. « La terre devrait appartenir à la communauté et ensuite être louée par cette dernière à ceux qui l'utilisent pour leurs besoins. C'était la conception et l'usage de nombreux pays européens jusqu'à l'introduction au Moyen-Âge du droit romain, lequel accordait une grande importance à la propriété privée »[266].

La pratique des taux d'intérêt et notre relation au temps

Dans la Grèce antique, Aristote (384-322 av. J.-C.) s'était élevé contre la pratique du prêt à intérêt : « Ce qu'on déteste avec le plus de raison, c'est la pratique du prêt d'intérêt, parce que le gain qu'on en retire provient de la monnaie elle-même et ne répond plus à la fin qui a présidé à sa création. Car la monnaie a été inventée en vue de l'échange, tandis que l'intérêt multiplie la quantité de monnaie elle-même »[267]. Il est important de rappeler que jusqu'à la fin du Moyen-Âge, la pratique du prêt à intérêt était interdite par l'Église Catholique et notamment par Thomas d'Aquin et cette pratique reste encore prohibée par la religion musulmane.

L'illégitimité du taux d'intérêt est généralement justifiée d'un point de vue moral et prend appui sur l'inégalité de fait entre les parties contractantes, le prêteur et l'emprunteur : c'est une sorte de rançon que le riche impose au pauvre. Dans un article intitulé « le prix du temps », l'économiste Arnaud Berthoud[268] a développé une thèse intéressante pour expliquer les motivations qui sont à l'origine de la légitimité des taux d'intérêt à l'époque moderne par rapport à son illégitimité jusqu'à la fin du Moyen-Âge. « Le passage de l'interdit scolastique du taux d'intérêt à sa légitimation dans les temps modernes est beaucoup plus qu'une transformation de l'attitude morale ou de la tolérance à l'égard des prêteurs et des usuriers, comme le

---

264 Mesure appliquée en France après la Deuxième Guerre mondiale

265 Maurice Allais (1911-2010) Prix Nobel d'économie en 1988, « refusa de signer la charte de la société du Mont-Pèlerin fondée en 1947 par Freidrich von Hayek pour défendre le libéralisme contre les menaces socialistes à cause de l'importance excessive accordée, selon lui, au droit de propriété. Il considérait en effet comme illégitimes les revenus apportés par un bien immobilier dont la valeur n'augmente qu'en raison d'une augmentation de la demande, sans apport de travail » (Pierre Antoine Delhonnais, *Le Monde* du 12 octobre 2010, p. 18).

266 M. Kennedy, *op. cit.*, p. 50.

267 Aristote, *Politique*, livre I, chap. 10.

268 Arnaud Berthoud, « Le prix du temps », in *Pour une économie politique de la richesse, L'homme et la société*, n°156-157, L'Harmattan, Paris, 2005, pp. 59-73.

laissent trop souvent croire les études savantes sur le sujet. Ce dont il s'agit, c'est plutôt, d'un bouleversement de la pensée économique contemporaine à l'apparition du capitalisme. » Et de préciser « au fondement de cette nouvelle doctrine se trouve une relation au temps et une définition de l'agent économique qu'aucune science ou aucune philosophie n'avait encore produite ».

Accepter la notion de taux d'intérêt, c'est accepter qu'il est préférable d'avoir un bien maintenant que plus tard et que cette préférence donne droit à rémunération. Si on ne prend pas en compte les risques liés à un prêt, le taux d'intérêt est donc considéré comme étant le prix naturel du temps entre le moment où l'emprunteur dispose du prêt et le moment où il le rembourse dans sa totalité. Mais peut-on acheter le temps ? *A priori,* on pourrait penser que le temps n'est pas vénal, non parce que le temps est une propriété commune, mais « parce que le temps est d'abord le temps limité de chacun, le temps de sa vie qui s'exprime par sa naissance, par sa mort et dans les passions de son âme ». Vouloir racheter le temps, c'est considérer le temps comme une chose, un bien extérieur comparables en termes de rareté, avec les biens économiques ; le temps est ainsi tenu pour un bien rare. On en vient au slogan « le temps c'est de l'argent ». Mais pouvons-nous acheter le temps de notre vie ?

« Vouloir racheter le temps pour effacer sa dette, c'est considéré le temps de l'autre côté de soi comme une chose dont peut disposer en se tenant soi-même en dehors du temps au-dessus du temps ». C'est cette transformation qui s'est en fait opérée à l'époque moderne avec le développement du capitalisme. « L'agent économique calcule et fait ses choix comme s'il était au-dessus du temps ». Alors que dans la tradition aristotélicienne et thomiste « l'agent économique ne considère pas le temps comme s'il s'agissait d'une chose devant lui, sous la main et extérieure à ses passions, sa pensée, ses comparaisons, ses opérations. Le temps lui est intérieur. La notion d'un prix du temps n'a pas alors de sens ».

C'est en marchant que le chemin se découvre

On aura pu noter que la crise financière des années 1930 a été propice au lancement de nombreuses expériences notamment dans le domaine monétaire. Il semble que la crise actuelle suscite aussi de nouvelles pratiques qu'il serait souhaitable de soutenir pour peu à peu essayer de concevoir de nouveaux modèles de développement[269]. En effet, les différentes expériences monétaires des années 1930 et du début de ce siècle soulignent

---

269 Des villes ayant expérimenté de nouvelles pratiques économiques notamment par la création de monnaie complémentaire ont lancé un réseau international d'échanges d'expériences : www.transitiontowns.org et www.villesentransition.net.

toutes que la monnaie n'est pas un outil neutre ; elles révèlent que c'est en fonction d'objectifs de développements spécifiques que de nouveaux moyens monétaires complémentaires à la monnaie dominante ont été élaborés, objectifs qui ne pouvaient pas être pris en compte par la monnaie dominante.

Il nous faut d'une manière urgente retrouver des capacités de création locale de surplus économique. La taxation des émissions de carbone et plus généralement la taxation des ressources non renouvelables sont à développer, les expériences de création de monnaies complémentaires doivent se diffuser et faire l'objet d'un réel soutien politique. D'une manière plus générale, la découverte de nouvelles formes de création de surplus qui ne soient pas basées sur l'exploitation d'un groupe social, comme cela l'a été très souvent dans le passé, nécessite que nous mettions en œuvre de nouvelles relations par rapport à l'argent, autres que celles que le système économique en place veut nous imposer. Pour construire un monde qui ait une perspective d'avenir, un futur possible, on a plus besoin d'innovations sociales et économiques que technologiques. C'est en marchant que le chemin se découvre.

Chapitre 3

S'ouvrir à d'autres visions du monde

« *Aujourd'hui fondée sur la compétition et le profit, la mondialisation revêtira un visage véritablement humain, le jour où chacun pourra dire "je" en pensant "nous"* »[270].

Dans l'introduction de cet ouvrage, il a été rappelé que la notion de développement durable traduit une première prise de conscience au niveau international des impasses dans lesquelles nous conduit le modèle de développement suivi jusqu'à maintenant par les pays industrialisés. Nous avons aussi souligné que cette première prise de conscience ne sera pas suffisante pour pouvoir répondre aux déséquilibres environnementaux et sociaux créés par ce même modèle de développement et qu'il nous faudra mettre en œuvre d'autres modèles de développement. Pour concevoir de nouveaux modèles de développement, il nous faut assez rapidement repenser nos modes de produire et de consommer, et pour cela il nous faut changer notre manière de concevoir ce qu'est la richesse économique. Ainsi que nous avons essayé de le montrer précédemment, il nous faut proposer une autre manière de penser la valeur économique que celle proposée par la pensée économique dominante qui identifie prix et valeur.

La partie I de cet ouvrage, en rappelant les résultats de recherches récentes en sciences cognitives et en neurosciences, a mis en avant le rôle des représentations mentales et plus précisément le rôle des visions du monde dans nos manières de construire nos systèmes de valeurs qui fondent nos comportements. Il a été souligné que dans nos sociétés

[270] Aminata Traoré, in Danielle et Olivier Föllmi, *Origines, 365 Pensées de sages africains*, Éditions de la Martinière, Paris, 2005, p. 711.

modernes, dites sociétés de l'information, les nouvelles techniques de l'information et de la communication sont aux centres des enjeux sociaux et politiques de nos sociétés puisqu'elles permettent de formater nos comportements avec une puissance sans égale par rapport au passé.

Il n'est pas question dans ce chapitre de proposer une autre vision du monde, mais seulement d'indiquer quelques directions d'exploration de ce thème, qui devraient être au centre des débats de la vie démocratique de nos sociétés modernes.

Reconsidérer notre relation à la matière, à la nature et aux objets techniques

Le rapport humain à la matière, à la nature, essaie de rendre compte de la place de l'homme au sein d'une certaine vision du monde. Rappelons que nos systèmes de valeurs et notamment nos conceptions de la valeur économique sont très fortement structurés par nos visions du monde. Dans le chapitre 3 de la partie I nous avons opposé une vision mécaniste du monde qui a structuré la pensée occidentale et une vision organique qui a caractérisé les philosophies et spiritualités orientales, et on a noté qu'une vision plus organique du monde était en émergence notamment parmi certains scientifiques et notamment certains physiciens.

De par la place très importante que jouent les techniques dans nos sociétés industrialisées, il est pertinent de remettre les techniques au centre de nos réflexions. Pour cela, il nous faut reprendre la distinction proposée par Maurice Godelier (voir chap. 2, partie I) entre l'Imaginaire (ou la vision du monde) et le symbolique. « C'est en s'inscrivant dans des pratiques et des objets qui le symbolisent que l'Imaginaire peut agir non seulement sur les rapports sociaux déjà existants entre les individus et les groupes, mais être aussi à l'origine de nouveaux rapports entre eux qui modifient ou remplacent ceux qui existaient auparavant. L'Imaginaire n'est pas le symbolique, mais il ne peut acquérir d'existence manifeste et d'efficacité sociale sans s'incarner dans des signes et des pratiques symboliques de toutes sortes qui donnent naissance à des institutions qui les organisent, mais aussi à des espaces, à des édifices, où elles s'exercent »[271].

Les techniques, en plus de leurs effets pratiques d'action et de transformation, constituent une des pratiques symboliques les plus importantes dans lesquelles s'incarne et se manifeste l'imaginaire collectif de toute civilisation. Les techniques qui ont été conçues et développées par les pays industrialisés sont le symbole de l'Imaginaire ou de la vision du monde occidental, et plus précisément du rapport à la matière qui a prévalu dans

[271] M. Godelier, *op.cit.*, p. 35.

cet univers de pensée, même si ces techniques ont été adoptées ensuite par d'autres civilisations ayant d'autres types de rapport à la matière. Par exemple, dans le cadre de ses travaux historiques sur l'informatique, Philippe Breton a réuni un certain nombre de textes de Norbert Wiener, Alan Turing et John Neumann qui lui apparaissent comme les textes fondateurs de l'ordinateur. Pour cet historien des techniques, « l'ordinateur moderne est le produit d'un système de représentation du monde et des valeurs qui en découlent, et les choix techniques qui y sont faits (...), loin d'obéir à une stricte rationalité interne à la technique, sont déterminés par un système de pensée »[272].

La création d'internet est un exemple intéressant à rappeler pour comprendre comment une innovation technologique est orientée et structurée par l'imaginaire, et les valeurs de ceux qui l'ont conçue.

Le rôle de l'imaginaire social dans la création d'internet

L'ARPA (*Advanced Research Projects Agency*) du ministère américain de la défense, qui travaillait en 1965 avec 17 centres de recherche, souhaitait connecter les ordinateurs de ces différents centres les uns avec les autres et permettre ainsi de réaliser le calcul à distance. La messagerie n'avait pas été retenue dans le projet initial ARPANET.

« Durant les vingt premières années d'existence (1969-1989), l'idée d'internet s'est développée au sein de milieux très spécifiques : les chercheurs informaticiens puis toute la communauté académique, d'une part, certains milieux contre-culturels ou communautaires, d'autre part. Le cadre de l'innovation fut tout à fait particulier, puisqu'il se déroula dans une économie non marchande et que les concepteurs étaient eux-mêmes les utilisateurs. Ainsi, pendant cette période, les créateurs d'internet n'avaient pas à vendre leur technique sur le marché, mais uniquement à développer un système capable de répondre à leurs propres besoins, dans le cadre d'un budget financé, pour l'essentiel, par le secteur public (...) Au fur et à mesure que le projet technique prenait forme, qu'il se développait, de nouvelles utopies apparaissaient (l'idée de communication et d'échange remplaçait celle du calcul à distance), elles se nourrissaient des premières expériences et orientaient à nouveau les choix techniques à venir et les usages qui se déployaient. Ce cercle vertueux tout à fait exceptionnel entre l'élaboration d'utopies, le travail technique et la construction des usages n'a été possible que parce que l'on était dans une communauté relativement fermée et homogène qui trouvait là un instrument de travail dont elle avait besoin et qu'elle pouvait structurer en fonction de ses propres pratiques ».

---

272 Philippe Breton, *La formation des valeurs et le champ de la sécurité informatique* CNET, 1993, cité par Patrice Flichy, *L'innovation technique*, La Découverte, Paris, 1995, p. 183.

Le rôle de certains milieux contre-culturels ou communautaires : les *hackers**

Il existait aux frontières du monde universitaire des groupes qui essayaient de pratiquer l'informatique de façon autonome mais différente. Ces hackers avaient élaboré une éthique qui peut se résumer en six points :

– l'accès aux ordinateurs devrait être total et sans limites,

– toute information devrait être libre,

– il convient de se défier de l'autorité et de promouvoir la décentralisation ;

– les hackers devraient être jugés sur leur production et non sur de faux critères comme les diplômes, l'âge, la race ou la situation sociale,

– il est possible de créer de l'art et de la beauté avec un ordinateur,

– les ordinateurs peuvent transformer la vie pour le meilleur.

La culture des hackers avait un certain nombre de points communs avec la culture hippie. Elle partageait avec les universitaires, le même refus de l'informatique centralisée et commerciale dont IBM était à l'époque le symbole. L'informatique n'est pas seulement un outil intellectuel pour universitaires, mais un dispositif à mettre entre les mains de tous, capable de bâtir une nouvelle société.

Source : Patrice Flichy, *L'imaginaire d'internet,* Paris, La Découverte, 2001.

* *Hakers* : mordus de l'informatique, aujourd'hui le sens s'est modifié et le mot signifie plutôt pirate.

L'exemple d'internet marque sans doute une première rupture dans l'évolution de la manière de penser la technologie dans les pays industrialisés, mais cette innovation n'a pas modifié fondamentalement le type de rapport que le monde occidental entretient avec la matière, la nature et les objets techniques.

Vision occidentale du monde : un rapport de domination de la nature

C'est un rapport de maîtrise, de domination de la matière, de la nature qui permet de caractériser le rapport à la matière que la vision occidentale du monde privilégie. La primauté de l'individu et son hégémonie sur la nature demeurent une des constantes de la conception occidentale du monde, de celle des penseurs grecs à celle de Descartes. Rappelons que pour Aristote, la plante et l'animal ne sont que des moyens pour l'homme. « Les êtres qui n'ont que la vie, comme les plantes, existent tous, pris ensemble en vue des animaux ; et les animaux eux-mêmes sont ordonnés à l'homme (...). Dans la hiérarchie des êtres, ceux qui sont imparfaits sont créés pour les parfaits »[273]. La pensée de Descartes est bien plus explicite : « connaissant la force et les actions du feu, de l'eau, de l'air, des astres, des cieux et de tous les autres corps qui nous environnent, aussi distinctement que nous connaissons les divers métiers de nos artisans, nous les pourrions employer en même façon à tous les usages auxquels ils sont propres et ainsi nous rendre comme maîtres et possesseurs de la nature. Ce qui n'est pas seulement à désirer pour l'invention d'une infinité d'artifices, qui feraient qu'on jouirait, sans aucune peine, des fruits de la terre et de toutes les commodités qui s'y trouvent, mais principalement aussi pour la conservation de la santé, laquelle est sans doute le premier bien et le fondement de tous autres biens de cette vie »[274].

« L'homme blanc » est étrange

En 1854, le Grand Chef Blanc à Washington – Franklin Pierce, Président des États-Unis – offrit au chef indien Seattle d'acheter une large zone de leur territoire et promit une « réserve » pour le peuple indien. La réponse du chef Seattle, est caractéristique d'un rapport à la matière étranger à nos sociétés occidentales, dites développées. Ces réflexions du Chef Seattle illustrent aussi l'hypothèse défendue dans le présent ouvrage : une vision du monde différente de la notre engendre un système de valeurs différent et une conception différente de ce qu'est la valeur économique.

Réponse du chef Seattle au Grand Chef Blanc à Washington

« Comment pouvez-vous acheter ou vendre le ciel, la chaleur de la terre ? Cette idée nous paraît étrange. Si nous ne possédons pas la fraîcheur de l'air et le miroitement de l'eau, comment est-ce que vous pouvez les acheter ? »

(...)

« Nous savons que l'homme blanc ne comprend pas nos mœurs ; Une parcelle de terre ressemble pour lui à la suivante, car c'est un étranger qui arrive dans la nuit et prend à la terre ce dont il a besoin. La terre n'est pas son frère, mais son ennemi, et lorsqu'il l'a conquise il va plus loin. (...) Il traite sa mère, la terre, et son frère, le ciel, comme des choses à acheter, piller, vendre comme des moutons ou les perles brillantes. Son appétit dévorera la terre et ne laissera derrière lui qu'un désert ».

(...)

« L'air est précieux à l'homme rouge, car toutes choses partagent le même souffle ; la bête, l'arbre, l'homme partagent tous le même souffle. L'homme blanc ne semble pas remarquer l'air qu'il respire. Mais si nous vous vendons notre

---

273 Cité par Jean-Marie Pelt, *Nature et spiritualité*, Fayard, Paris, 2008, p. 157.

274 René Descartes, *Discours de la méthode* (1637), 6e partie, Bibliothèque de la Pléiade, Paris, Gallimard, p. 168.

terre, vous devez vous rappeler que l'air nous est précieux, que l'air partage son esprit avec tout ce qu'il fait vivre. Le vent qui a donné à notre grand-père son premier souffle a aussi reçu son dernier soupir. Et si nous vous vendons notre terre, vous devez la garder à part et la tenir pour sacrée ».

(...)

« Nous considérerons donc votre offre d'acheter notre terre. Mais si nous décidons de l'accepter, j'y mettrai une condition : l'homme blanc devra traiter les bêtes de cette terre comme ses frères. (...) Qu'est-ce que l'homme sans les bêtes ? Si toutes les bêtes disparaissaient, l'homme mourrait d'une grande solitude d'esprit. Car ce qui arrive aux bêtes arrive bientôt à l'homme. Toutes choses se tiennent».

« Enseignez à vos enfants ce que nous avons enseigné aux nôtres, que la terre est notre mère. Tout ce qui arrive à la terre arrive aux fils de la terre. Si les hommes crachent sur la terre, ils crachent sur eux-mêmes».

« Nous savons au moins ceci : la terre n'appartient pas à l'homme ; l'homme appartient à la terre. Cela nous le savons. Toutes choses se tiennent »*.

*Texte traduit par *Les Amis de la Terre*.

Le rapport à la nature qu'exprime le chef indien dans ce texte est fort différent de notre manière en tant qu'occidentaux de nous situer par rapport à notre environnement « naturel » et de traiter (ou plutôt de mal-traiter) les mondes, minéral, végétal et animal qui constituent notre planète Terre. Les mots que nous utilisons sont également très révélateurs, quand nous évoquons les risques environnementaux que provoque notre mode développement. Lorsque nous parlons d'environnement, cela signifie que nous sommes au centre.

La vision orientale du monde constitue une autre manière de concevoir le rapport des hommes à la nature, elle semble bien plus proche des Indiens d'Amérique que la notre.

Les philosophies orientales : un rapport d'intégration/coopération avec la nature

Pour la pensée orientale, « la nature n'est pas, comme en Occident, le chantier de notre action, ce n'est pas une nature inerte dont nous cherchons à nous rendre maîtres. L'Univers forme un tout animé d'un même mouvement de vie, englobant aussi bien la rivière que les sommets des montagnes, l'arbre que les rochers, les nuages que l'océan, et l'homme n'est qu'un moment de ce cycle éternel. (…). Les religions de la Chine et du Japon ont enseigné à l'homme cette fusion de tout avec le Tout. Le taoïsme exige l'insertion dans le principe universel qu'il saisit par une connaissance intuitive, par une contemplation au terme de laquelle se concrétise l'union de l'homme et de la nature (…). Le Tao, contrairement aux philosophies occidentales qui séparent et opposent le sujet et l'objet, l'homme et la nature, considère l'intérieur et l'extérieur comme un semblable »[275].

Pour nous « aider à survivre et à être heureux » le philosophe indien Satish Kumar nous invite à nous concevoir comme des êtres dépendants « Nous faisons partie intégrante de la nature : nous ne la dominons pas, nous ne pouvons pas nous en extraire. La nature est à l'origine de toutes les formes de vie. Nous y puisons la joie, l'émerveillement, les arts et l'imagination, la poésie, l'inspiration et l'innovation. Nos talents y prennent source. Elle nous apprend le temps et l'espace ; elle nous offre les saisons et leurs variations (…) Unissons-nous pour déclarer notre complète dépendance à la Terre et à la communauté des hommes. Apprenons à dire "Tu es, donc je suis" »[276].

La médecine traditionnelle chinoise et notamment l'acupuncture sont des techniques médicales qui révèlent une autre conception du rapport de l'homme à la nature bien différente de la conception occidentale. Pour la médecine traditionnelle chinoise, l'homme est un microcosme reflet du grand macrocosme qu'est l'univers. Les cinq formes différentes d'énergie qui contribuent à l'évolution de notre univers sont les mêmes qui animent notre corps. La pratique médicale de l'acupuncture a pour objectif de renforcer ou, au contraire disperser, l'énergie des différents organes de notre corps, il ne s'agit pas de vouloir dominer ces énergies, de lutter contre ces énergies, mais de faire avec ces énergies en orientant leur action. Depuis plusieurs années, la médecine traditionnelle chinoise et l'acupuncture connaissent un renouveau d'intérêt dans les pays occidentaux y compris auprès du corps médical. Sans se tromper, on peut dire que si cette technique est actuellement accueillie en Occident, elle n'aurait jamais pu voir le jour dans cet espace culturel, qui prône un rapport de domination à la nature y compris par rapport à notre propre corps.

Un lien intime entre la manière d'user de la nature et de la manière d'user de l'homme

Dans son ouvrage *L'Idéal et le Matériel*, l'anthropologue Maurice Godelier a montré qu'il existe une interdépendance entre les relations que les hommes entretiennent avec la matière et les relations que les hommes tissent entre eux pour produire. Analysant un certain nombre de matériaux ethnographiques : les Incas, les sociétés pastorales nomades, les sociétés de chasseurs-

[275] Roger Garaudy, *Pour un dialogue des civilisations*, Denoël, Paris, 1977, p. 120.

[276] Satish Kumar, *op. cit.*, p. 348.

collecteurs, il conclut qu'« en définitive partout apparaît un lien intime entre la manière d'user de la nature et la manière d'user de l'homme ».[277] Une telle perspective pourra faire sourire, ceux qui pensent que pour changer une société il faut d'abord changer les rapports sociaux de production. Par contre par rapport à l'obligation que nous avons de repenser l'économie pour trouver rapidement des solutions aux menaces environnementales et aux menaces de la croissance des inégalités entre les groupes sociaux qu'a créés notre mode actuel de développement, une telle perspective nous montre qu'il nous faut repenser à la fois la nature et l'homme, les deux sont impensables séparément.

C'est une idée proche de celle de Maurice Godelier, qu'avait développée le philosophe et historien américain des techniques Lewis Mumford (1895-1990) à propos de la méga-machine[278] que constitue l'organisation des rapports sociaux au sein d'une société. Dénonçant les effets néfastes d'une vision mécanique du monde sur la manière d'organiser et de contrôler les rapports sociaux, sur la manière de déformer tous les aspects de la culture humaine, il appelle de ses vœux l'avènement d'une vision plus organique du monde : « Si nous voulons empêcher la méga-technologie de contrôler et de déformer plus avant tous les aspects de la vie culturelle, nous ne serons en mesure de le faire qu'à l'aide d'un modèle radicalement différent, dérivé directement non des machines, mais des organismes vivants et des complexes organiques (…). Une fois qu'une image organique du monde aura le dessus, le but pratique d'une économie de plénitude sera non de transférer à la machine un plus grand nombre d'activités humaines, mais de développer davantage les incalculables possibilités de l'homme »[279].

Retrouver « la sagesse de la nature »

En 2005, le Japon a pris l'initiative d'organiser une exposition universelle très différente des habituelles expositions universelles à la gloire des dernières innovations technologiques et dans lesquelles les pays participants tentent de rivaliser pour donner l'image de la nation la plus performante ou la plus innovante. L'exposition universelle de Tokyo en 2005 avait pour titre la « Sagesse de la nature » et elle a rassemblé 121 pays. Les États-Unis et la Russie avaient décidé de ne pas y participer. Selon le chroniqueur du journal *Le Monde* : « La façon dont la majorité des pays y ont répondu

---

[277] Cette conclusion rejoint les propos d'un penseur indien, Krishanmurti : « L'état d'harmonie avec la nature, avec tous les êtres de la création, entraîne par lui-même, notre harmonie avec les humains. Si nous perdons notre relation à la nature, nous perdons inévitablement notre relation aux humains ».

[278] Voir chapitre 2 de la partie I.

[279] Lewis Mumford, *Le mythe de la machine*, t. 2, Fayard, Paris, 1974, p. 537.

marque un tournant par le message qu'ils émettent collectivement : l'heure n'est plus à l'affirmation de l'optimisme technologique, mais à la réflexion sur les relations complexes entre l'humanité et ce qu'elle appelle nature, sous l'influence d'une crise écologique majeure ». Le sacré au quotidien est une des douze clés retenues pour rendre compte de cette exposition universelle. « Cette exposition témoigne du fait que, dans beaucoup de cultures, la question spirituelle ne peut pas être écartée du champ de l'activité humaine. Et surtout du souhait que le passage à la modernité puisse se faire sans rupture avec les traditions qui connaissaient l'harmonie avec la nature, cette harmonie que la technologie ne sait pas encore trouver »[280].

Pour Tetsuo Yamaori, Directeur du Centre de recherche internationale des études japonaises à Tokyo, spécialiste des croyances religieuses populaires et un des promoteurs de l'exposition universelle de Tokyo : « L'idée de nature dans son acception moderne d'environnement est une importation récente, datant du contact de l'archipel avec l'Occident (seconde partie du XIXe siècle) (…). Au Japon, le sentiment que la nature n'est ni bonne, ni mauvaise demeure diffus. Bref, elle est. Un point c'est tout. Il faut coexister avec elle, car l'homme fait partie du cycle de vie. Ignorer cette réalité revient à la défier. Et on sera toujours perdant dans ce combat. (…). L'acceptation du réel n'est pas synonyme de résignation. Tout est appelé à disparaître, mais tout se reproduit : mort et naissance s'enchaînent comme les saisons, le crépuscule et l'aube. Avec la technologie, la raison a triomphé, mais nous avons perdu la sagesse des Anciens sans en découvrir une autre qui soit compatible avec elle. C'est là, la source de l'inquiétude de notre temps, car la sagesse ne repose sur aucune certitude démontrable »[281].

Pensées de sages africains[282]

« L'homme noir à la conviction de l'existence d'une Force, Puissance, Source des Existences et motrice des actions et mouvements des êtres. Seulement, pour lui cette Force n'est pas en dehors des créatures. Elle est en chaque être. Elle lui donne la vie et veille à son développement ».

Alassane Ndaw

[280] « Douze clés pour un XXIe siècle écologique, l'exposition universelle d'Aichi, marque la fin de l'ère de la technologie triomphante », *Le Monde* du 26 mai 2005.

[281] Philippe Pons, « À la recherche de la sagesse nippone oubliée », *Le Monde* du 26 mai 2005.

[282] Danielle et Olivier Föllmi, *Origines, 365 pensées de sages africains*, Éditions La Martinière, Paris.

Reconsidérer notre relation au temps : de l'accélération du temps…

La question du temps et de notre rapport au temps a jusqu'à maintenant plutôt inspiré les physiciens ou les astrophysiciens que les chercheurs en sciences sociales[283]. Dans le chapitre précédent, à propos du crédit, on a rappelé la thèse de l'économiste Arnaud Berthoud sur le prix du temps apprécié à partir des taux d'intérêt. Pour cet économiste, la légitimation des taux d'intérêt au début du capitalisme trouve son fondement dans une relation au temps spécifique à cette doctrine économique : « vouloir racheter le temps par le crédit, c'est considéré le temps comme une chose, un bien extérieur comparables en termes de rareté, avec les biens économiques ; le temps est ainsi tenu pour un bien rare. On en vient au slogan « le temps c'est de l'argent ».

Le temps ou plus précisément l'accélération du temps a aussi retenu l'attention d'un sociologue allemand Hartmut Rosa qui a pris ce thème comme objet de recherche. Pendant des décennies on a cru que l'évolution des techniques permettrait d'alléger le travail et de libérer du temps libre[284]. Cette promesse ne s'est pas réalisée et on a très souvent l'impression que c'est l'inverse qui s'est réalisé.

Pour l'auteur de l'ouvrage *Accélération, une critique sociale du temps*, la question du sens de la vie que nous voudrions mener revient exactement à poser celle de la manière dont nous voulons passer le temps, « mais les qualités de « notre » temps, ses horizons et ses structures, ses rythmes, ne sont pas sous notre contrôle, ou seulement dans une faible mesure »[285]. L'objectif de Hartmut Rosa est d'expliquer le gigantesque paradoxe du monde moderne : « Nous n'avons pas le temps alors que nous en gagnons toujours plus ». Par les systèmes d'information, le monde entier nous est offert en une seconde, le monde entier est accessible en quelques heures d'avion et nous n'avons jamais le temps de découvrir un territoire et de rencontrer ses habitants.

---

[283] On doit néanmoins signaler parmi les ouvrages en langue française celui de Pierre Sansot, *Du bon usage de la lenteur*, Paris, Rivages, 1994, celui de Pierre Virilio, *Vitesse et politique*, Paris, Galilée, 1977, de Nicole Aubert, *Le culte de l'urgence, la société malade du temps*, Flammarion, Essai, Paris, 2010.

[284] Rappelons qu'Ivan Illich avait déjà, dans les années 1960, dénoncé cette illusion. Par exemple il avait évalué que si on divise le nombre de kilomètres parcourus en voiture par le somme des temps passés en voiture et des temps passés au travail pour payer cette voiture on obtenait une vitesse moyenne de 10 km/h (exemple cité par Paul Ariès, *La simplicité volontaire, contre le mythe de l'abondance*, La Découverte, Paris, 2010).

[285] Hartmut Rosa, *Accélération, une critique sociale du temps*, La Découverte, Paris 2010, p. 11.

L'hypothèse avancée est que la modernisation n'est pas seulement un processus de transformation de nos sociétés dans le temps, mais « qu'elle désigne aussi et avant tout une transformation, culturellement très significative, des structures et des horizons temporels ». Dit d'une autre manière, la modernité serait fondamentalement une expérience d'accélération. L'accélération définirait l'essence de la modernité mieux que la rationalisation, l'individualisation, la division du travail ou la domestication de la nature[286]. L'ambition de l'auteur est, à partir de la notion d'accélération de travailler à une reformulation de la théorie sociale actuelle, à « une théorie critique de la société qui ne vise pas les conditions de la production[287] » (en référence à Marx).

L'ouvrage retient trois processus d'accélération différents : l'accélération technique, l'accélération du changement social, et l'accélération du rythme de vie. Après avoir analysé chacun de ces processus, il aborde la question de l'accélération des relations mutuelles entre ces trois processus d'accélération identifiés. La dynamique de l'accélération moderne « s'apparente à un processus circulaire autoalimenté, mis en mouvement et renforcé par trois moteurs externes » qui sont de nature économique, culturelle et socioculturelle.

Une des conclusions de cette approche systémique de la modernité est la reconnaissance que les dynamiques des structures temporelles[288] de nos sociétés, lors du passage du XXe au XXIe siècle, ont constitué une rupture des structures sociales, culturelles et des formes d'identité de la société moderne pour déboucher sur une autre société. Les constats de cette autre société sont plutôt inquiétants. « Le rythme élevé des mutations socio-économiques et technologiques excède en permanence les possibilités des structures et des horizons temporels de la politique démocratique et délibérative ». L'accélération met l'intégration sociale à rude épreuve, de même que la capacité de reproduction culturelle. L'accélération affecte les événements, l'actualité et même notre mémoire. « Il est frappant de constater combien des successions d'événements du mois précédent ou de quelques jours auparavant, parfois même de quelques heures, auxquels nous donnions tant d'importance, qui nous semblaient chargés de signification, disparaissent de notre mémoire (…). Tous ces événements nous apparaissent déjà comme voilés par la brume de l'histoire accélérée. Ces épisodes ne semblent plus faire partie de nos vies, ils ne sont plus reliés à notre présent, encore moins à notre présence au monde. Ils ne nous disent

---

286 Laurent Jeanpierre, « La fuite en avant de la modernité », *Le Monde* du 16 avril 2010.

287 Harmut Rosa, *op. cit.*, p. 365.

288 Structures temporelles de la société : « Conviction que tous les événements, les objets et les circonstances du monde social sont de nature dynamique et que le temps constitue une catégorie clé de son analyse ».

plus rien sur ce que nous sommes, ils ne nous concernent plus ou si peu »[289]. Et en reprenant le thème d'une société malade de manque de sens, abordé précédemment, Hartmut Rosa précise « Notre époque se montre extrêmement riche en événements éphémères et très pauvres en expériences collectives porteuses de sens ».

Dans son ouvrage, le sociologue allemand, souligne que l'accélération du temps provoque une désynchronisation entre les capacités d'évolution des individus et l'accélération du changement social. Cependant, la forme potentiellement la plus nocive de l'accélération « apparaît lorsque les modèles temporels de la société excèdent les capacités de reproduction et de régénération de l'environnement naturel, et donc lorsque l'accélération sociale menace d'aboutir à une catastrophe écologique ». Et finalement, en produisant de plus en plus d'exclus et des gouvernants réactifs plutôt qu'actifs, la modernisation s'est en définitive « retournée contre le projet de la modernité» qui visait au départ à créer plus d'«autonomie individuelle et collective».

À la pleine conscience du temps présent

La pensée orientale et notamment le bouddhisme nous invite à vivre le temps présent en pleine conscience. C'est sans doute le sentiment du malaise provoqué par le fait de ressentir une accélération du temps de plus en plus prégnante qui a amené un certain nombre d'Occidentaux à se tourner vers la pensée bouddhique, sans forcément devenir des adeptes de cette religion.

Être dans le temps présent selon le Dalaï-Lama

Un chef d'État recevant le Dalaï-Lama lui demanda ; « Cher Dalaï-Lama, pouvez-vous nous éclairer sur votre secret ? Avec toutes les catastrophes et misères, responsabilités, vos voyages, vos conférences, comment faites-vous pour rester serein » ?

« Cher Ami, voici mon secret :

Quand je suis assis, je suis assis
Quand je me lève, je me lève.
Quand je mange, je mange.
Quand je parle, je parle ».

« Mais cher Dalaï-Lama, moi aussi :

Quand je suis assis, je suis assis
Quand je me lève, je me lève.
Quand je mange, je mange.
Quand je parle, je parle ».

« Non, répond le sage en lui souriant. Cher ami, voici la différence :

Quand vous êtes assis, vous pensez à vous lever.
Quand vous vous levez, vous pensez à courir.
Et quand vous courez, vous pensez à votre but ».

289 Hartmut Rosa, *Le Monde Magazine*, 28 août 2010, p. 16.

Pour la pensée bouddhique, notre difficulté à vivre dans le temps présent doit être imputée à l'identification de notre individualité avec nos pensées, avec les agitations de notre mental. Pour Eckart Tolle, auteur de l'ouvrage *Le pouvoir du moment présent*, nous avons en tant qu'occidentaux plus de mal que d'autres à vivre dans le temps présent, non pas parce que nous ressentons plus l'accélération du temps, mais parce que nous adhérons pleinement à la déclaration de Descartes « Je pense donc je suis ». Par cette formule, Descartes, selon Eckaart Tollé, aurait formulé l'erreur la plus fondamentale : assimiler la pensée à l'être et notre identité à la pensée. « L'identification au mental créée un écran opaque de concepts, d'étiquettes, d'images, de mots, de jugements et de définitions qui empêchent toute vraie relation avec nous-mêmes, avec les autres, avec la nature, avec le divin (…). Le mental est un magnifique outil si l'on s'en sert à bon escient »[290].

En cultivant le temps présent, nous pouvons retrouver et développer les multiples formes d'intelligence qui sont présentes dans notre corps et qui s'expriment par nos cinq sens, par nos respirations, nos émotions, par nos intuitions … afin de mieux nous relier à nous-mêmes, aux autres, à la nature et au sacré. Nos sociétés modernes ont beaucoup à apprendre des pensées orientales, mais aussi de la sagesse des poètes africains.

Pensées de sages africains[291]

Ils dansent en marchant, ils marchent en dansant au son d'une mélodie intérieure,
car avec leur corps, ils pénètrent le monde qui les entoure
À la recherche d'une harmonie dont ils conservent la mémoire.

Raymond Johnson

Nous avons besoin de découvrir le « sens » des crises de nos sociétés modernes

On a souligné précédemment[292] que « le lieu central du conflit social n'est plus l'opposition capital/ travail mais celui des idées et de la construction du sens ». À la place du « consommer plus pour être plus heureux » ou « travailler plus pour gagner plus » que notre société de consommation souhaite nous inculquer, c'est le manque et l'absence de sens que nous expérimentons. Ainsi que nous l'avons souligné dans la première partie,

---

290 Eckart Tolle, *Le pouvoir du moment présent*, Ariane Éditions.

291 D. et O. Föllmi, *Origines… op. cit.*

292 Chapitre 3 de la partie I.

l'objectif d'une réflexion sur nos systèmes de valeur et notamment sur la valeur économique qui fonde nos décisions et choix économiques est de redonner un sens à notre vie en société.

Comme nous le rappelait Thierry Janssen, chirurgien et psychothérapeute, dans son ouvrage *La maladie a-t-elle un sens ?* « nous avons besoin pour vivre de croire que la vie est potentiellement porteuse de sens ; nous ne pourrions pas vivre sans une certaine forme de croyance donnant sens à la vie, même si cette croyance n'est pas toujours explicitée ». Reprenant les travaux d'un groupe d'experts – professionnels de la santé, hommes d'affaires, chercheurs biomédicaux et prospectivistes – réunis à l'initiative de l'Institute for Alternative Futures, à Washington en 1998, Thierry Janssen nous invite à ne plus opposer les notions de maladie et de santé. « La maladie devrait être considérée comme une manifestation de la santé, une réponse de l'individu destinée à préserver son équilibre psychique, psychologique et spirituel (...). De ce point de vue, la maladie peut être perçue comme un signal d'alerte destiné à prévenir l'individu et sa communauté des manques et déséquilibres qui les menacent. Elle peut donc être mise à profit comme une opportunité de remédier aux dangers, une occasion d'évoluer »[293]. Pour les experts réunis à l'initiative de l'Institute for Alternative Futures, le manque de sens, la "maladie du sens" qui accablent nos sociétés modernes engendreraient une multitude d'autres maladies : pathologies cardiovasculaires, maladies auto-immunes, maladies neurodégénératives, dépressions, démences cancers. « Ces nombreuses "maladies du manque de sens" apparaissent alors comme autant de tentatives pour rétablir l'équilibre et l'harmonie que nous avons participé à détruire »[294].

Face aux crises de nos sociétés modernes, il est légitime de se poser la question : la maladie de nos sociétés a-t-elle un sens ? Thierry Janssen répond en partie à cette question dans un long et passionnant interview.

« Les Chinois écrivent le mot "crise" en opposant deux idéogrammes ; l'un signifie "le danger", l'autre veut dire "l'opportunité". Toute crise comporte en effet le danger de ne pas comprendre les raisons qui l'ont provoquée et, donc, de s'enfoncer plus loin dans la catastrophe. Et, en même temps, chaque crise est une opportunité de détecter les causes qui l'ont produite et, (de là), de changer ces causes, afin d'obtenir d'autres effets ».

« Depuis trois cents ans (depuis le Siècle des Lumières) en Occident, nous nous représentons le monde comme une mécanique, et nous considérons la nature comme dangereuse. Convaincus d'être supérieurs, "en dehors de la nature", nous pensons pouvoir dominer le monde par la compréhension de ses "mécanismes". Malheureusement, à force de

---

[293] T. Janssen, *op. cit.*, p. 297.

[294] *Ibid.*, p. 300.

nous intéresser aux détails, nous avons perdu la vision de l'ensemble. Et en focalisant notre attention sur l'aspect matériel du monde, nous ne nous posons plus la question des liens existants entre les différents éléments de la réalité. Nous ne posons plus la question du sens de notre réalité. Certains chercheurs affirment qu'il n'existe pas de sens préétabli à la réalité. C'est possible, mais nous oublions qu'il est indispensable d'attribuer un sens à cette réalité, car, je l'ai dit : le sens génère l'espoir nécessaire à notre survie. Un monde désespéré est un monde à l'agonie. L'important n'est pas tant de savoir si les choses ont un sens, mais plutôt de savoir quel sens nous allons attribuer aux choses »[295].

---

[295] T. Janssen, *Santé intégrative*, n°6, nov.-dec. 2008.

CONCLUSION

De plus en plus, il semble que les institutions de la société de consommation soient conçues pour favoriser un individualisme particulièrement matérialiste et pour encourager la recherche sans trêve de la nouveauté dans la consommation, parce que c'est exactement ce qu'il faut pour faire tourner l'économie ?

La croissance réclame que nous soyons des chercheurs myopes et individualistes de nouveauté, parce que c'est exactement ce qu'il faut pour perpétuer le système économique. Simultanément, elle nous soutient dans cette direction en minant les dispositifs d'engagement qui encouragent des valeurs plus altruistes et plus conservatrices.

Mais cela ne vient pas tout seul. L'État joue un rôle crucial à cet égard ; parce que précisément, il porte une responsabilité dans la stabilité macro-économique. La recherche individualiste de la nouveauté est une exigence clé de la croissance de la consommation, et la stabilité économique dépend de la croissance de la consommation. Il ne faut pas s'étonner que les politiques poussent dans cette direction ».[296]

IL NE FAIT PLUS DE DOUTE que le modèle de développement, mis en œuvre par les pays industrialisés occidentaux et qui sert de référence pour les autres pays et notamment les pays émergents, nous mène inexorablement contre le mur de catastrophes écologiques et sociales. En confondant valeur économique et valeur d'échange et en identifiant la valeur économique d'un bien ou d'un service avec le prix de ce bien ou de

[296] *Source* : Tim Jackson, *Commission pour le développement durable du Royaume-Uni*, *op. cit.*, p. 165.

ce service, les principales écoles de la pensée économique classique, néo-classique, mais aussi marxiste conduisent les acteurs économiques à rechercher la richesse économique dans « produire plus », « consommer plus ».

Il nous faut donc repenser les sciences économiques pour concevoir une ou des transitions vers d'autres modèles de développement. Pour relever ce fantastique défi, il nous faut changer notre vision du monde et concevoir de nouvelles manières de formaliser la valeur économique et donc de nouvelles manières de penser l'économie. La diversité des civilisations, la diversité des cultures, la diversité des philosophies, la diversité des religions et plus généralement des spiritualités qui donnent « force de vie » aux humains de notre planète Terre, constituent le véritable patrimoine de l'humanité. Ce patrimoine qui est aujourd'hui plus aisément accessible grâce à la mondialisation et aux nouvelles techniques d'information et de communication, constitue la ressource essentielle à mobiliser pour construire de nouvelles visions du monde qui soient plus en cohérence avec les défis à résoudre au niveau mondial.

Ce livre n'a pas l'ambition de proposer une nouvelle théorie de la valeur économique. La formulation de la valeur économique que nous avons proposée (le chapitre 1 de la partie II) à partir des réflexions de Freidrich Engels, n'a été faite que pour montrer qu'il est possible de penser la valeur économique d'une manière différente de celle que voudrait nous imposer l'école néo-classique, pensée dominante depuis plusieurs décennies. En fonction des problèmes politiques, socio-économiques, et écologiques qui devront être pris en compte pour penser la transition vers de nouveaux modèles de développement, nous pensons qu'il faut privilégier les approches en termes de valeur sociale, d'utilité sociale.

Ce livre ne propose pas non plus la création d'une nouvelle école de la pensée économique. En rappelant le poids des institutions dans le formatage de la société de consommation, et bien formalisée par la Commission du développement durable du Royaume-Uni (voir le texte mis précédemment en exergue de la Conclusion), il semble opportun pour repenser les sciences économiques de reprendre certaines hypothèses de l'école institutionnaliste.

La principale ambition de ce livre est d'inviter les économistes et notamment les économistes « atterrés par la prégnance de l'école néoclassique » de mettre à nouveau la valeur économique, la richesse économique au centre de leurs programmes de recherche. C'est sans aucun doute une condition nécessaire (mais pas suffisante) pour aider à l'émergence des nouveaux modèles de développement, et surtout pour aider à concevoir et à réaliser les phases de transition vers d'autres processus de développement économique. Une autre ambition de ce livre est, à partir de la différenciation entre valeur économique et valeur ajoutée, de refonder la différence entre développement et croissance, et à partir d'une exploration de nouvelles manières de produire un surplus économique de suggérer que la croissance du PIB n'est pas la seule voie pour entretenir un processus de développement.

Les réflexions sur la valeur et la richesse économiques qui ont été amorcées dans ce livre suggèrent quelques orientations pour l'action citoyenne :

– Impulser la production locale de richesse et de surplus économique en participant à la création de monnaies complémentaires. Les nombreux exemples cités précédemment (partie IV) montrent la diversité des expériences de création de monnaies complémentaires, mais elles révèlent aussi les réactions négatives des pouvoirs publics pour envisager la possibilité de tels processus de développement économique. Il est urgent de rééquilibrer la mondialisation de l'économie par la mise en œuvre de processus de développement principalement localisés sur un territoire donné.

– Lutter contre l'emprise des pouvoirs économiques et financiers sur les médias. Si on est convaincu avec le sociologue Manuel Castells, Professeur à l'université de Berkeley que : « le lieu central du conflit social n'est plus l'opposition capital/travail mais celui des idées et de la construction de sens », il nous faut tout faire pour que les médias et notamment la télévision[297] soient plus sous la dépendance des pouvoirs économiques et financiers. Face aux enjeux et aux pouvoirs impliqués, il nous faut sûrement inventer de nouvelles formes d'action. Des actions fortement porteuses de sens sont à trouver ; certains groupes ont montré la voie en matière de lutte écologique ou de lutte contre la publicité.

– Mettre son épargne dans des fonds et des banques qui financent des projets de développement solidaire[298] et de développement de ressources énergétiques renouvelables.

Force est de reconnaître que le modèle d'industrialisation et plus largement de développement économique dans lequel nous vivons et qui sert de référence aux autres pays du monde, a été mis en œuvre par les pays européens et plus largement par les pays dits occidentaux et que ce sont ces mêmes pays qui ont été à l'origine et qui ont mis en œuvre le modèle de

---

297 « Les médias ont su donner des dimensions monstrueuses à l'universel désir de stupidité qui sommeille même au fond de l'intellectuel le plus élitiste. Ce phénomène est capable de détruire lentement une société, de rendre dérisoire tout effort politique. À quoi bon s'échiner à réformer l'école et l'université ? Tout le travail éducatif est saccagé par la bêtise médiatique, la bouffonnerie érigée en moyen d'expression, le déferlement des valeurs de l'argent, de la consommation, de l'apparence et de l'individualisme étroit diffusé par la publicité, ultime raison d'être des grands groupes médiatiques. Le véritable éducateur aujourd'hui, c'est TF1. Bouygues envoie Jules Ferry aux oubliettes de l'histoire » (Pierre Jourde, *C'est la Culture qu'on assassine*, Balland, Paris, 2011, p. 35).

298 Voir la brochure *Les placements éthiques* publiés par *Alternatives économiques* et *La Vie*.

développement des sciences et des techniques que nous connaissons. Le Siècle des Lumières qui a développé la croyance à la raison, au progrès, a joué un rôle très important dans la production des connaissances scientifiques et techniques mais aussi dans la construction de notre vision du monde. Grâce aux sciences et aux techniques, nous avons mis en œuvre des forces productives prodigieuses qui ont changé le monde et notre rapport au monde. Pour faire face aux nouveaux défis créés par le développement de ces forces productives, il nous faut construire d'une manière urgente une ou d'autres visions du monde. Pour cela il nous faut notamment adopter une attitude critique par rapport à nos croyances y compris celles issues du « Siècle des Lumières ». Ainsi que nous l'avons noté dans cet ouvrage, certains développements récents des connaissances scientifiques qui remettent en cause les théories ou les paradigmes dominants dans des domaines tels que la physique, les neurosciences, la biologie, mais aussi l'anthropologie, sont une aide précieuse pour nous aider à construire une nouvelle vision du monde. Les sciences économiques peuvent contribuer également à l'émergence de nouvelles visions du monde en proposant de nouvelles approches sur ce que pourrait être la valeur et la richesse économiques. C'est par ce type de contribution que les sciences économiques permettront peut-être aux différentes sociétés de la planète Terre de trouver de nouveaux modèles de développement qui soient plus en harmonie avec leur environnement écologique et avec leur culture, renforçant ainsi le désir de vivre ensemble.

TABLE DES MATIÈRES

Avant-propos 7

Introduction 9

Le développement durable est-il une illusion ? 11

« Reconsidérer la richesse » n'est pas suffisant 12

Repenser l'économie à partir de nouvelles compréhensions de la valeur économique 13

Repréciser et repositionner les concepts de valeur et de richesses économiques 14

Crise économique et valeur économique 15

Nos sociétés sont atteintes de la « maladie de la valeur » 17

Quelques jalons pour « reconsidérer la valeur économique » 18

PARTIE I

Relations entre nos systèmes de valeurs et nos conceptions de la richesse

Chapitre 1

Richesse et système de valeurs : des notions à préciser 23

La richesse aux multiples visages 23

Valeurs et systèmes de valeurs 25

Nos sociétés modernes sont « malades du manque de sens » 27

Dynamique d'évolution des valeurs 27

L'apport des sciences cognitives 28

Nul ne peut voir le monde tel qu'il est, mais chacun se le représente 31

Chapitre 2

Systèmes de valeurs et vision du monde 33

Qu'est-ce qu'une « vision du monde » ? 33

« Le Siècle des Lumières » : une vision dualiste et mécaniste du monde, de la société et de l'individu 34

Les philosophies et spiritualités orientales : une vision organique du monde 37

Une autre vision du monde en émergence dans les sciences 39

Pas de représentations mentales sans intentionnalités, sans projet d'action 41
Les effets structurants de nos représentations culturelles 43
Ce que nous apprend l'anthropologie : le rôle de l'imaginaire et du symbolique 43
La primauté du « politico-religieux » dans la production d'une société 45
L'argent, une nouvelle forme d'incarnation symbolique du sacré 47

Chapitre 3
Des visions du monde au-delà des systèmes de valeurs 49
Sommes-nous tous des schizophrènes ? 49
Les technologies de l'information : de nouveaux moyens pour le formatage du citoyen 51
Dans la société d'information : la construction du sens est le lieu central du conflit social 52
La valeur au-delà de la richesse 55

PARTIE II
Valeur et richesse économiques

Chapitre 1
Qu'est-ce que la valeur économique ? 59
Deux conceptions différentes de la valeur économique : nature et mesure de la richesse 60
Théories substantielles et théories nominales de la valeur 61
Valeur économique et prix 62
Valeur d'usage et valeur d'échange 63
Valeur objective et valeur subjective 64
Les trois phases d'évolution des théories de la valeur 64
Une synthèse possible ? 66
Proposition pour une définition de la valeur économique 68
Des expériences de marketing pour comprendre la différence entre valeur économique et juste prix 69
La valeur économique dans la pratique à partir d'une enquête du CREDOC 70
Valeur et nature de la richesse 72

Chapitre 2
Différencier valeur économique et valeur ajoutée 75
La valeur ajoutée de l'entreprise : un moyen pour perdurer et évoluer 75
La valeur ajoutée permet de mesurer le surplus monétaire engendré par l'activité de l'entreprise 75
L'EVA : un exemple de confusion entre valeur ajoutée et valeur économique 77
La production de richesses et de valeurs économiques par l'entreprise 79

Chapitre 3
Différencier croissance et développement économique 83
La croissance économique : le PIB 84
Le PIB est un moyen et non une fin 86

Le développement : une notion scientifiquement et culturellement marquée 87
Le développement comme croyance 90
Le développement : un concept économique récent 91
Le mouvement des indicateurs sociaux de développement 93
Les limites des approches en termes de PIB et d'indicateurs socio-économiques 95
« La décroissance » : un autre exemple de confusion entre valeur et valeur ajoutée 96
Toute compréhension du développement s'enracine dans une théorie de la valeur 97

Chapitre 4
Pour une approche « artificialiste » du développement économique 99
Sciences de la nature et sciences de l'artificiel 99
La construction d'organisations sociales au cœur du développement 100
Pas de développement économique sans finalités et objectifs 102
Pas de développement sans mise en œuvre de processus de régulation et de gouvernance 104
Une grande variété de modèles et de politiques de développement « possibles » 104
L'inertie au changement des modèles de développement 106

PARTIE III
Vision du monde, valeur et richesse dans différents courants de la pensée économique

Chapitre 1
Les mercantilistes 111
Le développement de la navigation et du commerce international 111
Une certaine vision du monde et de l'homme 112
La richesse selon les mercantilistes 113
Valeur et richesse économique 114
L'arithmétique politique de William Petty 114

Chapitre 2
Les physiocrates 117
La vision du monde des physiocrates : les droits naturels 118
L'origine de la richesse de la nation selon les physiocrates 119
Valeur et richesse pour les physiocrates 120

Chapitre 3
Les classiques 123
Une vision du monde selon le Siècle des Lumières 123
Le libéralisme économique : une vision naturaliste et mécanique de la société 125
Adam Smith : La valeur réduite au seul aspect de la valeur d'échange 126
Adam Smith : La richesse identifiée à la valeur d'usage 127
La valeur travail comme valeur (d'échange) réelle des biens 128
Ricardo : de la valeur travail commandé à la valeur travail incorporé 130

Marx : la valeur travail au centre de la critique de l'économie politique 131
Jean Baptiste Say : tentative pour intégrer les deux points de vue de la valeur 134
Conclusion 135

Chapitre 4
Les néo-classiques 137
Auguste Comte et la classification hiérarchique des sciences 138
La « loi des trois états » du développement de la pensée scientifique selon Auguste Comte 139
Les hypothèses fondatrices du positivisme 140
L'individualisme méthodologique ou la naturalisation de l'acteur économique 141
La pensée néo-libérale : une nouvelle manière de refonder la « naturalisation » de la société 143
La valeur chez les néo-classiques 146
Conclusion 147

Chapitre 5
Les institutionnalistes 149
Un nouveau contexte scientifique et philosophique 149
L'institutionnalisme américain 151
La valeur sociale : les apports de J.R. Commons et de J.R. Clark 153
La théorie de la valeur sociale des institutionnalistes 154
Les apports de Clarence Ayres (1891-1972) et de Fagg Foster (1908-1985) 156
La théorie de la valeur sociale selon Marc Tool 157
Conclusion 158

PARTIE IV
Vers d'autres modèles de développement

Chapitre 1
Concevoir d'autres manières d'apprécier la valeur économique 165
Utilité sociale et délibération collective 166
Des indicateurs intégrant les aspects d'utilité sociale et de coûts 169
Des exemples d'indicateurs d'efficience économique 170
Une nouvelle approche de la richesse économique d'un territoire du point de vue du développement humain 177
Une richesse économique aux multiples points de vue 178

Chapitre 2
Mettre en œuvre de nouveaux processus de création de surplus économique 181
Mobiliser de nouveaux surplus monétaires pour financer la transition 182
Industrialisation et surplus agricoles 183
L'importation de biens de consommation à bas prix 185
Comment financer la transition vers une économie mondiale verte ? 187

Les monnaies complémentaires et la création d'un surplus sur un territoire donné 188
Le Wir : une monnaie complémentaire créée par des PME suisses 189
Autres exemples de monnaies complémentaires 191
Le crédit : moyen pour les banques de capter un surplus monétaire 195
Une monnaie fondante ? 196
La pratique du taux d'intérêt et notre relation au temps 198
C'est en marchant que le chemin se découvre 199

Chapitre 3
S'ouvrir à d'autres visions du monde 201
Reconsidérer notre relation à la matière, à la nature et aux objets techniques 202
Vision occidentale du monde : un rapport de domination de la nature 204
« L'homme blanc » est étrange 205
Les philosophies orientales : un rapport d'intégration/coopération avec la nature 206
Un lien intime entre la manière d'user de la nature et de la manière d'user de l'homme 207
Retrouver « la sagesse de la nature » 208
Reconsidérer notre relation au temps : de l'accélération du temps … 210
À la pleine conscience du temps présent 212
Nous avons besoin de découvrir le « sens » des crises de nos sociétés modernes 213

Conclusion 217

L'HARMATTAN, ITALIA
Via Degli Artisti 15; 10124 Torino

L'HARMATTAN HONGRIE
Könyvesbolt ; Kossuth L. u. 14-16
1053 Budapest

L'HARMATTAN BURKINA FASO
Rue 15.167 Route du Pô Patte d'oie
12 BP 226 Ouagadougou 12
(00226) 76 59 79 86

ESPACE L'HARMATTAN KINSHASA
Faculté des Sciences sociales,
politiques et administratives
BP243, KIN XI
Université de Kinshasa

L'HARMATTAN CONGO
67, av. E. P. Lumumba
Bât. – Congo Pharmacie (Bib. Nat.)
BP2874 Brazzaville
harmattan.congo@yahoo.fr

L'HARMATTAN GUINÉE
Almamya Rue KA 028, en face du restaurant Le Cèdre
OKB agency BP 3470 Conakry
(00224) 60 20 85 08
harmattanguinee@yahoo.fr

L'HARMATTAN CÔTE D'IVOIRE
M. Etien N'dah Ahmon
Résidence Karl / cité des arts
Abidjan-Cocody 03 BP 1588 Abidjan 03
(00225) 05 77 87 31

L'HARMATTAN MAURITANIE
Espace El Kettab du livre francophone
N° 472 avenue du Palais des Congrès
BP 316 Nouakchott
(00222) 63 25 980

L'HARMATTAN CAMEROUN
BP 11486
Face à la SNI, immeuble Don Bosco
Yaoundé
(00237) 99 76 61 66
harmattancam@yahoo.fr

L'HARMATTAN SÉNÉGAL
« Villa Rose », rue de Diourbel X G, Point E
BP 45034 Dakar FANN
(00221) 33 825 98 58 / 77 242 25 08
senharmattan@gmail.com

JOUVE
1, rue du Docteur Sauvé - 53100 Mayenne
Imprimé sur presse rotative numérique
N° 798341B - Dépôt légal : septembre 2011
Réimpression en novembre 2011
Imprimé en France